SV

Band 382 der Bibliothek Suhrkamp

Ein wesentliches Dokument der deutschen Nachkriegsliteratur sind Erhart Kästners Aufzeichnungen aus dem Krieg. Ein Erfahrungsbericht aus Afrika, dessen zentrales Thema die Einsamkeit der Gefangenen in der Wüste ist. »Ein sehr leises, in aller geistigen Strenge überaus tröstliches Buch, das die uralte Weisheit bestätigt, daß Stille stärker ist als Lärm.«
Luise Rinser

Erhart Kästner
Zeltbuch von Tumilat

Suhrkamp Verlag

Vom Autor durchgesehene und erweiterte Ausgabe.
Auf seine Veranlassung wurde die Rechschreibung
des Namens *Tumilat* korrigiert.

Erste Auflage 2019
Suhrkamp Verlag Berlin

Umschlag: Willy Fleckhaus
Printed in Germany
ISBN 978-3-518-24217-9

»Jedermann braucht etwas Wüste«

I

Dämmerung gab es so nah dem Äquator kaum. Für eine Weile verwandelte sich das Graugelb der Wüste in ein Violett, das immer erschrockener wurde. Dann, schnell, als habe sie schon auf den Auftritt gewartet und trete jetzt nur aus dem Vorhang hervor,war die Nacht da: die königlich glänzende, vollkommene Nacht. Jedesmal war sie dieselbe, wenn sie erschien; sie war es, sie, nicht der Tag, welche die flatternde Seele erquickte. Nun sank Weisheit hernieder, Ordnung, Gesetz, Vielfalt und Trost.

Um diese Zeit gingen wie immer am dornigen Drahtzaun die Lichter an. Es waren elektrische Lampen, die eine Gasse zwischen zwei Zäunen erhellten. Die Welt verschwand hinter diesem undurchdringlichen Vorhang von Licht. Es entstand, mitten im unendlichen Sand, ein gläserner Raum, sinnlos ins Nirgend gestellt und doch mit genauer Sorgfalt bewacht: ein Bild, das die Merkmale des Unwirklichen trug.

Die Überhitze des Tags hatte das Verweilen im Freien unmöglich gemacht, jetzt wehte auf einmal ein starker, labender Wind. Ohne auf Übergänge bedacht zu sein, auf Übergänge, die menschlich sind, stürzte die Tagesglut mit der untergehenden Sonne in die Kühle der afrikanischen Nacht.

Nun kamen sie alle aus den Zelten heraus. Der Lichtwand entlang ergab sich im Viereck ein Promenieren, das Erinnerungen an nächtliche Ufer bei Genua und am Lido erweckte – ein Vergleich, der lächerlich war und mich dennoch zwei Jahre hindurch jeden Abend hartnäckig befiel. Gegen Mitternacht sank ich, wie alle von

der Hitze des Tages erschöpft, in die Kühle eines tief-tiefen Schlafs.
Nach ein paar Stunden wachte ich auf. Vom Zaun fiel eine grelle Bahn elektrischen Lichts durch die offene Plane in die Tiefe des Zeltes auf mein Gesicht und schreckte mich auf. Ich war dieses Licht, das man nicht abschirmen konnte, noch nicht wie in den folgenden Zeiten gewohnt. Die Moskitoschleier, die über den Lagern aufgespannt waren, wankten im Luftzug der Nacht. Das Zelt ächzte leis in den Stäben.
Ich stand auf und ging vorsichtig zwischen den Schläfern durch. Die Lager waren auf dem Sandboden dicht aneinander gerückt. Ich tastete mich durch Bahnen weißwallenden Stoffs und stieg die Sandstufen ins Freie hinauf. Der Sand glühte rot; die Nacht hatte stärkere Farben als der Tag, der alle Buntheit erstickte. Der Mohr auf dem Wachturm klimperte auf einem handspannengroßen zitherähnlichen Instrument und summte lang ausgehaltene, an- und abschwellende Töne. In Abständen fiel, kilometerweit her, weißes Scheinwerferlicht und tauchte den Holzturm auf Sekunden in silbriges Weiß. Das war die Kontrolle, daß der Schwarze auf seinem Turm während der Wache nicht schlief.
Ich wußte nicht, welche Nachtstunde es war; ich besaß längst keine Uhr mehr. Es war ruhig geworden ringsum. Dann und wann sprachen noch zwei gedämpft miteinander und liefen endlose Runden den Lichtvorhang entlang. Die anderen schliefen. Sie lagen auf ihren Strohsäcken, behielten die Tagkleider, das dünne billige Zeug, auch nachts auf dem Leib, oft auch, aus Gleichgültigkeit, die Schuhe, die längst keiner mehr putzte, die weißstaubigen, mit einem Bindfaden verschnürten. Sie schliefen.
Was ist der Mensch? Ein Träger von Bildern, die nicht mitteilbar sind. Ein einsamer Träger von Bildern in Wachen und Schlaf.

Ich setzte mich auf die oberste Treppenstufe in den Eingang des Zelts. Der Himmel über dem Giebeldach war glorios. Nichts auf der Welt schien bedeutend zu sein, nur dieses Schauspiel abbrennender Sonnen.

Milchstraßensysteme, die auseinanderstieben wie einer Wunderkerze Funkengesprüh: die Wissenschaft stürmt in Erkenntnisse vor, der Verstand eilt durch Räume, die keine Räume mehr sind, die Bildkraft bleibt ohnmächtig zurück. Mich ergriff, daß die moderne Physik, die nur noch ein paar klügste Menschen verstehen, sich noch des einfältigen Bildes der Milchstraße bedient. Inmitten getürmter Mathematik steht nun dieses Kind, dessen Milchkrug zerbrach.

Wann zieht eine neue Bilderwelt auf? mit einer neuen Magie? Solang Dichter und Weise uns das Neue nicht zueignen können, solang ist wenig erreicht.

Sternschnuppen. Da: wieder und wieder. Großartig und scheinbar ganz nah. Lichtsplitter, durch das Weltall geworfen. Sie beeilten sich nicht einmal sehr und viele ließen, nachdem sie verzischt, sekundenlang weißliche Räuche am fahlblauen Himmel zurück.

Wo hatte ich das – ganz genau so, schon einmal gesehen, und nur einmal im Leben?

Ich sann nach. Auf Kreta. Auf Kreta, als ich in der Augustnacht zum Ida aufstieg. Ich rechnete nach und es stimmte genau auf den Tag. Zwölfter August. Damals, weil ich das Wunderbare für Selbstverständliches nahm, war ich nicht darauf gekommen, daß es eine Perseiden-Nacht war. Ich nahm die schwärmenden Sterne so hin. Sie gehörten zu jener verzauberten Nacht.

Nun besaß mich Erinnerung ganz. Der steile Hang. Der Berg, der über mir ragte. Die heiße kretische Nacht. Die Mühe des Aufstiegs, die ermatteten Hunde, der Quell am hohen Felsenaltan. Der kleine Hirt, der uns führte, sein weißes Hemd leuchtete immer voran in der blaudunklen Nacht, und er versicherte immer von neuem, wie um mich zu bekehren: dies hier, die Hänge am Ida, seien das Schönste, das Allerschönste der Welt – von der er ja nichts kannte als eben nur das. Ich, der vorher und nachher viel Schönes gesehen: von ihm erst habe ich gelernt, was immer ich sehe, gläubig fürs Schönste zu nehmen.

Nun, ins Ausgebrannte der gegenwärtigen Tage brachen mir Sturzbäche ein. Ich war ganz von Bildern umstellt. Nichts war vergangen, alles war da, gegenwärtig das große Theater vorübergegangener Zeit.

Von Erinnerung erhellt konnte ich nun, nach drei Jahren, die Schrift der himmlischen Funken und Fahnenräuche verstehn: Eins ist ins Andere verflochten, Gestern ist Heut. Vergangenes und Gegenwärtiges sind eins. Was war, wird wiederum sein.

Nähe war fern und das Ferne war nah. Mit welchem Recht drängte sich Gegenwart vor? Imagination hieß die Herrin der Welt.

II

Ich lag mittags im Zelt, es war wenige Tage, nachdem ich gekommen war, und ich war noch mit keinem Menschen näher bekannt. Da verdunkelte sich das Lichte, das durch die aufgerollte Zeltplane entstand, und in Erscheinung trat eine Gestalt. Ich hatte den Menschen bis dahin noch nicht gesehn. Er blieb stehen, umfaßte den Zeltpfahl mit einer Hand und stemmte die andere so in die Hüfte, daß der Ellenbogen nach rückwärts stand. Ich sah in ein hageres, verzehrtes Gesicht, das vor Hitze ziegelrot war. Dazu blaubrennende Augen.

Die Köpfe aller im Zelt hatten sich zu ihm gewandt, man erwartete irgend etwas.

Nichts indessen erfolgte. Der Aufgetretene blickte, als sei er zornig oder gereizt, in den Dämmer des Zeltes hinab, forschend, mit vogelartigen Rucken, als erwarte er Antwort auf eine dringende Frage. Aber er hatte ja keine gestellt.

In einer Mundart, die ich für baltisch hielt, sagte er dann: »Es scheint mir, ich störe.«

»Aber gewiß,« erwiderte einer und ahmte das Baltische nach, »freilich, du störst. Wir liegen hier und haben vierundzwanzig Stunden im Tag alle Hände voll nichts zu tun und da kommen die Leute und stören.«

Der Ankömmling blieb ernst, aber er schien es für eine Aufforderung zum völligen Eintritt zu halten. Er ließ den umklammerten Zeltpfahl los, kam die in den Sand gegrabenen Treppenstufen herab, wobei sein Kommen etwas Vogelartiges hatte, ging mit steigenden, aufgezogenen Schritten auf einen Platz, der meinem Fußende gegenüber und unbelegt war, setzte sich auf den Boden und blickte versunken vor sich. Dann warf er auf einmal den Kopf sehr weit auf, als wolle er nichts sein als ein Mensch unter Menschen, und lächelte alle gewinnend an. Jeder entschloß sich, zu denken: Ein netter Kerl. Dann, während des Sprechens, geriet er in düsteren Zorn.

»Es ist ein Verbrechen, wenn man das Rad der Zeit zurückzudrehen versucht. Die moderne Kunst zu verbieten! Eine ganze großartige Kunst in Bausch und Bogen verbieten! Das wird gewogen wie Mord! Feininger, Hofer, Nolde und Klee sind jetzt die älteste Generation. Überall auf der Welt wird ihr Name geehrt. Nur hier, in ihrem eigenen Land, werden sie beschimpft und mit Füßen getreten. Mit der Schere hat man Blätter zerschnitten! Blätter in öffentlichem Museumsbesitz! Ich habe es selber gesehen. Es ist eine unauslöschliche Schande, Schande und Schmach. Was meint ihr?«

Er wandte sich zu einem einfachen Menschen, der ganz erstaunt war, denn er hatte keine Vorstellung, wovon jener überhaupt sprach. Da er die Wendung »hier, im eigenen Lande« gebrauchte, schien ihm zu entgehen, daß er sich in der ägyptischen Wüste befand. Übrigens hatte er gut gesprochen, nur ohne Kontakt. Vielleicht war er ein Wüstenredner, ein Apostel und Fischer nach Seelen. Du sollst Menschen fahen. Das war ja hier in der Nähe gewesen.

Indessen, als einige Beifälliges sagten, schien er wenig erfreut, erwiderte gar nichts und sah weiter zornig rundum mit blaubrennenden, leidenschaftlichen Augen, zwischen denen sich eine Kerbe markierte. Ich schöpfte Verdacht, Widerspruch wäre ihm lieber gewesen.

Als Einer meinte, er sei sehr gespannt, von dieser vielberedeten Kunst endlich etwas zu sehen, blickte er ins Freie hinaus, etwas starr. Ein Flugzeug flog über den Himmelsausschnitt, den der Zelteingang sichtbar machte. Obgleich dies nichts Besonderes war, denn jener Teil der Wüste wurde viel überflogen, war doch der Sinn fürs Groteske, woran unsere Zeit solchen Überfluß hat, sehr erregt: daß wir so in Verlorenheit waren, ohne Aussicht, nach Hause zu kommen, ohne Nachrichten von daheim –: und nun diese Flugzeuge, die in Stunden dort waren, wohin sich unsere Sehnsucht verzehrte.

»Scheitang!« rief nun der seltsame Mensch. »Scheitang!« und sah Zustimmung heischend im Kreis. Niemand verstand, was er wollte.

»So pflegte mein Freund, der Aserbeidschaner, zu sagen,« erklärte er, nachdem er sein Publikum hatte auswarten lassen, »immer, wenn er ein Flugzeug sah. Es heißt Satan. Satan ist das, meinte er, der da fliegt. Ich meine es auch.«

Er sah weiter dem Flugzeug nach und zeigte dabei sein Profil; es war deutlich, daß dies seine beste physiognomische Darstellung war. Es war viel Knabenhaftes in diesem Gesicht, so daß man im Zweifel sein konnte, wie alt er eigentlich war; er mußte schon über die Dreißig sein. Die Nase drang offensiv vor, das Stärkste blieben die Augen. Sie waren hitzig und groß und von brennendem Blau, und die Iris schwamm ringsum im Weißen, was ja ein Zeichen von Heftigkeit ist. Das Augenblau wurde durch die Farbe des Gesichtes gehoben. Es war burgunderrot spiegelnd vor Nässe; er litt sichtlich unter der Hitze. Es war ja auch Wahnsinn, in diesem Klima einen dicken Tuchrock zu tragen; wir andern hatten Tropenzeug an, kurze Hemden und Hosen. Das strähnige Haar war naß, verfilzt und zerdrückt.

»Ich habe soeben nachgedacht,« begann er von neuem, »was man in eine Auswahl der wichtigsten deutschen Prosa aufnehmen müßte. Von den Deutschen: selbstverständlich ein Stück aus dem Grimmelshausen, dem modernsten Buch, das es gibt. Dann vor allem den Anton

Reiser, der mit Sicherheit zum Bedeutendsten zählt, was das Jahrhundert hervorgebracht hat. Man bedenke, was Reiser sagt: Daß ihm gewöhnlich so zu Mut war, daß er in jedem Augenblick lebend starb. Das sind wir! Das ist modern! Vergessen wir nicht von Brentano: die Geschichte vom Kasperl und Annerl. Wie der Henker den abgeschlagenen Kopf des schönen Annerl an den Haaren hochhält, es ist blutüberströmt, mild lächelt es den Verführer, den Fähnrich, an, der auf stürzendem Pferd die Begnadigung bringt, eine Minute zu spät –: wenn einem ein Bild wie dieses gelang, hat er viel für die Kunst getan. Viel für die Kunst getan haben: das sind solche genialen Momente. In ihnen zeugt sich die Kunst fort. Auf die Dauer gilt nur, was lebendig bleibt, was fortzeugt und wiederkehrt in immer neuer Gestalt. Wenn es nur erinnert wird, wenn es nur Vorrat bleibt, ist es erstarrt. Für jedes Zeitalter natürlich werden die genialen Momente andere sein. In solch einem Bild wie beim Annerl sehe ich einen Knospenpunkt unserer Zeit. Das ist sie: nicht? nicht? Auch unsere Kunst. Ich fühle mich an gewisse Alptraumbilder erinnert. Für einen erstaunlichen Teil unserer Kunst ist der Alptraum, der wirkliche Alptraum, der Quell, aus dem sie sich speist ... Aber weiter: Heinse? der geniale, verkannte! der das dionysische Griechentum ahnte! der Erbe Winckelmanns und über diesen hinaus! die anderen glaubten ja nur, Griechenland entdeckt zu haben, wie Kolumbus glaubte, in Indien zu sein. Sie dachten Griechenland – da war es nur Rom. Er aber war wirklich in Griechenland, in einem Griechenland der Musik, die die anderen dabei vergaßen, denn das Griechenland Schillers und Goethes ist leider ohne Musik. Er war der einzige, der Musik im Leibe besaß! die moderne Musik seiner Zeit! Was für ein Mann! Ein Mann wie eine Feuerwolke, ein Mann, der etwas wagte! Masken! Umarmungen! Dolche! und

Kunst! ein unbändiger Mann, ein schrankenloser, ein echter! ... Und Tieck? Bist du auch der Ansicht, daß seine Novellen zu gering geschätzt werden?«

Mit diesen Worten wandte er sich gegen mich, aber bevor ich hätte etwas antworten können, fuhr der pausenlose Mensch fort:

»Der blonde Eckbert! Was für eine seltsame Geschichte! gar nicht wie eine Dichtung für Menschen, eher für Elfen. Der Moment, wo die Frau ihre höchst merkwürdige Kindheit erzählt, wie sie in dem verwunschenen Birkenwäldchen den kleinen Hund umgebracht hat, auf dessen Namen sie sich nun schon seit Jahren vergeblich besinnt: und der fremde Gast nennt auf einmal den Namen des Hundchens? Es ist auf himmlische Weise verrückt.«

Er machte eine effektvolle Gebärde: er stellte die Hand senkrecht vors burgunderrote, erhellte Gesicht und schob sie ruckartig zur Seite. Dann fuhr er gleich wieder fort:

»Und Fouqué? Die Undine natürlich! ›Aber wenn Eins nun gar keine Seele hat? Wir haben keine Seele!‹«

Er zitierte sehr spannend, indem er auf einmal mit ganz leiser Stimme ausdrucksvoll sang; man glaubte das verzauberte Wesen zu hören. »Und Hoffmann? Es käme darauf an, das Extremste von ihm zu finden. Etwas, das ihn ganz als den Dichter des Wahnsinns zeigt, von Gespenstern gejagt. Ach, so wenig auf Erden entgeht der Verminderung! Die großen Werte schwinden in den Händen der Unwürdigen hin, die Köpfe könnens nicht fassen, sie sind zu klein, alles läuft über. Was haben sie aus dem Hoffmann gemacht! ein hübsches Raritätenkabinett aus dem Biedermeier! Das dem Erfinder der Automaten! Begreift man nicht, was das bedeutet für uns? für unsere Zeit? wo sie alle ablaufen, die Automaten, hier, dort, mit Präzision, und alles zerstören, was lebt? ... Aber vielleicht nimmt man nichts als den Ritter von Gluck. Da ist man vom Atem des Genialen fühlbar gestreift, des Genialen, das im Schatten des Wahnsinns steht: feuriger Atem aus dem Munde des Drachens. Verlorenheit, Unrast, Friedlosigkeit, das Marterbild eines Tragikers ist auf ein paar Seiten beisammen. Und der Glanz! Glanz nächtlicher Kerzen! – Glaubst du, daß nach der schönsten Wahnsinns-Dichtung, der Lenz-Novelle von Büchner, noch etwas wirklich Wesentliches an deutscher Prosa erschien ...?«

Nun, das war ja ein seltener Vogel. So wenigstens bezeichnete ihn, ihm ins Gesicht, der junge Mensch, den er nach seiner Meinung über moderne Kunst befragt hatte und, fügte er für die andern hinzu, er habe »wahrscheinlich nicht alle Tassen im Schrank«.

In der Tat, ein seltener Vogel. Ich hatte nichts gegen die Wendung. Jedenfalls war er zu fangen und festzuhalten; man würde ja sehen, ob die Seltenheit überwog oder der Vogel. Wunderlich schien er zu sein; aber es gab ja in dieser Zeit eher zu wenig wunderliche Menschen. In dem Gespräch, das er führte, als sei es die Fortsetzung eines Gesprächs, das wir vor langem begannen, sagte er ganz übertriebene Sachen, man war oft zwischen Lachen und Zorn in der Mitte geteilt. Man war oft seiner Ansicht, aber er verdarb alles durch Übertreibung, die lachhaft war. Das Radikale beherrschte ihn ganz.

Das Gespräch geriet auf Galerien alter und neuerer Kunst, und es zeigte sich, daß er ein erstaunliches Gedächtnis besaß. Er wußte gut, was in Brüssel hing und in Kassel und im Escorial. Fragte man indessen nach Reiseeindrücken, so erwies sich, daß er nirgendwo gewesen war, nicht in Paris, nicht in Prag und in Wien, nicht einmal in Dresden, München und Köln. Er kannte fast alles nur aus Wiedergaben und Büchern.

Später bot sich Gelegenheit, ihn nach persönlichen Din-

gen zu fragen. Er schilderte knapp, in abfallendem Ton, wodurch er die Wirkung beträchtlich erhöhte, er sei in Sibirien geboren und habe dort seine Kindheit verbracht. Er sprach russisch wie deutsch. Dann sei er nach Deutschland, seiner Heimat, gekommen und habe Kunstgeschichte studiert. Nach dem Abschluß habe es ihn nicht gelockt, ein beamtetes Leben zu führen. Er habe, wie Vater und Großvater, das Fotografieren erlernt und sei in eine pommersche Kleinstadt verzogen. Er sei Handwerker, sagte er mit Herausforderung, als habe es jemand bestritten, und sah einen nach dem andern streng an. Beim Fotografieren der dummen Gesichter, das seine tägliche Aufgabe sei, behauptete er sich am wohlsten zu fühlen. Er sammelte, las und lebte verborgen.
»Ich heiße Paul!« schloß er seinen Bericht, den er mit lexikalischer Sachlichkeit gab, lächelte gewinnend, machte einen gezierten, ironischen Diener und schritt mit steigenden, gleichwie aufgezogenen Schritten vogelartig davon.

III

Wie es kommt, daß mich nirgendwohin, sogar nach Griechenland nicht, so unbändige Sehnsucht verzehrt wie nach der Wüste, weiß ich selbst nicht zu sagen. Aber mein Schmerz, nicht mehr dort zu sein, ist der Schmerz eines lebenslangen Verlusts, und seltsamerweise mischt sich etwas wie Reue darein, was ganz unsinnig ist: als hätte ichs nicht zu Ende gelebt, sei halben Wegs umgekehrt, wobei immer Schimpfliches ist.

Gerate ich nicht in Verlegenheit, wenn ich beginne, das damalige Leben zu schildern? Man wird nicht erwarten, daß ich mich in der Aufzählung der kleinen Quälereien verliere, aus denen der Vordergrund des Daseins bestand: das Widerwärtige, das aus der Unfreiheit entstand, oder die abwegige Komik, die die verrückte Nähe so verschiedenartiger Menschen erzeugte, oder den ewigen Streit, die ewige Gereiztheit und die ewige Langeweile: denn es ergab sich, daß die meisten Menschen an den Rand der Verzweiflung geraten, wenn man sie nur sich selbst überläßt.

Aber mit so Gewöhnlichem, wenn ich es erzählte, würde ich nur den Gewöhnlichen dienen. Man wird auch nicht erwarten, daß ich den Zustand der Gefangenschaft preise, nur weil die Erfahrung, in der Wüste zu sein, sich damit verknüpfte. Die Dinge verknüpfen sich nun einmal; das Leben liebt nicht die reinen Vorkommen, es liebt das Zusammengesetzte: wer vermag es zu trennen? schließlich, wer nur zu wünschen, daß alles sich rein ereigne, so als wäre es nicht lebendig, sondern ausgedacht oder künstlich erzeugt?

Ereignisse gab es wenig, das wird man mir glauben. Das

war es ja eben, daß es keine Ereignisse gab. Niemals zuvor hatte ich ein so ereignisloses Leben geführt; die Jahre schrumpfen mir in der Erinnerung zu einem winzigen Bildchen zusammen, als sähe ich sie durch Melusinens zauberischen Ring.
Eigentlich war es das, was das Ereignis aller Ereignisse war: dies verleugnete, überwundene Leben, fast wie ein Schlaf, der ja auch verleugnetes Leben ist und dennoch von allen gepriesen.
Was auf den gelöschten Tafeln jener Tage erschien, war nicht neugeschriebene Schrift. Längst Getilgtes, verloren geglaubt, trat wieder hervor; auch bildete sich auf dem leeren Grund von selber magische Schrift. Sie war des Lesens mehr wert als der Text, mit dem sich die Tafeln unserer Werktage unaufhörlich bedecken; es schien mir dringend zu sein, auf die Entzifferung Mühe zu wenden.
So muß ich versuchen, den Sand jener Tage noch einmal durch die Finger rinnen zu lassen: vielleicht daß ich den schönen Stein, dessen Blinken ich sah, noch einmal erblicke.

Eigentlich hatte ich mir die Wüste gedacht als unabsehbare Menge gesiebten sauberen Sands. Die Wirklichkeit war verzweifelt viel weniger schön. Es war eben wüst, weiter nichts. Soweit man sah, war verkommenes Land; Verkommenheit war es, woraus sich im wesentlichen die Wüste ergab. Steine und Lehm und Sand waren von Millionen glühenden Sonnen verbacken zu diesem graugelben Einerlei, das nun überall war.
Auch darin hatte ich mich getäuscht: ich hatte unklar gedacht, in der Wüste stehe man mitten im Flachen und sehe Unendlichkeit rings um sich her. Auch das war nicht wahr. Unwert verminderte das Nahe so sehr und riß so viel Ferne herbei, daß immer irgendeine Höhe da

war, die die Aussicht verstellte. Das Auge, das sonst keine Gaben empfing, bemaß Hügel und Täler stärker als sonst, und übertrieb. So kam es, daß man in einem Tal zu sein glaubte, wenn man sich nur in einer flachen Mulde befand. Dann wieder glaubte man auf einer Höhe zu stehen, ohne daß man bemerkt hätte, gestiegen zu sein. Und einen Hügelzug, den man lange vor Augen hatte als einen gelben beträchtlichen Wall, erstieg man nachher im Nu: es war nur eine unerhebliche Schwelle.

Viele, viele Monate war ich an denselben Platz festgebannt, als ich ein paarmal Gelegenheit hatte, vom Rükken eines Gebirges ein größeres Stück Wüste zu übersehn. Es war kein hohes Gebirge, nur ein paar hundert Meter vielleicht; aber nach so viel Flachem mußte man so eine Höhe als Ereignis empfinden.

Ganz in der Ferne waren wieder Gebirge. Sie waren seltsam erscheinungshaft; es ließ sich keinesfalls sagen, wie ferne sie waren oder wie hoch. Sie traten aus einem Schleier hervor, den die zitternde Hitze über die Ebene wob, und sie waren auch wieder merkwürdig klar. Rissig und steil leuchteten sie im Nachmittagslicht, weißgelb und lila dazwischen; ganze Teile waren mit lila Schillerschatten verzaubert.

Über die dazwischenliegende Ebene schoß das Licht furios. Mit den fernen Höhen sprang es nach Gutdünken um, türmte sie morgens hoch auf und erdrückte sie mittags in Gluten, färbte sie abends rot und dann wieder ganz fahl mit violetten dunkleren Schatten.

So viel Wüste hatte ich vorher noch nie überblickt. Das Neue war, daß ich nicht nur darüber hinsah, sondern daß es ein Daraufblicken war. Dieses Ebene war ganz summarisch behandelt von dem verachtenden, gleichgültigen, ewig wehenden Wind. Mit seinen Zeichen war es bedeckt: Gassen von Ausgewehtem und stehengebliebene Grate, geriffelte Formen, wie man sie im Kleinen

von den Stränden her kennt, und Buckeln, die sich mit übermäßigen Schatten großtaten. Alles war Trift des ewigen Winds, der über die Weiten hinfuhr wie eine Hand über ein gestorbenes Gesicht.
Das also war die unendliche Wüste. Zum ersten Mal sah ich, daß sie eine Oberfläche besaß; es war eine hingeschmolzene, glänzende Haut. Auch sie war das Werk dieses höhnischen Winds, der hin und her schoß, wie um zu wachen, daß ja nichts entstehe auf diesem Land, das nur sein Besitz war. Es war natürlich gar keine Haut, es war nur das Endgültige des unablässig rieselnden Sands, nur die besiegelte Rastlosigkeit. Der Wind hatte ihm dieses Gepräge gegeben, um im Hin-und Herfegen leichter sehen zu können, daß hier nichts ohne seinen Willen geschah. Leben, das sich hier aufgemacht hätte, hätte er ohne weiteres bemerkt.
Das also war Wüste. Land, das nicht mehr empfing und nicht schenkte, nicht nährte, durch nichts mehr genährt, ausgeschieden aus dem Kreislauf des Lebens. Erde ohne Verwandlung, die nichts mehr begriff, Erde, die schicksallos war, ohne Freuden und Leiden. Im Vergleiche dazu war das Meer ein fruchtbarer Schoß. Dies war, was auf Erden dem Leben am abgewandtesten war. Es war das Antlitz des Todes: und nicht einmal das. So war nicht der Tod, der kommt und schrecklich ist oder sanft. So war nur Gestorbensein, das weit weg vom Menschlichen ist. Nicht Vergangenheit, die voller Erinnerung ist, und nicht Sterben, in dem Auferstehn wohnt: es war jenseits von allem. Es war das ausgemacht Öde, das Ausgelöschte, Getilgte.

Man irrt, wenn man glaubt, man wisse nach solch einem Anblick, was Wüste eigentlich sei. Man ist nicht in der Wüste gewesen, wenn man nur einen Anblick von ihr empfing; dies kann man auch Reisenden zeigen. Denn sie ist Ausgesetztsein und Verlorensein, sie ist das Hoffnungslose in mattester, letzter Gestalt. Sie ist das Endlose ohne Trost. Sie ist, dessen Ende man immer nur hofft: aber man weiß, es ist fern.

Unserer Lage fehlte etwas, was vor allem zur Wüste gehört: das Durchziehen der Weiten. Das fehlte, und doch kann man sagen, daß wir erfuhren, was Wüste eigentlich ist: die wir gefesselt waren in ihre Trostlosigkeit. Die wir nicht nur vorübergehend dort waren wie zum Versuch ihrer Menschenverachtung, sondern, wie uns vorkam, auf endlose Zeit. Monate, Jahre hindurch lebten wir auf einem winzigen Stück des unabsehbaren Sands. Die Sinnlosigkeit, deren Urbild die Wüste selbst ist, war mit der Sinnlosigkeit, daß wir darin nur ein winziges überfülltes Viereck besaßen, multipliziert.

Der Sand war bald unser Element. Keine Farben hatte die Welt und die Erde roch nicht. Es wuchs nichts, kein Baum und kein Halm. Nur Sand, Sand und Sand. In weiter Ferne zog ein Kanal vorbei, aus dem wir unser Wasser bekamen –: es war der von Tumilat, wie ich jetzt weiß; er läuft vom Nil quer durch die Arabische Wüste, schon Herodot spricht von ihm. Zuweilen sah man am Horizont ein Segel erscheinungshaft durch den Wüstensand ziehen.

Wir lebten in einem Neutrum von Landschaft, in einem Garnichts. Da war nichts, was besonders erquickend gewesen wäre und nichts, was besonders beleidigend war: außer der Zumutung, dort seine Tage verbringen zu müssen.

Es war ein Dasein im Leeren. Anfangs war das eine heftige Qual. Wenn der Tag begann, war man von Ekel erfüllt. Mit der Zeit aber, freilich nach vielen Monaten erst, vollzog sich ein Wandel. Die Unruhe fiel ab. Die Unruhe erlosch, die einen sonst dazu antreibt, den Ort zu wechseln oder doch sich zu sehnen, daß man da und

dort und wieder woanders und in veränderten Verhältnissen sei. Abgesehen vom alles untermalenden Schmerz, der sich auf die Heimat bezog – dem Kummer, der von je das Gefühl war, mit dem man Deutschland bedachte–, abgesehen davon war keine Unrast mehr da. Kein Wunsch mehr, sich zu verändern. Kein Wunsch, zu erleben. Kein Wunsch, neue Menschen zu sehen.
Dagegen entwickelte sich ein anderer Sinn. Er befähigte einen, zu sein, wo man wollte. Die Einbildung war deutlich wie die Realität. Die Wirklichkeit hätte nichts mehr dazu zu schenken vermocht. Man besaß alles, was in der Ferne und in der Erinnerung war, man besaß es reiner, abgezogener und vom Zufall des Momentanen befreit. Das Dasein in der Wüste war nichts. Aber in dieses Nichts stürzten Bilder hinein.
Man lebte wie auf einem anderen Stern. Wir sahen das Irdische, wie man es von einem Mond aus wahrscheinlich sähe: aus dem Dunkel des Weltraums erhellt, wie im dunkeln Theater die Bühne. Was man auf diese Art sah, war deutlich, aber es war nur noch theatralischer Schein. Theatrum mundi: nicht weniger schrecklich, weil es nicht mehr so wirklich war, aber an Geltung hatte es mächtig verloren. Es war nur noch des Schönen und Schrecklichen verdichteter Schein.

Wenn man Stille zum Leben so notwendig hat wie der Weber das Garn und der Töpfer den Ton, war man nicht gut daran. Lärm aller Art war das Element, in das man ganz eingetaucht war, bösartiger Lärm, der aus der Langenweile der anderen kam, was quälender ist als Geräusche, die aus Beschäftigung kommen. Die Mehrzahl der Menschen nimmt an, leben bedeute, sich vernehmlich zu machen: als gelte es, unaufhörlich den Tod durch Lärm zu vertreiben. Viele wußten den ganzen Tag nichts anderes als Singen und Pfeifen, oder sie waren mit Kartenspielen beschäftigt; dann war ein gewisser Takt im Geräusch und die bekannten Worte, die das Skatgespräch bilden, das mit dem, was Menschen sonst sprechen, wenig Ähnlichkeit hat.

Ich schrieb. Nach der abgefallenen Last des Kriegs schrieb ich weit Zurückliegendes auf, vom ersten Tag an. Während die andern der Hitze, den Fliegen, der Enge und andern ägyptischen Plagen mehr Aufmerksamkeit schenkten, genoß ich den Vorteil, daß ein Schreibender nichts braucht als Stift und Papier, um der Zeit und dem Raum so entrückt zu sein wie es ein Träumender ist. Meine größte Sorge in jenen Tagen war die, daß mir die Minen für meinen Drehbleistift ausgehen könnten; ich überlegte, daß ich gegen dieses und jenes Stück meiner Habe solche Stifte werde eintauschen müssen.

Ich hatte mein Gepäck klein halten müssen und es mit genauer Überlegung gepackt. Da ich wußte, was schlaflose Nächte mit surrenden Mücken bedeuten, führte ich ein Moskitonetz mit. Unter dem lag ich nun tags; es gab mir die Illusion, in einem winzigen eigenen Raume zu sein, und hielt mir die Fliegenwolken vom Leib. So schrieb ich und zog Gewinn aus dieser merkwürdigen Lage, die mich aller Pflichten enthob und wie eine Art schmerzlosen Krankenbetts war, mit Vorzügen für Lesen und Schreiben. Langeweile hatte ich nicht, das Schreiben ist eine erstaunliche Zeitverzehrung.

Auch zu lesen hatte ich noch. Ich hatte nur wenige Bücher mitnehmen können und solche gewählt, von denen ich wußte, ich werde sie niemals ausschöpfen. Der ›Titan‹ war darunter. Die zwei kleinen Bände trug ich als eine Art Talisman während des ganzen Krieges bei mir, und ein wunderlicher Glaube verband sich damit: solange ich von den Stoffen dieser Dichtung durchdrungen war, war ich sicher, gefeit gegen ein Schicksal zu sein, das diesem tapferen Holden ganz feindlich war.

IV

Zeit im allgemeinen und im besonderen Tageszeit war es, worüber Paul sich großartig hinwegzusetzen verstand. Er verzehrte die Stunden wie ein gefräßiger Götze die Opfer eins nach dem andern summarisch verzehrt, ohne Rechnen; er praßte. Tag galt ihm wie Nacht. Er pflegte mit Vorliebe tagsüber zu schlafen und die Stunden, die sonst für die wertvollsten gelten, mutwillig zu morden. Des Nachts aber hatte er unerhört Zeit. Dann liebte er es, ein Gespräch zu beginnen, das von vornherein auf viele Stunden angelegt war. Für ihn galt ein Stundenmaß, das große Zeitmengen faßte. Sein Leben hatte den Pendelschlag einer Uhr, wie sie auf alten Türmen noch sind, wo eine Minute aus ganz wenig Schlägen besteht und übrigens am Ende genau so lang ist wie bei einem aufgeregt steppenden, neumodischen Ding.

Am Tag nach unserer ersten Bekanntschaft lief ich ihm in den Weg. Er hatte sein Essen geholt und kam über den Sand. Die eine Hand trug den blechernen Napf, die andere hatte er so in die Hüfte gestemmt, daß, wie mir abermals auffiel, der Ellenbogen eckig nach rückwärts abstand. Dazu ließ er den Kopf wie ein Pferd sinken, als suche er etwas im Sand. Die Hitze plagte ihn wiederum arg, er war puterrot im Gesicht, das helle, strähnige Haar war naß und übel verfilzt.

Er bot überhaupt ein abgerissenes Bild. Die lange überfallende Hose war an der Naht aufgeschlitzt, so daß es mehr wehendes Tuch als das Bein einer Hose war. Vor Schmutz war das Kleidungsstück gänzlich erstarrt und begann ein eigenes Leben zu führen ohne Rücksicht auf das innewohnende Bein. Auch der Tuchrock war kaputt und vollkommen verdreckt, wenn man schon davon absehen wollte, daß er für dieses Klima unsinnig war; der seltsame Mensch war ja völlig verschwitzt. Die ganze Erscheinung schien aus Versehen in diesen Erdteil geraten zu sein, sie schien aus gewissen Bildern des Dreißigjährigen Krieges zu stammen; vielleicht war man an irgendeinen Kriegsknecht von damals erinnert, der dem Schlachtgetümmel oder einem brennenden Dorfe entrann. Er steuerte auf mich zu mit langsamen, steigenden Schritten und verwickelte mich in ein ernstes Gespräch, auf das ich, auch meinerseits einen Eßnapf in Händen, nicht gestimmt war. Rücksicht aber war ihm ganz fremd. Ich wappnete mich mit Geduld, während er in der Breite seiner Sätze sich fühlte, bis sich mir die über den Napfrand gespannte Hand verkrampfte und ich mich empfahl. Als ich mich am Eingang zu meinem Zelt noch einmal wandte, stand er immer noch da, den Blick in den unfruchtbaren Boden gebohrt. Er sah wie ein einsamer Wegweiser aus.

Er hatte bei mir den ›Titan‹ gesehen und bat mich darum. Aus den weitschweifigen Reden, die er darum entfachte, konnte ich sehen, daß er das Entleihen von Büchern für einen bedeutenden Akt ansah; ich mußte es also hoch anschlagen, daß er mir als Gegengabe einiges aus seinem Besitz anbot: die »Education sentimentale«, wenn ich wolle, und desselben Verfassers »Versuchungen des heiligen Anton«, die ich noch nicht kannte und die hier in Ägypten zu lesen einen großen Gewinn bringen mußte. Doch bat er mich sehr, die beiden Bücher nicht eine Minute aus den Händen zu geben; ich mußte es ihm sogar auf meine Ehre versichern.

Ich gab meiner Freude Ausdruck, daß er so wertvolle Bücher in die Wüste mitgebracht habe, da meinte er in abfallendem Ton, das sei doch das Wenigste, was man so habe. Ich verstand nicht, wie er es meinte. Dann ließ

er in einem Nebensatz, den ich fast überhörte, durchblikken, er könne mir französische Impressionisten zeigen, oder liege mir mehr an moderner Kunst? Ich könne natürlich auch Altes sehen. Vor allem im Etruskischen sei er nicht arm, er besitze aber auch Ägyptisches und sei nicht unbemittelt in der Antike.
Ich wußte nicht recht, was er meinte. Ich konnte nur sagen: was immer er habe, sei in unserer Lage ein wahres Geschenk, und ich bitte ihn sehr, mich teilhaben zu lassen.
Wir verabredeten uns gleich nach dem Essen. Dann war die Tageshitze auf ihrem unerträglichsten Grad, und ein Zelt, das allgemeiner Benutzung freistand und die Rarität eines Tisches besaß, war dann am ehesten leer.
Zur vereinbarten Zeit erblickte ich ihn, wie er über den Wüstensand schritt. Erstaunt sah ich, daß er einen recht umfänglichen Koffer schleppte, außerdem war er mit zwei überstopften Reisetaschen bepackt, von denen er eine umhängen hatte wie ein fahrender Wandergesell, die andere trug er am Henkel. Er schritt sehr langsam unter der Last, burgundergesichtig und spiegelnd im Schweiß, mit großen, storchenden Schritten. Das geschlitzte Hosenbein hatte sich selbständig gemacht und flatterte im glühheißen Wind.
Das erste, was er mir eröffnete, war, daß er zunächst natürlich nur einen Teil seiner Sammlung mitgebracht habe, nur, was mich vermutlich am meisten berühre. Damit rief er mein erhöhtes Staunen hervor, das ich indessen nicht zeigte, denn ich hatte inzwischen gelernt, daß es seine Gewohnheit war, zu frappieren und dann so zu tun, als sei nichts. Es war aber Staunen am Platz. Es zeigte sich, daß er einen Schatz von ein paar tausend vorzüglichen Wiedergaben bildender Kunst durchs Kriegsgetümmel Italiens durchgebracht hatte, und dann noch über den Moment der Gefangennahme hinweg,

durch alle Verhöre, durch die vielen Stationen und Zwischenlager bis in die Arabische Wüste. Er meinte, da sei doch nichts zu verwundern dabei. Habe man es mit höhergestellten Personen zu tun, so sei es meistens nicht schwer, Verständnis für so eine Passion zu erwecken; die niederen Rangstufen stellten natürlich eine ungleich schlimmere Gefahrenquelle dar. Hier komme es vorzüglich darauf an, entschlossen zu sein. Vollkommen entschlossen; es sei notwendig, fühlen zu lassen, daß man alle – alle! – Folgen auf sich zu nehmen gedenke, um sich von seinem Besitze nicht trennen zu lassen. Wenngleich wehrlos, gehe man durch Entschlossenheit leicht als Sieger hervor. Der Erfolg gab ihm recht.
Er hatte Italien, sich immer rückwärts bewegend, von den südlichen Provinzen bis nach Verona kennen gelernt. Menschen, so geartet wie er, nehmen von allem, was sich in ihrem Umkreis ereignet, nur wahr, was sie wahrnehmen wollen: nur das, dem ihre leidenschaftliche Anteilnahme gehört. Für Paul war das die Kunst. Es schoß wohl, aber Paul interessierte sich dafür nicht; jedoch für die Kunst. Das Geschehen rings um ihn war ein tobendes Meer, aber war das nicht diese Welt ohnehin? Kein Grund also, sein Verhalten zu ändern und ein anderes Ziel zu verfolgen, als die Kenntnis italienischer Kunst zu vertiefen und die Dinge, je bedrohter sie waren, um so heißer zu lieben.
Er hatte als Dolmetscher erlaubte und unerlaubte Mittel benutzt, um dahin und dorthin zu kommen, hatte überall Menschen kennen gelernt, die bemerkenswert waren und ihm forthalfen; mit seiner Kenntnis hatte er seinen Bilderschatz immer weiter vermehrt.
So hatte er diesen heillosen Feldzug bestanden, ohne daß er es darauf angelegt hätte, der Gefahr und dem Tod zu entgehen: was ja auch bekanntlich nichts hilft. Er wußte wohl, daß in Stürmen dem Willen eine magische

Schutzkraft einwohnt. Das Boot, das ohne Antrieb ist, ist dem Untergang sicherer geweiht als eines, das Ziel und Fahrt und Vorwärtsdrängen behält. Wer hätte es nicht erfahren in Zeiten, in denen das Schicksal unverhüllter agiert, und mit Glück und Unglück, merkwürdigen Rettungen und plötzlichen Untergängen weniger Umschweife macht als in beruhigteren Tagen: daß es Magien zu geben scheint, denen die Dinge sich beugen? Und dann, es liegt in so einem Verhalten begründet, daß es nicht gänzlich fehlschlagen kann. Der Tod, hätte er diesen Schwärmer getroffen während er auf den uralten Wällen Volterras nach Etruskischem suchte, wäre wohl weniger bitter gewesen als in einer Minute, in der er nicht so mit sich selbst übereinstimmend war.
Auf seinem Weg von Italien nach der ägyptischen Wüste hatte er alles zurückgelassen, was man sich sonst zu erhalten versucht: Sachen von geldlichem Wert und alltägliche Notwendigkeiten. Er besaß nur das verwahrloste Zeug, das er am Leib trug – und die paar tausend Blätter. Damit war er in die Einöde gezogen.
Dort, in der Wüste, war es öde und leer. Aber siehe, Paul deckte den Tisch.

V

Diese Dinge erzählte der seltsame Mensch im Lauf der folgenden Tage, oder Nächte vielmehr, während wir auf dem Sandplatz zwischen den Zelten im Sternenlicht viele Stunden lang kreisten. Für ihn bezeichnend schien mir die Geschichte zu sein, wie er das Kriegsende erlebte. Denn starke Naturen unterscheiden sich dadurch von schwachen, daß ihnen nur das widerfährt, woraus sie selber bestehn; sie ziehen bestimmte Ereignisse an. Welt trägt nur zu, was man schon besitzt.

Es war so: Morgengrauen. Gegend im Apennin. Eine Straße den Hügel herauf kam ein Zug. Paul erkannte in der Dämmerung gegen den Himmel einen italienischen Karren, einen zweirädrigen, bunten. Auf ihm standen zwei Deutsche, die einen dicken Baumast hochhielten, mit einem weißen Bettuch daran. Dahinter der Zug: gottverlassene Menschheit, aufgelöst, ein Völkergemisch: Tataren, Kirgisen, Kaukasier, Mongolen einer Ausländerdivision, verwehte Menschheit, unfreiwillig Freiwillige des satanischen Fests, Deutsche dazwischen, alle waffenlos, zerlumpt und völlig am Ende.

Das war Dreißigjähriger Krieg. Das hatte – dies Bild im besonderen, aber auch vieles andere, was er von Rußland und von Italien erzählte – den starken Geschmack des Dreißigjährigen Kriegs. Über die Jahrhunderte hin war jenes Ohnegleichen eines sinnlosen Krieges, jenes völkerverwirrte Über-die-Länder-Ziehen und Länder-Verwüsten wieder nach oben getrieben im brodelnden Angsttraum der Welt.

Wir tauschten unsere Erlebnisse aus. Ich erzählte ihm, wie sich mir das Kriegsende dargestellt hatte. Ich war im letzten Jahr des Krieges auf Rhodos gewesen, acht Monate abgetrennt von der Welt. Der Hunger wütete auf der Insel, ebenso unterm Volk wie unter den Deutschen, die auf einem sinnlosen Widerstande beharrten. Nachrichten von der Außenwelt gab es nur karg. Dann Maitage, die schon hochsommerlich waren. Eines Morgens, vor Sonnenaufgang, war ich an irgend etwas erwacht, stand auf und öffnete die Flügel der Tür, die aufs Meer hinausging.

Ich atmete tief. Es dämmerte schon und es roch engelgleich süß, dünn, wie es nur in Griechenland riecht, wo die Erde mit Düften nicht verschwenderisch ist: man müßte es mit verbundenen Augen wiedererkennen. Veilchenschleier hingen vom Himmel herab, das Meer war noch ohne Farbe, nur ein opalener Spiegel, wie es vorm Sonnenlicht ist.

Ich hörte Motorengeräusch eines Boots und merkte erst jetzt, daß ich daran aufgewacht war. Denn es war ein ungewohntes Geräusch; ich kannte das Meer um die Insel nicht anders als öd, eine Zone des Todes. Nun sah ich das Boot in der Dämmerung; es mußte das einzige sein, das die Deutschen überhaupt noch besaßen. Es hielt Kurs auf das Inselchen Symi hin, das von den Briten besetzt war.

Das Motorbrummen verklang, das Boot war im immer helleren Tag noch als Pünktchen zu sehen, die Spur blieb im Wasser bestehn. Lautlos war klar: Übergabe, Ende des Mordens, Ende des sinnlosesten Kriegs.

Man sollte auf Erden nichts hoffen, als das Schicksal zu finden, das zu einem gehört. Wahrscheinlich kommt vieles Mißlingen, viel Fehlgehen davon, daß unser Trachten danach geht, ein möglichst günstiges Schicksal zu haben, während man suchen sollte, im Wust der vielen Schicksale, die herrenlos daliegen, das seine zu finden.

Mir war der Himmel während des Krieges gnädig gewesen; ich hatte Grund, auf den Knieen dankbar zu sein. Mir blieb erspart, unter Mordenden mitmorden zu müssen.
Eine Pistole hatte mich in vier Jahren auf einsamen Gängen bei vielfachem Wandern begleitet; ich hatte sie niemals ernstlich gebraucht. Nun war sie abzuliefern. Auch diesen kleinen, für mich bedeutsamen Akt rückte mir ein freundliches Schicksal zurecht, so daß er der meinige war. Als ich mich auf dem Weg zur befohlenen Stelle befand, trat ein Soldat des indischen Regiments, das seit zwei Tagen die Insel besetzte, auf mich zu und wünschte die Waffe, die ihm wohl als Trophäe begehrenswert schien. Ich zögerte; da bot er mir Schokolade als Gegenwert an: das war damals eine Sache von gewaltigem Wert. Zudem empfand ich, wie richtig es war, meine schweigsame Waffe gegen ein so ausgemacht friedfertiges Produkt einzutauschen. Ich willigte ein. Doch wie war ich erstaunt, als der braune, selbst schokoladene Mann eine kurze Weile darauf zum Abschluß des Handels mit einem immensen Paket erschien, das anstatt der erwarteten Tafel gleich zwei Kilogramm Schokolade enthielt.
Mit Verwunderung nahm ich auch, einige Tage danach, mein erstes Erlebnis in Afrika hin: merkwürdiges Initial einer folgenden, merkwürdigen Zeit.
Der Umstand, daß ich, in ähnlicher Weise wie Paul, in Griechenland vier Jahre hindurch große persönliche Freiheit genoß und allein in den Bergen und auf den Inseln gewandert war, ließ meine rangarme Person einer besonderen Nachprüfung bedürftig erscheinen. So ging ich, meinen Gewohnheiten treu, auch in die Gefangenschaft ohne Gesellschaft, allein. Auf einem englischen Kriegsschiff kam ich in Alexandria an. Man schien dort nicht recht zu wissen, wohin nun mit mir. Ein Auto hol-

te mich schließlich vom Hafen, fuhr mit mir in die große Stadt und auf der anderen Seite wieder hinaus. Vor einem seltsamen Gebäude machten wir halt: es sah aus wie ein Fort, und ringsherum Sand. Ich betrat den merkwürdigen Bau, Posten standen davor. Aus der Hitze geriet ich in einen kühleren Hof, Sand war peinlich gerecht. Doch was war das? Auf allen vier Seiten, zu ebener Erde und genau so auf offener Galerie, lauter Zellen, und hinter jeder vergitterten Tür saß auf einem Schemel ein Schwarzer, zeigte die Zähne und grinste. Wohin ich blickte: Weißes von Augen und Zähnen.

Es war ein bißchen Revue und ein bißchen Fremdenlegion.

Ich erfuhr nach und nach: ich war im Karzer eines kolonialen Hilfstruppenteils, da man nicht recht wußte, wohin mit mir.

Man war freundlich. Um mich zu waschen, durfte ich auf die Galerie hinauf. Da rief mich aus einer Zelle eine unterdrückte Stimme an, deutsch. Ich erfaßte nicht gleich, woher das laute Geflüster kam, dann sah ich in einer Gitterzelle, halb unter der weiter aufwärts führenden Treppe verborgen, einen strohblonden Jungen. Er lachte lautlos über mein Wundern, schlug sich, pantomimisch, ohne Geräusch, auf die Schenkel und, ohne lauter zu werden, schien er sich über mein Staunen totlachen zu wollen. Wispernd vertraute er mir dann seine Geschichte an. Er war aus Düsseldorf, sechzehnjährig, kam aus Italien hierher und hatte seine Ankunft sofort zu einem Fluchtversuche benützt. Der war mißlungen, und nun saß er hier. Er meinte, hier fehle einem nichts weiter, und so viele Gänge zu essen. Drüben auf der anderen Seite sei noch ein Deutscher, ein Geiger, es sei aber nichts mit ihm los. Ich wußte nicht recht, was von seinen Reden ernstgemeint war.

In der Tat kam am Abend aus einer abliegenden Zelle

Geigenspiel. Der Gefangene, den ich niemals sah, spielte das Beethovenkonzert D-dur offenbar auswendig für sich in die afrikanische Luft. Das war als Antwort auf Gitter, Zellen und Neger nicht schlecht.
Das Frühstück am anderen Morgen bestand aus Eiern auf Schinken, Porridge, schneeweißem Brot, Orangenmarmelade und viel milchbraunem, süßem indischem Tee. Seltsam. Die Freiheit hatte uns mit dergleichen Gütern zu versorgen vergessen.
Möglich, man hätte sich eingelebt in so einer alexandrinischen Zelle. Ich hatte Lebenslagen kennen gelernt, die viel schwerer erträglich waren, und hatte auch in der Folgezeit Grund, oft an den lautlosen Frieden dieses Gewahrsams zu denken. Immerhin, man besaß einen eigenen Raum. Ein kleiner Schreibtisch und Bücher und etwas Papier hätte wohl sein müssen. Dann, schien mir, wäre es für eine Weile gegangen.
Vom Land Ägypten bekam ich auf diese Art wenig zu sehen. Für einen Augenblick erschienen einmal, auf einem Transport, die Pyramiden von Giseh und ferne Palmen als zartgefiederte Schatten. Auch, für kurze Zeit nur, der Nil. Er war gelblich und breit und wenn man ihn so zum ersten Mal sah, war ihm sein großer Name im Weg. Der Strom, die vorstadtmäßig bebauten Ufer, das traurig hausende Volk: das war wohl ähnlich, wie man es sich gedacht, aber doch um eine Stufe geringer, verschabter, weniger schön.
Doch das ist ja der Weg von allem auf Erden: erst ist es da, so wie es ist, dann wird es geliebt, von liebenden Augen erblickt und besungen. Dann überglänzt der Ruhm die wahre Gestalt. Ruhm aber ist immer gewöhnlicher als sein Träger es ist. So ist man oftmals mit falschen Bildern genährt und bei mancher Ankunft enttäuscht. Das muß man wissen und warten. Kenntnis führt dann das rechte Maß zu den Dingen herbei, und

man lebt sich mit ihnen zusammen. Blut strömt durch das vorgestellte Phantasma hindurch, und es lernt sich die dauernde Liebe.

VI

Ich hatte mir früher keine Gedanken darüber gemacht, daß ein Gefangener seine Gefängnisse niemals von außen zu sehen bekommt. Jetzt sah ich, daß dies das Urgefühl aller Gefangenschaft ist; freilich sind wir Ichbefangenen ja mit eben dem Urgefühl geboren. Für meine Erinnerung ergibt sich daraus, daß ich von den verschiedenen Gefängnissen, in die ich nach und nach kam, keine zusammenhängenden Bilder bewahre, ich besitze sie nur wie Teile eines zerschnittenen Bilds.
Eine Zeit lang war es ein Sandgeviert, das von hohen Bambuszäunen umhegt war. Wir waren darin zu fünft. Wir saßen abends, bei einfallender Kühle, und die Nächte im Sand, und sahen nichts von der Welt als Himmel, Sand, Bambuszaun und den Holzturm mit einem Schwarzen. So einfach war damals die Welt. An den Fingern der Hand waren die irdischen Gegenstände zu zählen.
Der Sand war im Mondlicht so weiß wie Schnee.
Der Mohr auf dem Turm ließ uns nicht aus den Augen bei Tag und bei Nacht. Man brauchte sich nur dem Bambuszaune zu nähern, gleich zischte ein Stein unfehlbar dicht vor den Zehen in den Sand. Wenn man die Warnung nicht gleich verstand und beim zweiten und dritten, immer schärfer gezielten Stein verwundert umhersah, erblickte man droben den augenrollenden Schwarzen.
Wann aber ist man sonst so gestellt, daß man originale Mohren als Leibwache hat? Wir waren den guten Ostafrikanern nicht gram. Mittags, wenn es am heißesten war, hörte man über den Bambuszaun gebellte Kom-

mandos; dann mußten sie ihre kriegerischen Übungen abhalten. Ich bemitleidete sie. Indessen, wie wenig kennt man die Welt und Gottes Geschöpfe. Ein Engländer, mit dem wir darüber sprachen, lachte und sagte, wir wüßten wohl nicht, daß im Strafreglement für die Schwarzen festgesetzt sei, daß sie für bestimmte Vergehen so und so viele Tage am Mohrenexerzieren *nicht* teilnehmen dürften. Denn es war ihre Lust, auch im Heißen. Das automatenhafte Klipp-Klapp und das drahtgezogene Bewegen war das einzige, was sie darüber zu trösten vermochte, nicht in ihren Urwäldern zu sein. Nun ja, für Wilde schien mir dergleichen von jeher auch erfunden zu sein.

Eines Nachts schreckten wir auf, irgend etwas hatte gelärmt. Wir liefen ins Freie und suchten. Es ergab sich, der Mohrenkrieger war auf seiner Höhe entschlummert, das Gewehr war ihm entglitten und polterte durch die Latten in unseren Käfig herab. Darüber war er selber erwacht und stand nun, entwaffnet, an der Brüstung des Turms, augenrollend, sichtlich bestürzt. Wir machten ihm Vorwürfe: er könne doch schließlich auf Wache nicht schlafen, und reichten ihm sein Schießgewehr durch die Latten wieder hinauf. Er strahlte.

Eines Tages kam dann der Moment, in dem ich diese absurde Niederlassung inmitten der Wüste zum ersten Mal sah. Auf einem schwarzglänzenden, asphaltenen Streifen fuhren wir durch den endlosen Sand; ich spähte voraus. Da sah ich im zitternden Lichte vor mir, ein klein wenig im Tal, unabsehbare Zelte. Das Bild besaß keine Farben, sie waren alle vom Heißen verschluckt, es war nur wie gezeichnet auf sandigen, toten, grauweißen Grund.

Die seltsame Stadt war umsponnen von hohen Stangen und dornigem Draht; hölzerne Türme ragten empor. Es

schien das Siedlungswerk eines spinnenden Wüsteninsektes zu sein, das hier nistete. Mit Menschlichem hatte es offenbar wenig zu tun. Weder schien es von Menschen erdacht, noch für Menschen bestimmt, wie ich hoffte.
Es war gegen Mittag. Aus hundert dünnen, blechernen Schloten stieg schwarzer Qualm. Das Ganze lag schutzlos in der heißen Pfanne der Wüste, ohne Spur von etwas, das Menschen sonst lockt, sich irgendwo niederzulassen.
Ich dachte nicht, daß das zu meinem wirklichen Leben gehöre. Ich war sicher, es werde nur Übergang sein: ein paar Tage, Wochen vielleicht. Wer dachte an Jahre?
Aber die Übergänge sind es ja meist, die Aufschlüsse geben, mehr als die Zustände der Dauer, die eine Neigung zum Rindenhaften besitzen, während aus Übergängen wie Wunden Schmerz, Einsicht und Heilendes quillt.

Wenn man vom Wüstensand absah, der alles durchzog, Kleider und Wäsche und Decken und Bücher, so gab es eigentlich keinen Schmutz. Sand empfanden wir bald nicht mehr als solchen; auch wenn er ins Essen fiel, war es nicht schlimm. Neben der Luft und dem wenigen Wasser war der Sand unser Element.
Aus Sand entwickelte sich selbst eine Art Architektur. Den Boden unter den schrägen Zeltdächern pflegte man auszuschachten und so den Wohnraum in einige Tiefe zu legen; dadurch war man gegen die Sandstürme geschützt und vermehrte den Nutzraum im Zelt: nun konnte man sich bis in das Schräge hinein aufrecht bewegen und gewann erst das Gefühl eines Raums. Der Wüstengrund war im allgemeinen so hart, daß senkrechte Wände schon hielten. Der Boden des Zelts war dann wieder Sand vom unendlichen Sande; es war überraschend, wie sauber das war. Auszukehren erübrigte sich, man hätte ja doch nicht den Grund der Wüste er-

kehrt. Was auf den Boden fiel, war bald nicht mehr zu sehen, wurde aufgeschluckt und verschwand im unendlichen Mahlwerk des Sandes.

Das Leben spielte sich auf diesem Sandboden ab. Ins Freie konnte man tagsüber kaum gehen. Ein Zelt maß vier mal vier Meter, das ergab für acht Mann, die darin wohnten, je zwei Quadratmeter Platz, eine ungemein einfache Rechnung.

Zwei Quadratmeter: das war also das Maß, das die weite Welt übrig hatte für uns. Zwei Quadratmeter zu eigen, und die in der Wüste. Es erinnerte melancholisch an das, was Einen als allerletztes erwartet.

Die zwei Quadratmeter waren gerade der Platz, den der Strohsack einnahm. Er war mehr als nur Bett: er war das einzige, was einem gehörte, das Private schlechthin.

Wäre zu so viel Armut ein düsterer Himmel gekommen, Regen, Wolken und Nässe, aufgeweichter Boden und Schmutz, so wäre es unendlich viel schlimmer gewesen. So war noch immer etwas von Abenteuer dabei; nie verließ mich das Gefühl einer heiteren Sensation, die das Außerordentliche gewährt. Alles war unverbindlich wie das Wohnen im Zelt. Hier war das Zelt wahr und lebendig über Jahrtausende hin. In der Tat, es genügte. Es schützte gegen die Sonne am Tag, das war das wichtigste, und es schützte gegen den Wind. Die Nächte waren angenehm kühl, so brauchte man Tag und Nacht die Zeltwände nicht herunterzulassen und lebte eigentlich nur unter Dach, nicht im Raum, nur unter einer Art Segel. Im Winter wurde es für ein paar Wochen so kalt, daß man nachts fror. Das war im Januar und im Februar; aber da wußte man schon: im März ist alles wieder vorbei. Und auch am Morgen wußte man: untertags werde die Sonne so scheinen, daß man kaum noch für möglich hielt, daß man nachts fror.

Das Wüstenklima ist das heftigste Klima der Welt. Die große Stufe zwischen der Hitze des Tags und der Kühle der Nacht ist eine starke Belastung. Da die Atmosphäre keine Feuchtigkeit hat, sind keine Wolken da, die die Erde bekleiden, um sie vor der heftigen Sonne zu schützen oder die Wärme ein wenig zu halten. So ist der Boden wie die Platte eines eisernen Herds. Wenn ihn die Sonne bestrahlt, wird er schnell heiß: das ist schon ein paar Minuten nach Sonnenaufgang. Und wenn abends die Sonne versinkt, wird es im Augenblick kühl. Das Land strahlt seine Wärme in die klaren Himmelsweiten hinaus, unfähig, sie an sich zu halten.
Am schwierigsten waren die Tage im Jahr, an denen Sandstürme einfielen. Sie kamen mit einem südwestlichen Wind aus der Libyschen Wüste, dem sogenannten Chamsin, und mit einem nordöstlichen aus der Syrischen Wüste. Beide brachten schlimme Tage, gewöhnlich zwei oder drei hintereinander. Man hatte Kopfschmerzen und eine flatternde Unruhe, die Luft war wie von einem Nebel erfüllt: es war aber nur Staub, feinster Sand. Die Sonne war nur noch ein milchiger Schein, es war stürmisch, man atmete schwer, und alles, auch gutverschlossene Sachen, füllten sich mit dem staubfeinen Sand.
Regen gab es nur zwei oder drei Mal im Jahr, und jeweils nur kurz, eine halbe Stunde lang, tropisch heftige Güsse. Es war Voraussetzung für die architektonischen Künste im Zelt, daß kein Regen eindrang. Das war aber nicht leicht zu vermeiden. Das Regenwasser, das in den festgebackenen Boden nicht einsickern konnte, wollte irgendwohin und suchte sich unvorhergesehene Wege. Es ließ sich schwer voraussagen, was dann im Sinne des Wassers ein Flußtal war. In Rinnen und Mulden, die nur wenige Handbreit tiefer lagen als anderes Land, entstanden plötzlich reißende Bäche. Eine Zeltreihe, die

dann zufällig dort stand, wurde im Nu überschwemmt, in die Zelttiefen stürzte das Wasser hinein, es konnte nachts sein, es gab ja kein Licht, und die Sandarchitekturen schmolzen in Augenblicken dahin.

Da aber zeigte sich, was im Süden eine Hauskatastrophe im Vergleich zu unseren Breiten bedeutet. Wasser brach ein, die Betten trieben umher, die Habseligkeiten schwammen, und was man Haus genannt hatte, war eben dahin. Da aber die Sonne am nächsten Morgen mit Sicherheit wiederum schien, trockneten die Betten auch wieder, das Haus wurde aus Sand und Wasser wieder erbaut, und was die Habseligkeiten betraf, so war der Schaden nicht schlimm, weil man ja fast keine hatte.

Denn wenn wir uns arm nennen mußten, so ist das recht zu verstehn. Natürlich waren wir arm. Was jeder besaß, konnte er leicht unterm Arme forttragen, samt seinem strohenen Bett. Aber der wahre Arme ist der, der mehr wünscht als er hat. Unserer Armut fehlte die Bitternis. Bei unserem Mangel war keine Sorge, kein Kummer erwuchs unserer Not. Was kam, reichte notdürftig hin, und es kam wie von selbst, wie das Wetter, das Morgen und die künftige Zeit.

Not wie Reichtum verwirrt. Dem Elend redet niemand das Wort. Mit der Genügsamkeit aber sollte man es versuchen.

VII

Mit östlicher Breite, die Pauls Eigenart war – und mit welchem Rechte in solch einem Fall – sahen wir nun seine Sammlung an. Warum sollten wir nicht zu fünf oder sechs Blättern eine Stunde lang brauchen? Wir hatten ja Zeit.
So viele Wiedergaben alter Bildwerke Paul auch besaß: seine wahre Leidenschaft gehörte der Kunst seiner Zeit. Mit Heftigkeit vertrat er die Ansicht, daß es unsinnig sei, sich der Kunst vergangener Zeiten zu widmen, wenn man nicht das gleichzeitig Geschaffene als seinen gemäßen Ausdruck empfinde. Gesetzt den Fall, eine Zeit habe überhaupt keinen eigenen Ausdruck mehr – übrigens hasse er solche Mutlosigkeiten und voreiligen Jeremiaden; das seien leicht zu erweckende Gefühle der Matten und Rückwärtsgewandten, die aber seien ohnehin immer am Ende – gesetzt also den Fall: eine solche Zeit könne erst recht nicht die Kunst vergangener Epochen begreifen. Unvermögend, wie sie dann sei, sei sie im Sinne des Geistes gar nicht existent und also auch nicht in der Lage, eine Kunst zu erfassen. Nur der Schaffende könne Geschaffenes erfahren, nur der Fruchtbringende wisse von Frucht. Zeugende Kraft zu empfangen – und ein Kunstwerk sei nichts als zeugende Kraft – sei nur im Stand, wer sie zu verwandeln und wieder zur Welt zu bringen vermöge. Zu empfangen und wieder, aus eigener Kraft, sie neu zu gebären.

Besonders reich war Pauls Sammlung an Bildern des Malers Paul Klee. Es war mir lieb, viele Blätter des großen Meisters beisammen zu sehen; ich kannte nur ein-

zelne Stücke. Ersichtlich aber war nötig, viel davon zu kennen, um Einlaß ins Zauberflötenreich dieser Kunst zu gewinnen.
Nicht immer wurde einem der Zutritt gewährt. Aber manche dieser Bilder öffneten sich, wenn man eine Weile bei ihnen blieb, leichter als man es anfänglich gedacht. Manchmal hatte ich das Gefühl, daß sich der Vorhang erhebe – jenes allen bekannte, glückhafte Gefühl, im selben Atemzug mit einem Kunstwerk zu sein – nicht während des Anschauens, sondern erst hinterdrein, wenn ich mich wieder von den Blättern entfernte. In der Erinnerung schien das Licht, das solch einem Bilde aufgesteckt war, auch mir einzuleuchten. Dann war es wie beim Nachgefühl eines schönen Gedichts. Aber das Nachgefühl ist ja bei dem Versuch, in den Raum eines Kunstwerks zu dringen, der, wie der Innenraum einer Monade, fensterlos ist, eine kostbare Hilfe. Denn in der Erinnerung hat man es nicht mit der Schale, Hauswand und Außenseite zu tun, an der entlang man tastet und tappt; man ist dann wie durch Traumkraft mitten ins Innere seiner Herzkammer versetzt. Man ist eben erinnert. An den Pforten der Bilder, die vom Licht einer Traumhellsicht beglänzt zu sein schienen, standen hilfreiche Titel: da gab es ›Nocturno für Horn‹ oder einen ›Kunstvollen Sternenbehälter‹, es gab ›Mondspiele‹, eine ›Erstarrte Stadt‹ und ein ›Gedenkblatt für zwei Kunstofensetzer‹. Diese Namen waren gewiß nicht wie Schlüssel zu nehmen, aber vielleicht waren sie etwas wie Münzen, die man einwerfen konnte, um verbunden zu werden. Waren also die Hinweise, die man von diesen Titeln erhoffte, auch nicht wörtlich zu nehmen, so deuteten sie doch auf die Leichtigkeit hin, die, verwandten Stoffes wie der Humor, aber weniger festgelegt war: das offenbar war die Seele dieser Gebilde. Das war es, was sie sich selber aufheben ließ, so daß sie nur schwebten.

Unter den Bildern war eins, das sich ›Die Erfinderin des Nestes‹ nannte. Es zeigte ein Vogelwesen so in sein Gefieder verhüllt und ins Gewöll seiner Grübelgedanken verworren, als habe sich das graue, phänomenale Geschöpf ganz in das Problem versonnen, wie das gemacht werden könne: ein Nest. Aus Federn und Halmen und Moos ein Nest. Ja, wie es einmal erfunden war, konnten es alle. Wer gedenkt dann der urweisen Mutter, der Vogel-Norne, von deren Erfindung sie zehren? wer weiß noch von ihr?
Das Wesen hatte ein Menschengesicht. Wer war es, der den Honigkuchen erfand, den Tee, das Kerzenlicht und das Bett?
Niemals gepriesene Stifter, an die sich nie jemand erinnert.

Offenbar war man nicht auf der richtigen Spur, wenn man in diesen Gebilden zu sehr das Drollige sah. Obwohl Komisches in ihnen war: man durfte es nicht zu ernst nehmen.
Sicher, auf das Wirkliche zielten sie nicht, diese Bilder. Die Haut der Dinge war ihnen gleich. Ob auf humoristische oder träumerisch schmerzliche Art: sie drangen immer durch die Erscheinung durch wie durch Glas. Das Wirkliche war für sie nichts als ein verhüllendes Kleid. Man konnte es auch zeitlich ausdrücken: nicht die Dinge wurden in jenen Bildern gemalt, sondern das, was sie waren, bevor sie zu Dinglichem wurden oder nachdem sie es waren: wenn sie sich wieder auflösten in ihr einzelnes Sein, in die Erinnerung an eine Farbe zum Beispiel, die sie einstmals besaßen, wenn ein gewisses Morgenlicht auf sie fiel – oder an einen Klang, ein Klirren, das sie erzeugten, damals, als sie noch lebten – oder an ein Teilstück von ihnen, das einmal merkwürdig war, ein Fuß oder ein Rand oder eine vermeintliche Miene

wie ein Menschengesicht – oder eine Beziehung zu einem Nachbarding: nichts als diese Beziehung allein, wie eine Brücke ohne die Ufer, eine Brücke, die schwebend die Erinnerung an die Ufer festhielt, während diese und alles, was dort war, schon gar nicht mehr war. Oder es war die Laune, die Phantasie eines Dings dargestellt, gar nicht es selbst, sondern nur ein Ausflug, den es von sich unternahm, ein Traum, den es hatte. Ein Verwandlungswunsch, den es sich ausmalte in seinem zeithabenden, unbeobachteten Sein und in langen, träumenden Stunden. Das offenbar und Ähnliches war es, womit sich diese Bilder abgaben. Nicht die greifbaren und festen Konturen der Dinge, nicht ihre lockenden Oberflächen, Farben und Formen, nicht ihre Umrisse, auf die wir sie immer verweisen, weil wir von ihnen nichts wissen wollen, als daß sie uns dienen: so versklaven wir sie. Wie die Sklaven, deren Herr es nicht wünscht, daß Sklaven eine Seele besitzen: zweckdienlich sollen sie sein.

Hier waren die Dinge von ihren Zwecken gelöst. Hier hatten sie frei. Endlich kam einer und fragte danach, was ihre unsterblichen Seelchen dachten und wünschten, hofften, fürchteten, litten: und er malte es auf, sich und ihnen zur händeklatschenden Lust.

Welch fabelhafte Gesellschaft war auf diesen Blättern beisammen. Zu manchen dieser Geschöpfe war die Schöpfung in den sechs Tagen wohl nicht mehr gekommen. Nun gab ihnen die Kunst, die eine Nachlese jenes Sechstagewerks ist, endlich Leben und Recht. Man hatte Gelegenheit, die ›Glockentönin‹ und den ›Blumenfresser‹ kennenzulernen und sehr seltene Pflanzen: die ›Silbermondschimmelblüte‹ und die ›Quadrupla gracilis‹, eine Blume mit vier Stengeln und vier Glocken daran, deren jede vier ineinandergesteckte Blumenkelche be-

saß. Eine Blumenseele, ins Vierfache verliebt, war gemalt.
Jeden Dinges geheime Seele, sein innewohnender Dämon, war in den Bildern berührt; mit der gewohnten äußeren Form hatten sie wenig zu tun. Die Hieroglyphe, das Stenogramm eines Dings, seine Spur im Ewigkeitsand, sein Tappen durch diese Erscheinungswelt war es, was der dichtende Maler nachzuschreiben sich mühte.
Denn ein dichtender Maler war er gewiß, und wie ein Dichter sah er auch aus. Sein Bildnis war unter Pauls Blättern. Nichts an diesem vornehmen Herrn verriet Malerhaftes im landläufigen Sinn, keine bürgerschreckende Sonderbarkeit war zu bemerken. Er war nach der Mode gekleidet wie einer, der wünscht, als Kind seiner Zeit zu erscheinen und zur Gesellschaft gerechnet zu werden: die er schon deshalb für gut hält, weil er ja zu ihr gehört. Tiefer Ernst war, was am stärksten aus diesem Angesicht sprach. Man sah in zwei große, dunkelglühende Augen, die Dinge erspähten, die vor ihnen noch keiner ausgezogen war zu erblicken.
Das Eilige, wie Geschriebene der Bilder hing wohl mit der Gewohnheit zu lauschen und nachzuschreiben zusammen. Vieles war hingeschrieben wie man Zugeflüstertes schreibt. Sogar Pfeile und Lote waren mitten auf den Bildern zu sehn, wie man sie sonst nur auf Landkarten hat, wenn die Flußrichtung angezeigt wird. So näherte sich das Gemalte der Schrift.

›Wer ist schuld?‹ stand unter einem Blatte zu lesen. Zu sehen war nichts, was sich auf einen Vorgang der Art bezog. Nie wäre man angesichts dieser Zeichnung gerade auf diese Frage gekommen. Eine niedergebrochene Gestalt war wohl zu erkennen; sie krümmte sich knieend, beladen, gequält. Es war eine widerwärtige, nur im Entfernten menschengleiche Gestalt, eher affenhaft,

froschhaft die Füße, nicht bekleidet, nicht nackt. Einigermaßen menschlich der Kopf, wenngleich ohne Stirn; ums Auge ein niederschlagender Schatten.
Wer war es? die Untat? die Reue, die Schuld? das böse Gewissen? Es rang die abscheulich verkümmerten Hände.
Wer konnte es wissen? Mit Sicherheit war nur das schemenhaft Bösartige da, das Lichtlose selbst. Und auch das war nicht eindeutig gewiß. Gewiß war eigentlich nur der gleichwie schlurfende Strich.
Solche Bilder waren eigentlich nichts als eine Traumsaat, gesät, die nun im Anschauen aufging. Welches Gedicht aber wäre dies nicht.

›Geisterschiffe‹ hieß ein anderes Blatt. Hier war das runenhaft Abgekürzte besonders zu sehen. Das Bildwerk war zu feinsten Linien verdünnt. Sie waren so dünn, daß es dünner nicht ging, und so sparsam, als wäre es der Ehrgeiz dieses Blattes gewesen, möglichst wenig Materie zu sein. Einige flächige Vierecke waren zu sehen, ohne Regel, nur eben geometrische Flächen. Von Verdecken stieg Haardünnes auf, kerzengerad, geisterhaft irgendwo endende Striche. Es konnte wohl sein, daß es Masten waren, Masten auf schwankenden Schiffen. Auch zu Berg stehende Haare konnten es sein. Was aber sagte ein solcher Vergleich? Was wollten Vergleiche, Leidenschaft aller Gedichte der Zeit? Es konnte doch nur ihr Bestreben sein, auszuwechseln und den Punkt, in dem sich das Verglichene in unendlicher Ferne traf, zu entdecken. Gerade dasselbe also, was diese Bilder auch wollten: den Dingen hinter die Dinge zu kommen.

Weit entfernt, festlegen zu wollen, was mit Mühe losgelöst war, hatten die Titel gewiß nichts im Sinn, als von verschiedenem Standort in dieselbe Richtung zu rufen: so

daß man, wie von zwei getrennten Sendestationen gelenkt, leichter das Ziel fand.
Dies wurde besonders deutlich bei einem bezaubernden Bild, das den Namen ›Silbermondgeläute‹ trug. Man sah nichts als zartverschlungene Linien, die sich zu nichts Figürlichem fanden. Nur das Motiv sich entrollender Bänder schien immer gegenwärtig zu sein, wie Spruchbänder sich rollen oder die rosa und hellgrünen Manschetten von Blumentöpfen, wenn man sie sich selbst überläßt. Das Gerollte stand bald gerad, bald quer und bald schräg; Oben und Unten war keinesfalls klar. Es war, wie wenn Schallwellen andringen. Vielleicht war die Vorstellung ›Glocken‹ nähergerückt durch das liebliche, silberne Schwingen des Stifts auf dem Papier in Kurven und Kreisen; es war, als zeichne der Stift etwas Klingendes auf, so Sphärisches, wie es ein Mondgeläut ist: als sei er, der Stift, mit dem Geläute verbunden wie der Stift eines Seismographen auf der Erdbebenwarte es ist, der willenlos schreibt, was ihm von fern herandringende Wellen diktieren.
Dies Bild trug den Namen an seinem Mädchenhals wie einen Schmuck.

So waren gewiß auch die Blätter zu nehmen, die ›Hornklänge‹ hießen oder ›Stadt mit Wachtürmen‹ oder ›Palast teilweise zerstört‹, oder ganz verwunschene Wortfolgen voll ungelöster Erzählkraft wie: ›Wissen, Schweigen, Vorübergehen‹ oder ›Sie brüllt, wir spielen‹ oder ›Ein Phantom bricht zusammen‹. Immer waren diese Gebilde durchaus erfunden, nie nachgeahmt, immer geboren, wie Gedichte es sind. Nie stammten sie aus der wirklichen Welt. Mit keinem einzelnen dieser seelenhaften Geschöpfe – im Ganzen sollten es Tausend sein – betrat man vordem nie betretenes Land. Es war eine Welt hinter der Welt.

Eines der Bilder, deren Fotografie Paul in seiner Sammlung besaß, kannte ich gut, denn es hing vordem in Berlin im Kronprinzenpalais; ich hatte es einige Male gesehen und konnte ermessen, wie wichtig es war, mit so einem Bilde länger befreundet zu sein. Es trug den scherzhaft spinnenden Titel ›Vokaltuch der Kammersängerin Rosa Silber‹ und zeigte einen kostbaren Stoff, vielleicht Seide, jedenfalls matt, edel, graurosa und silbern. Das Tuch war in kleine Rechtecke gesteppt; auf den Plätzen, die sich ergaben, waren die fünf Vokale und die drei Umlaute verzeichnet und dann die Initialen der Künstlerin: ein R und ein S.
Was bedeutete das? War zauberkräftig Talismanhaftes da, so zu verstehen, daß dies Tuch für die Sängerin schutzbringend war, weil es die Vokale, die Pfeiler ihres Gesanges, wie die Nothelfer beschwor? War es so, daß sie dies seidene, hilfreiche Tuch in ihren großen Anstrengungen während des Singens mit den Händen krampfhaft umschloß? Oder waren, wenn sie, in Rosa und Silber gekleidet, das Tuch zwischen zwei Liedern zum Mund hob, um eine Geste zu haben und ein Räuspern darin zu ersticken: waren da die Vokale, als die Juwelen ihres Gesangs, wie Male im seidenen Tuche verblieben?
Alles blieb offen. Aber was war gewiß auf der Welt?

Ohne Zweifel war das am hellsten leuchtende Bild ein offenbar größeres Öltableau, das den versiegelnden Namen trug: ›Der Hauptweg und die Nebenwege‹. Sogar in der kleinen Farbwiedergabe vermochte es weithin zu strahlen; Paul, der eine Beziehung zum Stereotypen besaß, hielt mir das Blatt jedesmal, wenn er mich kommen sah, nach eiligem Kramen entgegen, um mir seine Leuchtkraft immer neu zu beweisen. Das Bild ergriff durch die seligmachenden Farben. Aber eigentlich zu

wirken begann es doch erst, nachdem man den Titel kannte. Dann erst wurde man angeregt, etwas zu begreifen, was genau so weit hinter dem Bilde lag wie der Titel davor. Denn es war natürlich etwas gemalt, was gar nicht gemalt war; das Gemeinte war von dem auf der Leinwand Sichtbaren so weit entfernt wie die Erinnerungstrümmer eines Traums vom tiefen Glück während des Träumens. Das Bild war also eigentlich nur ein Fenster und man blickte ins Drüben hinein. Es war in einem demütigeren Sinn Bild als viele andere Tafeln, die sich selber genügten. Es wollte nicht sich, sondern ein Anderes. Durchlaß zu sein war sein Traum.
Felderbreiten mit tiefen eingegrabenen Rainen. Eine Mittelstraße in Hellgrün, in orangenem Morgenleuchten und in zitronengelben, blauatmenden, fliederfarbenen Bereichen. Gefilde des Lichts und der überwundenen Schwere. Der Horizont oben wie Meer, violette Wolkenbänder dazwischen. Es war etwas von einem Flugblick darin. Land, unwichtig geworden. Die Bereiche zu beiden Seiten der mittleren Straße waren in denselben Farben gemalt, nur daß sie mühsamer waren, kleinere Räume und Strecken, weniger vorwärtsbringend, härter umkämpft. Die Felderbreiten minderten sich zuweilen zu kleinsten Erfolgen herab. Weiß Gott, was das Bild wollte. Es war etwas Polderlandschaft darin oder etwas von einer Landschaft am Nil, wie sie also ganz in der Nähe sein mochte (aber wir wußtens ja nicht), ein Land jedenfalls, ebenso alt und erfahren als spendend und jung. Fünfter Akt Faust, konnte man denken. Das Bild war ein Gleichnis – aber wofür? Doch es ist ja das Wunder an Gleichnissen, daß sie kein Wofür haben.

Leicht zu verstehn war ein Blatt, das den Titel trug: ›Gelehrter im Umgang mit Sternen‹. Es war ein Bild, das aus ungeheuer wenig bestand: eigentlich nur aus der samten rauhschwarzen Nacht, die an ein paar Stellen in ein ahnendes Blau übertrat; ganz unten war eine Tanne, deren Würzduft zum Tiefatmen zwang. Natürlich hatte der Maler nicht daran gedacht, die unzähligen Sterne zu malen; nur vier waren da. Diese vier erschienen in einer ganz unwahrscheinlichen Konstellation; höchstens einzeln hatte man dergleichen gesehen: einmal im Fernrohr vielleicht einen Mars in so schwelendem Rot, irgendwann einmal im Gebirg so einen eisblauen halben Mond, irgendwann über Trümmerbergen eine so böse gelbe verglimmende Sichel, nur im Kinderbuch aber einen so strahlenwerfenden Stern. Nur diese vier also waren zu sehn – und doch, das große Bahnenziehen war da. Und noch etwas: das Gespräch des Gelehrten, sein Sternengespräch, ein Zickzackblitzen zwischen den himmlischen Körpern, ein Adern und Funken über den Himmel hinweg. Und, ergreifend: die seismographische Schrift ging ganz aus der Gestalt des Gelehrten hervor, der selber ganz aufgezehrt war, nichts mehr als zuckende Schrift, gar nichts mehr von Leib: nur Gespräch. Ein flatternder Mantel, ein ungeheuerer Schädel und ein aufgerissener Mund. Nur Geistergespräch.

Schwerer schon war es, einem Bilde zu folgen, das eine große Tischfläche zeigte, worauf isoliertes Gewucher, Zellgeweb, ausgestellt war. Nichts aber war, wie es in Lehrbüchern ist. Nicht einzelnen Dingen galt die Aufmerksamkeit, vielmehr dem Gespräch, das zwischen ihnen entstand. Dargestellt war, was der forschende Mensch zu seinem Unglück nicht mehr zu hören vermag: was sich im Raum zwischen dem Ertastbaren vollzieht. Um dies ganz deutlich zu machen, war auf dem Bild alles vom Gewände einer Kammer umschlossen; alles war in sie gesperrt. Eingesperrt sind wir ja alle;

wenn wir die Mauern nicht sehen, so ist es, weil wir das Freie nicht kennen. Die Zeit, das ist so ein Eingesperrtsein; sie ist die Hauptmauer. Nichts können wir rein, ohne ihr Dazwischenreden erleben. Alles kennen wir nur aufgelöst ins Lösemittel der Zeit. Zeit ist unser Kerker. Aber das Fenster darin ist sie auch.
Das war auf dem kleinen Blatte gemalt; es war eine recht philosophische Miniatur. Die Zeit trat in Erscheinung als Uhr. Sie hing irgendwo an der Wand und sah halb wie eine Wanduhr und halb wie eine Federkugel vom Löwenzahn aus; denn da sie die Zeit doch nur für Wucherndes maß, hatte sie selber gleich Pflanzengestalt angenommen.
Das Eingesperrtsein der Dinge war vor allem durch das Kammerfenster fühlbar gemacht. Es war ein ganz einfaches Fenster, einfacher konnte es wirklich nicht sein, nur ein Kreuz und ein Rahmen und die vier gestrichelten Flächen, alles in der Wandfläche ziemlich weit droben verloren. Und dennoch: der Tag und die Zeit und die Saat und der Tod gingen an diesem Fenster vorbei.

Träume. Diese Bilder waren offenbar der Versuch, Dinge zu malen, die zwischen Schlaf und Wachsein beheimatet sind. Jeder kennt es, kaum Einer wagt sich daran. Jeder weiß um die Augenblicke, die vor dem Einschlafen sind. Das Bewußtsein schreitet schon aus der Tür, nur noch sein Gewandwehen, nur noch die Unterseite seiner Sohlen ist da – sonst: Schwärze. Gelöschte Tafeln. Hintergrund, Hintergrund, der die Seele erfüllt. Die Bühne ist leer. Da, gerade noch ehe der Schlafvorhang fällt, in den Augenblicken, die man so leicht übergeht, betritt die Bühne ein rätselhaftes Geschlecht. Es sind Gestalten und Sachen, Teile und Stimmen. Sie rücken aus dem Unendlichen an, sausend und wachsend, oder sie rutschen von den Seiten ins Bild. Sie verwandeln sich: das ist ihre Lust. Es ist nötig, sie behutsam gewähren zu lassen, ein Atemzug kann sie verscheuchen. Sie sind fremder als Träume: freundlich und fremd. Nichts von Tageshelle ist in sie gemischt. Sie sind anderen Stoffs. Aber man erkennt sie sogleich: eine Uhrfeder, merkwürdig. Ein Buckel, wer hätte daran gedacht. Holla, ein Ofen. Unerklärlich treten sie auf, treiben sich eine Weile umher, paaren sich ohne Scheu, finden sich zu einem Dutzend zusammen, fahren auseinander, und fort. Sie stieben, wie Schnee, der aus Weltraum kommt.

Wer weiß, was es mit diesen Dingen ist. Möglich, daß es sich rächt, wenn man die Freundschaft mit ihnen nicht pflegt. Vielleicht ist viel Unzulänglichkeit in der Welt, weil wir sie zu wenig beachten.

VIII

Hätte man es für möglich gehalten, daß diese Ausschweifung in Pedantismus und düsterer Automatie, in der sich verzopfte Barockspielerei mit finsterer Menschenverachtung vereint, über die ganze Erde verbreitet sein könne? Ich hatte gedacht, in den Heeren anderer Völker herrsche ein freier, sportlicher Ton. Ein englischer Feldwebel aber, der als emigrierter Österreicher die Erfahrung von beiden Seiten besaß und sich gern mit ehemaligen Landsleuten besprach, verriet uns: »Der Drill, meine Herrn ... eerger wie bei die Deitschen!«
Wir lachten, denn wir ahnten noch nicht, wie wenig Grund wir künftig zum Lachen besaßen.
Tag für Tag mußten wir unsere Zelte ausräumen und alles, was unser eigen war, draußen im Freien aufbauen. Es liegt auf der Hand, daß dies der Tod aller Häuslichkeit war. Die Auslage erfolgte nach einem ausgetüftelten Plan, der in genauen Skizzen aushing. Einmal in jedem Monat war eine größere Inspektion, die der englische Oberst selber vornahm. Der alte Herr hatte sich in den Kopf gesetzt, jeden Tag einen anderen Käfig zwei Stunden lang zu visitieren. In glühender Sonne war er dann von Fliegen umschwärmt; von dem Wedel aus Straußenfedern, wie ihn die Pharaonen besaßen, hatte er sich nur noch eine Fliegenklappe aus Draht und Leder bewahrt; so kommen die Sitten herunter.
Blechnapf und Teller und Handtuch und Hose und Hemd, nach zentimetergenauer Vorschrift gefaltet, mußten in ganz bestimmten Verhältnissen liegen, und nicht nur das Einzelne, auch das Ganze: die endlosen Reihen mußten aufeinander abgestimmt sein. Wahr-

haftig, man kam mit einem hundert Meter langen Bindfaden daher und erreichte, daß die unteren Kanten der Teller oder Wolldecken auf Haaresbreite abschnitten.
Dann kam der Oberst. Er war gefolgt von dem Offizier, der das Kommando über den Flügel des Lagers besaß. Dieser war wieder gefolgt von dem furchterregenden, dicken Regiment-Sergeanten, diesem folgte der Sergeant, der unseren Käfig unter sich hatte, diesem der verantwortliche Deutsche und diesem der Dolmetscher.
Stieß nun diese geballte Autorität, die langsam die langen Reihen abschritt, an einen Punkt, wo eines Mannes Löffel zur Linken und die Gabel zur Rechten des Blechgeschirrs lag, anstatt andersherum: so blieb der Oberst ruckartig stehen, schlug seine blauen Augen zu dem stocksteif dastehenden Schächer empor und fragte nach rückwärts den Offizier, der seinerseits ruckartig stand, bestürzt hörte und gesteigert nach rückwärts schrie: wie so etwas habe vorfallen können.
Gottlob sitzt in jedem befehlenden Kopf eine Anzahl fixer Ideen; gottlob wähnen befehlende Köpfe, man kenne sie nicht. Man muß sie kennen, wenn man nicht ständig Gefahr laufen will. Damals spielte das kurzgeschnittene Haar eine ungeheuere Rolle; es herrschte ein listenreich stummer Kampf um freiheitlich menschenwürdiges Haar. Insbesondere waren Bärte verboten.
Um so mehr fiel es mir auf, als ich eines Tags einen Mann stehen sah, der die Haare ungewöhnlich lang trug. Ja, er besaß, unter glatten Wangen, am Kinn einen gebändigten Bart. Das Haupthaar fiel nicht eben üppig, doch lang nach rückwärts hinab ins Genick. Es erinnerte an die Art Robert Schumanns, die Haare zu tragen, aber es war nicht die Spur von Pose dabei.
Nach ein paar Tagen sah ich ihn wieder, außerhalb unseres Käfigs, in der Mitte des Lagers, wo die Sandstraßen

nach den einzelnen Flügeln sich kreuzten. Diesmal hatte er einen Tropenhelm auf.

Manche Erscheinungen zwingen die Einbildungskraft, sich ein weitläufiges Bild von ihnen zu machen, noch bevor man sie kennt. Man kann diese Gabe besonders bei Maskierungen sehen: die geringe Andeutung eines Kostüms – und sogleich sind komplexe Bilder erweckt. Der Mann im Tropenhelm und im Bart sah aus wie ein Forscher, der einer Expedition angehört, aus der Zeit des großen Nachtigal und Schweinfurth vielleicht. Doch schien er Einer zu sein, wie ihn die großen Forschungsreisenden mitzunehmen leider gewöhnlich vergessen: kein Fachmann, aber ein Mann von Wissen und Welt, der sich dem hingibt, was seine Augen erblicken, es mit Worten wiederzugeben versteht und mehr heimbringt als verbesserte Karten.

So einer schien er zu sein. Denn ich hätte ihn nicht wiedererkannt.

An einem der folgenden Tage geriet ich in eine Gegend des Lagers, in die ich noch niemals gedrungen war. Es war eines der üblichen Drahtgevierte, aber nicht von den Unsern bewohnt. Statt langer Reihen von Giebelzelten standen nur einige größere hausartige da, mit senkrechten Wänden. Es waren Verwaltungsbüros, und ich war in eines von ihnen bestellt, was mir den außergewöhnlichen Vorteil verschaffte, die große Sandstraße einmal allein hinunterzugehen.

Als dies abgemacht war und ich das Zelt mit den Schreibern und Listenführern verließ, im Begriff, mich sozusagen heimwärts zu wenden, war mir, als höre ich aus einiger Ferne Musik: und schöne. Eine Übertragung also. Ich stand im glühenden Vormittagsbrand und war von der Heilkraft der Töne über Erwarten erquickt. Klarinettenklänge schwebten daher.

Eigentlich mußte ich ohne Verzug in den Käfig zurück, aber ich ging diesen Tönen nach. Sie kamen vom Rand des Gevierts. Ich mußte den weiten Platz überqueren. Am hinteren Saum stand eine Zeile würfelförmiger Zelte. Ich wußte nicht, welchen Zwecken sie dienten.
Während ich näher kam, hörte ich deutlicher. Es war Kammermusik. Aber es schien keine Übertragung zu sein. Ohne Zweifel, in einem der Zelte wurde musiziert. Aber das war ja ein Wunder! Ich war bis auf wenige Schritt zu dem Zelt hin gelangt, aus dem, wie aus einer musikalischen Dose, die in den weiten Sand gestellt war, die Töne perlten und sprangen.
Durch den Eingang, der unter dem vorspringenden Zeltdach lag, konnte man aus so blendendem Licht nichts erkennen. Doch konnte ich mich im Vorübergehen überzeugen: es waren Welche von uns.
Ich blickte mich um. Auf dem weiten Platz war niemand zu sehen. Um nicht bemerkt und verjagt zu werden, ging ich hinter das musikalische Zelt und setzte mich in dem schmalen Schattenband, das sich bei dem fast senkrechten Sonnenstande ergab, in den Sand.
Es war Mozart, was sie da spielten – und wunderbar spielten, wie ich nun hörte:
Wie lange hatte ich keine Musik mehr gehört! Für diesen Tag, in Hitze und Dürre, hatte ich mir so viel tauige Frische, wie ein Morgen mit ziehenden Wölkchen, feuchten Wiesen und Lerchengesang, nicht erhofft. Glück und Freude durchdrangen mich ganz.
Ich war nur drei Schritt von den Spielern entfernt, die ich nicht sah; die Zeltwand dämpfte den Schall fast um nichts. Ich spürte den Strich und den Hauch, wie man den Atem von Lebendigem spürt. Zudem war ich völlig allein, was ein seltenes, ja ein einzigartiges Vorkommnis war, und allein im Anblick der Öde. Denn dicht hinter dem Zelt, drei andere Schritte von meinen Füßen ent-

fernt, war die Umzäunung; dahinter das unbegrenzt Freie. Kein Mensch war zu erblicken. Der Platz war an einer vorspringenden Stelle der ganzen Zeltstadt gelegen, man sah nichts, was die vielen hausenden Menschen verriet. Jenseits des lockeren Zauns, der für den Blick kein Hindernis war, war nichts mehr zu sehen, was die Existenz von Menschen auf dem Planeten verriet. Nur ein staubiger Distelbusch war noch da, der bei einem Holzpfahl aus dem Sandboden trieb und im heißen Wind schwankte. Dann kam nur noch Sand. Ein paar Skarabäen rannten, sie hatten vollkommene Schmutzfarbe; wenn sie jäh zu laufen begannen und dann hielten, sah es rätselhaft aus, als sei im Flachen ein Steinchen ins Rollen gekommen. Sonst war nichts, was Leben besaß, zu erblicken.

Selbst wenn es gelänge, die saugende Leere, die das Herz beim Anblick so großen Nichtseins erfährt, zu schildern: was wäre erreicht? Die Sätze, die dieses Heillose berichten, müßten unzählige Male hintereinander dastehn und man müßte sie immer wiederholen und lesen. Daß dies nicht möglich ist, ist der Grund, weshalb die Erzählung allen Elends am Ende doch lügt.

In solch eine Umwelt fiel nun wie vom Himmel so zart Belebtes, in solche Unheimat so Heimat hinein.

Sie hatten ein Largo von perlenhaft schimmerndem Wohllaut gespielt und waren beim munteren Satz; es hüpfte wie Quellen. Die erste Geige hatte einen einfachen klarkühlen Strich. Ein ganz uneitler Spieler mußte das sein; sein Können, seine Gefühle traten in selbstverständlichem Anstand hinter die Töne zurück. Wie dieser Geiger aussehen mochte? Vielleicht war er jung, sein Spiel hatte etwas von dem Reinen, das Knabenstimmen besitzen. Die Stimme aber, die offenbar diesem Geiger gehörte, dem ersten Manne dieses Quintetts, schien älter zu sein, sie war dunkel und warm. Alle übrigen Spieler, unter denen die Klarinette besonders untadelig war, ordneten sich dieser Stimme ganz unter. Sie sprachen nicht viel, wenn aber die dunkle, süddeutsche Stimme mehr ansagte als den Wiederholungsbuchstaben, so war es gewöhnlich ein gescheites, richtiges Wort, von dem etwas Hilfreiches ausging.

Da kam ich darauf, daß die redende Stimme gar nicht dem ersten Geiger gehörte. Wenn Spielen und Sprechen gleichzeitig war, ließ sich erkennen, daß der Bratschist der Redende war. Ungewöhnlicherweise mußte der Spieler der Altgeige (ihr Klang hatte etwas vom Schein des grünblauen Kupfers auf Kirchen- und Schloßdächern) das Haupt der Vereinigung sein.

Seine gelassenen Anmerkungen verstummten immer gleich wieder. Es war ein Reden, wie man es oft bei Musikern oder bei Malern antrifft, wo Worte nur da sind, um Ränder eines Schweigens zu sein.

Ich saß lange, von den Tönen beglückt und von dem Ereignis, das dies Musizieren in der glühenden Einöde war. Dann schien die Probe beendet zu sein. Die Stimme sagte ermunternde Worte des Sinns: die Sache bekomme schon langsam Gestalt; es komme ja nur darauf an, daß einer den anderen sagen lasse, was dieser sagen wolle und müsse; so sei es ja auch bei einem Gespräch: ein gegenseitiges Fördern, Untermalen, Stichworte-Geben und Einfälle-Zuschieben; wenn einer stumm bleibe, seien immer die anderen schuld, die ihn nicht zu erwecken verstünden. Anders sei keine Kammermusik. Nur beim Fritz sei es anders, der sei überhaupt nicht zum Reden zu bringen.

Sie lachten, der Schweiger schien der erste Geiger zu sein.

Währenddessen packten sie ein und verließen ihr Zelt. Auch für mich wars der Moment, meinen geschützten Platz zu verlassen, um unauffällig mit den Musikern zum Ausgang zu gehn. An den Instrumenten, die sie trugen, konnte ich den Klarinettisten und das Violoncello erkennen; die drei Geigen ließen sich nicht unterscheiden. Der Mann mit dem Bart und dem Tropenhelm war dabei. Es konnte der Bratschenspieler und Sprecher sein. Jetzt kam mir vor, als habe ich diese Gestalt schon früher einmal, vor langem, nicht erst dieser Tage gesehen: wo konnte das gewesen sein? Auf einmal fiel es mir ein: das war ja der Haffner, und ich kannte ihn aus Athen. Er hatte dort das griechische Orchester dirigiert, Konzerte und Mozart-Opern mit griechischen Sängern, am Fuß der Akropolis, an Sommerabenden im antiken Theater, dessen Bühnenwand aus den übereinandergetürmten Römerbogen bestand: dort hatte ich zuletzt den Fidelio von ihm gehört –: unvergeßlich, wie die Gefangenen in Ketten aus Nischen und Gewölben erschienen. Welch ein Ereignis, daß er hier war.

Während ich noch Gewißheit zu erlangen versuchte, war er im Gespräch schon weitergegangen. Ich war entschlossen, ihn anzureden. Das war ja ein Vorteil der Lage: in Athen wäre ich nicht auf den Gedanken gekommen; nichts trennt mehr, als die großen Städte es tun. Hier war es das einfachste von der Welt.

Wir hatten uns einmal flüchtig in einer Gesellschaft kennen gelernt und ich erinnerte ihn daran. Außerdem bedachte ich wohl, daß man einen Künstler immer rühmend auf seine Taten ansprechen darf: man soll es, ohne die Sprödigkeit, die bei uns zulande im Lobpreis leider allgemein herrscht. Ich sagte ihm also, die Stunde soeben sei schön und merkwürdig gewesen, und erinnerte ihn an seine Athener Bruckner-Konzerte.

Während ich sprach, sah er mich durch seine Brille mit dem Blick an, den E. Th. A. Hoffmann den dumpfen nennt: diesen vom Hören überfangenen Musikerblick,

den man kennen muß, um zu wissen, daß er nichts Trennendes hat. Dann sagte er:
»Nun – und wo bleibst du so lang? Höchste Zeit, daß du kommst. Ich bin schon ein halbes Jahr hier.«
Es war nicht recht klar, wie ers meinte, aber der Scherz trug mir eine Welle von Freundlichkeit zu. Von dem Du blieb es zweifelhaft, ob es der Gepflogenheit der Kulissen entsprang oder der Gefangenensitte. Vielleicht war es als Vorbeugung gedacht für eine Distanz, die man sich einbilden konnte, oder es überspielte eine Unsicherheit.
Dann sagte er mit entwaffnender Ungeniertheit: »Und was wollen wir rauchen?« Ich begriff, er war um eine Zigarette verlegen. Zum Glück, ich hatte welche bei mir.

IX

Er lud mich ein, in sein Zelt zu kommen, damit man sich unterhalten könne, ohne in der glühenden Sonne zu stehn. Gern ging ich mit. Er führte mich in einen nahe gelegenen Käfig und dort wieder bis an die letzte Zeltreihe am äußersten Rand. Hier besaß er, als einzigartige Gunst, ein Zelt ganz für sich allein.

Ich erblickte in der Tiefe einen richtigen Tisch von gehobeltem Holz auf zwei Böcken, darauf lagen geschriebene Noten und Notenpapier in gehörigen Stößen. Ich sah Tinte in einem billigen Gläschen und mehrere aus Blech gebogene Aschenbecher. Dazwischen trieben sich Federhalter aus Holz umher, wie man sie in den ersten Schuljahren besitzt, und Stifte und ein blechener, aus einer Konservendose verfertigter Becher für Tee. Der mit Stroh gestopfte Leinensack lag nicht auf dem Sandboden, sondern auf einem Brettergestell. Dies war zwar auch nicht elastischer als der hartgebackene Sand, obschon es die Illusion einer richtigen Schlafstatt erzeugte. In der Sandmauer war eine Nische, in der sich eine Anzahl von Büchern befand, versandet und ziemlich bestaubt. Ich sah eine Menge kleiner gelber Eulenburg-Partituren, ein paar Bücher über Mozart und Bach und französische geheftete Bände, darunter Novellen von Maupassant und das Journal André Gides. Durch die offene Zeltplane sah man auf dieselbe Gegend der weiten Wüste hinaus, die ich während der Probe vor mir gehabt hatte.

Das war ein gewaltiger Unterschied im Vergleich mit unserem Hausen; mir schien es ein nie erreichbares Wunschbild und Ziel zu sein, so persönlich und komfortabel zu wohnen: in einem Raum ganz allein.

Haffner erzählte, er habe erst das Quartett und dann, vor einigen Wochen, ein Kammerorchester zustande gebracht. Er habe an Sonntagvormittagen im kleinen Hospital unseres Camps schon ein paar Konzerte gegeben. Ich könne mir denken, welche Schwierigkeiten das habe; aber der Versuch sei geglückt und habe ihm Freude und nach und nach manchen Vorteil gebracht. Er habe soeben die Erlaubnis bekommen, ein großes Orchester zusammenzustellen; Aussicht, die Instrumente allmählich zu beschaffen, sei vielleicht da. Sehr viel Geduld, viel Zeit und viel Vorsicht seien natürlich vonnöten. Warum er es eigentlich mache, in all dieser Hitze, frage er sich manchmal selbst. Er habe recht viel Plage damit, und außer der Erlaubnis, seinen Bart und sein Haar behalten zu dürfen und, allerdings, dem eigenen Zelt, keinen Gewinn. Aber es habe sich eines aus dem anderen ergeben und nun sei es im Gang. Er habe auch eine seltsame Erfahrung gemacht. Ob es sich nun darum handle, mit großen Mitteln den Fidelio aufzuführen oder ob man sich in den Kopf setze, ohne Mittel in dieser merkwürdigen Gegend ein mäßiges Orchester zu machen, wo noch nie, solang die Welt stehe, Musik gemacht worden sei: das komme merkwürdigerweise auf dasselbe hinaus. Man könne ja nie etwas anderes zu erreichen versuchen als den Grad der Vollkommenheit, der im Bereich des Möglichen sei – und dann noch ein paar Schritte darüber hinaus ins Unmögliche tun. Mühe sei Mühe, und Erreichtes sei eben erreicht; das Vergnügen bliebe sich gleich. Er sei ganz zufrieden.

Der erste zufriedene Mensch in der Wüste. Unter so vielen mit ihrem Schicksal hadernden, klagenden, verbitterten, hassenden Menschen der erste zufriedene Mann.

Ich gab meine Freude kund, die seltene Perle Zufriedenheit im Sande gefunden zu haben.

Er lachte. »Mein Gott, im Grunde fehlt mir doch nichts – abgesehen davon, daß Einem immer was fehlt. Man hat keine Sorgen, man hat keine Plage mit Ämtern, man leidet nicht eigentlich Not. Was man zu essen hat, ist ja nicht viel, aber man braucht wenigstens nicht danach zu laufen. Geld hat man keins, damit ist ein gewaltiger Ärger erspart. Dafür aber habe ich in meinem Leben noch nie so viel Zeit gehabt. Freunde sind auch genug da, das ist ebenfalls viel. Das wichtigste ist halt, daß man sich keine Veränderung wünscht als die man selber herbeiführen kann. Wie heißt der chinesische Spruch? Wenn man unglücklich ist, hat man zwei Wege, seine Lage zu ändern: entweder man verbessert die Lage oder man verbessert seine Auffassung davon. Das erste kann man nicht immer, das zweite steht immer in unserer Macht. Also was tun? Nicht den ganzen Tag wünschen, wir wären nicht hier in der Öde und Hitze gefangen. Nur keine starren Wünsche, an deren Angelhaken man zappelt. Man muß halt versuchen, ins Zuwidere etwas hineinzuvermengen, was es wenigstens halbwegs zu unserem Eigenen macht. Hinzutun hilft immer.«
So malte sich die Lage für ihn, es war keine Pose dabei. Er trug eben, als Künstler, die Welt, in der er lebte, bei sich. Er hatte kein Gepäck von Europa herübergebracht, nichts, nichts. Aber im Grunde hatte er alles bei sich. Daß Fehlendes sich mit der Zeit wieder anfinden werde, hing nur von seinen Magnetkräften ab.
Die großen Feinde der andern, die Leere, die Langeweile, die Öde, hatten über Menschen wie ihn keine Macht. Tätigkeit sproß neben ihm auf, seine Gegenwart rief sie hervor. Und was die gefährlichste Feindin betraf, die Melancholie, die aus dem wolkenlosen Gewölbe in Helligkeitströmen schoß und an aller Lebensmut sog: so hatte sie eine geringere Macht über ihn als über andere, die an sich unempfindlicher waren. Denn etwas

Melancholie lag ihm ja als einem Künstler im Blut; so war ihm von der Natur der Impfstoff gegeben und er war immun.

Geduld freilich war nötig bei dem, was er sich vorgesetzt hatte. Man sah es beim Vorspielen, das in den folgenden Tagen begann.

Um ein Orchester in der Stärke zusammenzustellen, die klassische Musik vorschreibt, galt es aus vielen tausend Menschen die verhältnismäßig besten Leute zu finden. Das war natürlich nicht leicht, denn für gute Musiker hielten sich viele.

Man muß nämlich wissen, daß durch den gänzlichen Abschluß von der übrigen Welt – wir hatten mehr als ein Jahr keine Post – jedermann Karriere zu machen begann. Keiner besaß mehr zu Hause ein kleines Geschäft, es gab nur noch Inhaber von großen. Die Bauernhöfe hatten es an sich, von selber immer weiter zu wachsen, die Häuser stockten sich laut- und kostenlos auf. Untergebene waren immer schwerer zu finden, die Welt schien voller Vorstände zu sein. Die Einkommen stiegen rapid und die Titel senkten sich auf die Häupter herab wie silberne Flocken. Auch gab es nur vollkommen glückliche Ehen. Es war kein Betrug; die Wüste machte alle zur Beute ihrer Träume und Wünsche.

So hielten sich viele auch für Meister eines Musikinstrumentes, von welchem sie kaum eine Ahnung besaßen. Es kam, wer zur Not auf dem Schifferklavier aufspielen konnte.

Die notwendige Auswahl zu treffen, war unter Gleichgestellten ein heikles Geschäft. Es mußte mehr Abgewiesene als Angenommene geben. Die Abgewiesenen gingen als Feinde, die Ausgewählten sahen keinerlei Grund, dankbar zu sein. Erst wünschten sie dringlich, angenommen zu werden, dann aber, sobald dies erreicht war, schien ihnen, sie verschenkten ja nun ihre Kunst um ein Nichts.

Haffner nahm viele Tage lang Proben entgegen. Eine Weile war ich dabei und bewunderte seine Geduld. Einige spielten recht flott, aber, wie sich ergab, nur nach dem Gehör; sie kannten sich mit den Noten kaum aus. Dann wieder kam die Routine daher in allen ihren Gestalten, anspruchsvoll, aber trüb, unerfreulicher als junge Anfänger waren, die weniger konnten, aber vielleicht besser heranwuchsen als die fertig Verdorbenen.

In einem so schwierigen Amt hatte Haffner keinerlei Feinde. Wie war das möglich? wo alles aus Gereiztheit und Feindschaft bestand? und dazu unter Künstlern?

Haffner bezwang alle – absichtslos, weil er es nicht wollte. Er machte das Spiel Aller nicht mit: dies ist der einzige Weg, es zu gewinnen. Aus dem Wettlauf, in dem sich alle befinden, schied er von vornherein aus. Durstlos, wie es geschrieben steht, lebte er in dieser durstigen Welt. Und er befand sich nicht einmal schlechter dabei als die eifrigen Raffer: doch wen sollte das wundern? da sich das Glück ja nicht seinen Jägern ergibt, sondern sich seinen Lieblingen schenkt.

Nun also befand er sich in der Wüste. Was folgte für ihn daraus? Nichts Besonderes, nichts Neues. Was anderes sollte er tun, als er überall tat auf der Welt, wo immer er war? War nicht die ganze Welt eine Wüste? Und nicht die Wüste auch wieder die Welt, insofern dort Raum für Musik war? Hatte er eine Wahl? Er atmete, also machte er auch Musik.

Und er besaß dabei jene Gelassenheit, jene Geduld, die auf der Einsicht gedeiht, daß kein Geschäft auf Erden so wichtig sein darf, um seine Seelenruhe hinzugeben dafür. Alles unter dem Mond besitzt nur den Wert eines

Spiels. Spielgeld ist die stärkste Valuta der Welt, nicht bare Münze.

Die Gesetze, auf denen eine vorteilhafte Bühnenerscheinung beruht, sind noch nicht genügend erforscht. Das Aussehen von Nahem erlaubt keine zuverlässigen Schlüsse. In der Schauspielschule der junge, strahlende Held hat nachher auf der Bühne weder Jugend noch Kraft und umgekehrt, das süße Gesichtchen, das einen auf der Leinwand noch eben entzückte, hätte man auf der Straße beinah wie nichts übersehen.
Wenn Haffner vor dem Orchester stand, hatte seine Erscheinung vornehmen Glanz. Seine schlanke Größe, sein Feuer, seine Gespanntheit nahmen das Publikum von Anfang an ein. Wo aber waren diese Gaben am Tag? Da war nichts, gar nichts davon zu entdecken. Wir liefen ja alle wie die Landstreicher herum; er aber besonders. Ich kannte an ihm nichts als diese kurze sandfarbene Hose, die es fertig brachte, in ihrer Geringfügigkeit dennoch auf irgend eine Weise zu groß geraten zu sein; sie kümmerte sich nicht um den, der sie anhatte. Quere Wülste, die sie sich angewöhnt hatte, behielt sie ein für allemal bei, auch saß sie absichtlich schief, womit sie wohl ihre Unzufriedenheit mit den Umständen ausdrükken wollte; sie tat, als sei sie gar nicht im Dienst. Wie Mephisto nicht ohne das Mäntelchen von starrer Seide gedacht werden kann, so war Haffner nicht ohne diese starre Hose zu denken. Das Hemd hingegen hatte gar keinen Willen; es war so müde und schlaff, daß es sich nicht einmal zu irgendeiner Farbe bekannte, auch nicht zu Farblosigkeit; es hielt sich so mitten drin zwischen allem, klaglos und verschossen. Nur an ein paar Stellen, an denen sich vordem irgendwelche Abzeichen befanden, raffte es sich zu Bemerkungen auf; aber auch das waren nur gehauchte Akzente, ein Geflüster von leeren Steppnähten.

Außerdem besaß Haffner nichts, was man Kleidungsstück nennen konnte: es sei denn der Tropenhut, der vielfach gedellte, dessen leichter Korkbau sich nunmehr aufzulösen begann, und natürlich Sandalen. Während wir aber im allgemeinen weiche Schafleder-Sandalen anhatten, die uns vor dem heißen Sand schützten, hatte man ihm ganz harte, zu große Stücke verpaßt, die fast aus gebogenem Blech zu sein schienen wie Kindereisenbahnwagen.
Ich sehe ihn am deutlichsten, wenn ich mir ihn vorstelle, wie er gewöhnlich vom vorüberführenden Sandweg an mein Zelt herantrat, um mit mir zu sprechen, wobei er meist in irgendeinem Umschweif aufs Rauchen geriet, denn da war er immer in Nöten. Er stand dann an der Rampe und ich sah von unten her nichts als Beine, nur Beine, bis endlich, weit oben, die unzufriedene Hose und das übrige kam.
Doch muß, wenn schon von diesen Dingen die Rede ist, auch seiner Brille Erwähnung geschehen. Mit Brillen war das im allgemeinen eine sehr beschwerliche Sache. Ein gemeinsamer Freund hatte sich klug mit sieben Brillen versehen, eh er sich in das Abenteuer der Gefangenschaft einließ: schwarzbläuliche Gläser für die grellsten Stunden des Tages, hellere für Abend und Morgen, zum Lesen besondere Stärken und für alles Reserven. Wer nicht so vorgesorgt hatte, war natürlich schlechter daran. Das Horn der mitgebrachten Gestelle fing in der Hitze an, brüchig zu werden. Haffners Brille zum Beispiel war schon an einem Dutzend Stellen geflickt, so daß er sie nur noch in ganz besonderen Fällen mit Behutsamkeit aufzusetzen vermochte. Sonst trug er eine mit einem rohen Nickelgestell; man weiß, wie solche Brillen die besten Gesichter schimpfieren. Einem bestimmten Typ mögen sie einen eisernen Ausdruck verleihen; da hierzu in Haffners Antlitz die Anlage nicht

war, war der Zug auch nicht zu entwickeln. Er nahm sich auch niemals die Mühe, das häßliche Ding vom Grünspan zu putzen, der bei der Hitze gedieh.
Hinter solch einer Brille lag also sein Musikerblick, der dieses Überfangene, Scheue, Wegblickende hatte und dabei doch so schnell alles durchsah.
Sein Beruf setzt ja Weltläufigkeit und die Gabe, sich darzustellen, voraus; das öffentliche, beinah schauspielerische Moment wird da als notwendige Dreingabe verlangt. Gleichwohl war das Abgewandte, Insichgekehrte eigentlicher in ihm. Am reinsten hatte man es, wenn man ihn am Abend besuchte. Er saß dann gewöhnlich in seinem Zelt, wo er unendliche Stunden lang Noten ausschrieb. Trat man heran, indem man die herabhängende Plane aufhob und leise am Zeltpfosten klopfte, so erblickte man ihn, wie er drunten am Tisch im Lichtkreis eines Öllämpchens saß, in einen grüngrauen Mantel gehüllt. Dieser Mantel, ein unglaublich schäbiges Stück, war ohne Schnitt und verwohnt, verkrumpelt, mit einem riesigen gelben Sträflingsviereck am Rücken.
Dann sandte er einen Blinzelblick in das Dunkel herauf, in dem sich vorbeugende Abwehr mit Scheuheit verband. Fast war es das Bild eines einsamen, der Welt entronnenen Mönchs.

Eines Mönchs. Eines Tags fiel es mir ein, daß in der Einöde, die vor uns lag, die berühmten Anachoreten gehaust haben mußten. Wo war die Thebais? Wohl noch weiter die Nilufer hinauf. Wo aber waren die frühesten dieser frühen Einsiedler, Weltverächter und Wüstenpilger zu denken?
Es begann mir zum Anliegen zu werden, genaueres darüber zu wissen. Ich empfand, wie sehr es mich störte, in einem Raume zu sein, der ohne Vergangenheit war. Kann man leben, wo die Welt nicht von hilfreichen Gei-

stern behaust ist? Denn wir sind Erben auf jeden Fall und können einer Kraft, die zu beschwören einmal gelang und die dann einer Stätte angebannt blieb, durchaus nicht entraten.

In die Leere des Vergangenheitslosen, das uns umgab, trat nun doch etwas, woran Erinnerung war. In dem von tötender Helle erfüllten grauweißen Nichts stellten wenigstens einzelne Punkte sich ein: diese Einsiedeleien.

Wenn man etwas nicht genau wußte, ging man am besten zu Paul, der ein ausgebreitetes Wissen besaß. Und wirklich, er konnte ohne weiteres sagen, Antonius, der berühmteste unter den Anachoreten, sei auf unserer, der östlichen Seite des Niles zu denken; er habe unweit des Stroms in der Nähe eines ägyptischen Tempels seine Klause gehabt und sei später, als ihm der Zustrom der Verehrer zur Last fiel, noch weiter wüsteneinwärts gezogen, gerade etwa soweit in die Wüste wie wir, nur auf einer mehr südlich verlaufenden Straße vom Nil zum Roten Meer hinüber.

Doch nun wollten wir beide gern noch mehr wissen. Gewöhnlich war es nicht schwer, in der Nähe jemand zu finden, der in einem besonderen Fach eine gute Kenntnis besaß; wir hätten, wenn man es darauf angelegt hätte, ein ganz hübsches Lexikon des menschlichen Wissens gemeinsam aufschreiben können. Meist war es nur nötig, ein paar Zelte weiter zu gehen: so schlug man in dem lebendigen Wörterbuche leicht nach. In unserem Fall gingen wir in das theologische Zelt, wo die Pfarrer Wohnung besaßen, oder genauer, in die zwei theologischen Zelte, denn sie lebten selbst hier nach Konfessionen getrennt. Unterwegs wetteten wir, wo wir wohl bessere Auskunft erhielten; die Katholiken gewannen. Dort nämlich fand sich eine Kirchengeschichte. Ihr war zu entnehmen, ein gewisses Wüstental habe als Urhei-

mat des Mönchtums zu gelten. Das Natrontal hieß es; es lief vom Nil in die Libysche Wüste hinein.
In die Libysche Wüste. Da war es sicher von Nutzen, zu unserem Freund, dem Ethnologen zu gehen, demselben, der sich so vorzüglich mit Brillen bevorratet hatte. Er nämlich hatte schon als junger Student, neunzehnjährig, das Glück gehabt, an einer Expedition in die Libysche Wüste teilnehmen zu dürfen, welche Höhlenzeichnungen galt, die sein berühmter Lehrer Frobenius in den dortigen Bergen vermutete und die man wirklich auch fand. Ihn davon erzählen zu hören, war für uns interessant; er besaß die Erfahrungen, die uns versagt bleiben mußten: er kannte die Weiten der Wüste. Von diesen unabsehbaren Weiten umschlossen zu sein, erzeugte, wenn man seinen Erzählungen folgte, ein so verlorenes wie geborgenes Gefühl. So tief in der Wüste und abseits der Straßen war von Leben nicht mehr die Spur. Es gab keine Insekten mehr, keine Fliegenschwärme, wie sie uns plagten, keine gefährlichen Mücken. Keine Skorpione, keine Schlangen, keine Schakale, überhaupt keine Raubtiere mehr. Weder Jäger noch Opfer: kein Lebenskampf mehr. Nicht einmal der Anblick eines fliegenden Vogels war dann mehr zu erhoffen. Infolgedessen, berichtete er, habe man zum Beispiel ohne jede Sorge im Freien geschlafen, ohne Zelt, ohne Schutz, ohne daß Einer wachte; wo man war, habe man sich auf der Stelle in die Schlafsäcke gelegt. Freilich habe man sich die günstigste Jahreszeit aussuchen können, den März und den April, wo die Nächte nicht mehr so kalt und die Tage noch nicht in voller Glut waren.
Er also kannte die Geographie der Libyschen Wüste und zeichnete die kleine Senke, die jetzt noch das Natrontal heißt, beiläufig auf. Wir erfuhren, daß es auf unserer Breite war; aus der Gegend von Kairo lief es ungefähr ebensoweit in die Libysche Wüste hinein, wie

wir vom Nil aus in der sogenannten Arabischen waren; der Karawanenweg nach der Oase Siwah führe hindurch; noch immer seien dort kleine Klöster und Klosterruinen zu sehen. Man sei übrigens der Ansicht, daß die Quellen und Wasserverhältnisse zu jenen Zeiten günstiger waren.

Unserer Kirchengeschichte entnahmen wir noch, daß in gewissen Jahrhunderten diese mönchischen Siedlungen gar nicht so sehr in der Einsamkeit lagen; fünftausend Mönche, hieß es, hätten allein in jenem Tale gelebt. Ja, als einmal ein arabischer General in jene Gegend geriet, seien ihm siebzigtausend Mönche und Einsiedler mit Palmenzweigen entgegengezogen.

Das waren ja Verhältnisse, die lebhaft den unseren glichen. Unverhofft wuchs uns da eine Ahnenschaft zu. Nur wenn es hieß, die Weltflüchtigen hätten nach Belieben und Neigung als Einsiedler oder in Gemeinschaft gelebt, fiel der Vergleich zu unseren Ungunsten aus.

Wir begannen, diese Anachoreten in einem anderen Lichte zu sehn, als es der bisherigen vagen Vorstellung entsprach. Wenn wir unsere Erfahrungen mit dem, was wir da hörten, verbanden, brauchten diese Liebhaber der Wüste durchaus keine unbarmherzigen Selbstquäler gewesen zu sein. Übertriebene Vorstellungen hatten zu einem falschen Bilde des ganzen Urmönchtumes verführt. Im Norden neigt man natürlich dazu, ein Leben in der Wüste für eine fortdauernde Selbstqual zu halten, genau wie man im Süden auf die Anschauung stößt, daß in einem Land, wo es monatelang schneit, nur ein todgeweihtes Leben möglich sein könne. Auch hatte man von Styliten gehört, Heiligen, die ihr Leben auf einer Säule verbrachten; manche von ihnen hatten sich ja in düsterem Eifer die Bedingung gestellt, sich niemals niederzusetzen; stehend harrten sie, nur auf einen Stecken

gestützt, Tag und Nacht, Jahr um Jahr aus, bis der gemarterte Körper zerfiel.
Aber man hatte zu wenig bedacht, daß dies Übertreibungen waren, die etwas ursprünglich Maßvolles verzerrten. Das war ja nichts Neues. Immer wird ja das Maß, das dem Erfinder vorschwebt, von Nachahmern verfehlt. Immer ist es die richtige Mischung, die der geniale Initiator errät und die seine Jünger ins Radikale verderben; sie glauben es besser zu machen und wissen nicht, daß sie Sinn in Unsinn verkehren. Das Maß ist das Geheimnis alles Geheimen; sie aber wissen nicht einmal das, daß die genaue Mischung es ist, die sie nachahmen müßten. Sie haben nur etwas von den Ingredienzien gehört, von den Stoffen; dafür reicht ihre Fassungskraft aus. Die Mengen verdoppeln sie nun, um es ja richtig zu machen. Das Arkanum indessen – längst ist es ihren groben Händen entflohn.
Gewiß war es mit den Auswanderern in die Wüste auch so. Sie dachten gar nicht daran, ein schlechteres Leben zu führen, als das Leben in den unerträglich gewordenen Städten es war. Sie wollten ein besseres Leben beginnen: wer wollte das nicht? Sie suchten kein schlechteres, vielmehr ein besseres Leben. Es scheint, ihr Versuch enttäuschte sie nicht.
Wer will behaupten, daß Verneinung des Lebens sie trieb? Sie verneinten ein Leben, das ihnen nicht mehr genügte, weil sie ein anderes bejahten. Sie flohen die schal gewordene Welt, weil sie eine frischere suchten. Jeder denkt so in einer sterbenden Zeit. Aber nur wenige sind entschlossen wie sie.
Sie schlugen einen magischen Zirkel um sich, in den sie nur einließen, was ihnen bis dorthin, bis in die Einsamkeit, folgte. Sie taten es sicher, um ihr Leben stärker zu fühlen und die ihnen zugemessene Zeit in Sorgfalt zu nutzen.

Mit der Heiterkeit derer, die nichts mehr besaßen, gingen sie in die Wüste. Nun gut: das war unsere Heiterkeit auch.
Sie sollten in die Wüste gezogen sein, um sich Unfreiwilligkeit aufzuerlegen? Wir glaubten es nicht. Sie wußten gewiß: Unfreiheit ist dort, wo die Zeit, das einzig kostbare Gut, in Geschäften verrinnt, deren Sinn fragwürdig ist und verhaßt. Wieviel Sklaverei herrscht in der Freiheit und wird nicht beim Namen genannt.
Sie aber wußten: Einsamkeit ist die erste Stufe der goldenen Treppe, die zur Seligkeit führt. Sie wußten, was auch im Koran steht – aus ihrem Geist, dem Geist der Thebais, geboren –: der Weg zum Ruhm geht über Paläste, der zum Glück über Basare, der Weg zur Weisheit aber führt über die Einöden.
Nun fiel alle Unrast von ihnen ab. Sie erfuhren: die Wüste macht frei. Freier und freier wurden die Seelen, keine kleinen Begierden schränkten sie ein. Sie erfuhren: man konnte in der Wüste nur tun, was man vor Gottes Thron auch getan haben wollte.
Ein Satz aus ›Indipohdi‹ kam mir zu Sinn: Dem Leben fern bin ich dem Leben näher.
War die Welt, die große und weite, dicht bevölkerte Welt nicht durchsetzt mit Anachoreten? Waren sie nicht überall, mitten in den Wüsten der Städte zu finden? Und waren diese Einsiedeleien es nicht, aus denen das Land sich wie aus Quellen erquickte?
Es kam eigentlich nur darauf an, in Zukunft ein wenig Anachoresis, ein wenig Wüste nie mehr aus dem Sinn zu verlieren.

X

Bald darauf begann der Bau des großen Theaters. Es ging schnell vorwärts, genug Hände waren ja da. Man bestimmte ein großes Oval, innerhalb dessen trug man vorne den Boden ab und schüttete das Gewonnene im rückwärtigen Teil auf; so entstand ein gleichmäßig ansteigendes Feld. Das war eigentlich alles. Anfangs saßen die Zuschauer am Boden, später wurden Sitzreihen geschaffen und eine hohe umfassende Mauer. Beides wurde aus Lehmziegeln gemacht; dafür wurde Wüstenboden mit Wasser gemischt, aus der Speise wurden Ziegel geformt und an der Sonne getrocknet. Sie erhärteten schnell. Die Wand überzog man später mit einem sandigen Putz. Dann kam noch die Bühne daran, was am schwierigsten war, denn es mangelte natürlich an Holz; Holz ist eine große Kostbarkeit in Ägypten. In ein paar Wochen war das ganze Theater fertiggestellt.
Bei Tage sah es nicht sehr verheißungsvoll aus, aber am Abend und in der Nacht lag ein großer Zauber über dem Bau. Wenn die gleichförmig rotgelben, wie im Feuer gebrannten Wände gegen den klaren Abendhimmel anstanden, gab es nur diese zwei einzigen, ganz reinen Farben. Die Mauer, die eintönig war, erschien höher; der Dämmerschein übertrieb. Der Abendhimmel war Perlenglanz. Nach und nach traten die Sterne hervor. Oft stand über der Bühne der junge Mond, und ein paarmal verhielten sich Mondsichel und Abendstern nachbarlich so zueinander, daß das berühmte heraldische Glückszeichen des Islam entstand.
Dem Bühnenrahmen entströmte elektrisches Licht. Mitten in aller Öde war diese Lichtflut reinste Magie.

Das Orchester stufte sich auf dem ansteigenden Bühnenboden empor; die Musiker hatten eine Flanelltracht erhalten und sahen ganz gleichmäßig aus. Man wartete jedesmal ein oder zwei Stunden; der Beginn der Konzerte hing nicht vom Kapellmeister ab, sondern vom Erscheinen unserer Beherrscher. Kurz vor deren Einzug trat der Konzertmeister auf, begab sich durch die Reihen auf seinen Platz, empfing von den Holzbläsern das A, stimmte sein eigenes Instrument und gab den Ton an die Streicher. Das vielstimmige Probieren von Figuren und Läufen verstummte, alle versammelten sich auf das A in den verschiedenen Oktaven. In der letzten Minute trat ein Sprecher hervor und sagte in zwei Sprachen die Namen an, die Werke und die einzelnen Sätze.
Jetzt erschien Haffner. Es war ihm erlaubt, zum Dirigieren einen dunklen Anzug zu tragen. Mit immer den gleichen schleunigen Schritten, durch die sich aufs Publikum ein Erwartungsfieber übertrug, drängte er zwischen den Instrumenten hindurch, stand am Pult, breitete die Arme und mit Gesten, die nur seine Zunft und die Zauberer besitzen, rief er einen gleichsam bis dahin gestauten Schwall wunderbarer Töne hervor.
Als wenn auf die unsägliche Dürre des Bodens, die zugleich die Dürre unserer Seelen war, Regen gefallen wäre, sanken die tauigen Tropfen, von vielzähligem Schimmer beglänzt, auf uns herab: Haydns und Mozarts und Beethovens Musik, – auf uns, die durstig waren und wie die Tafeln gelöscht, so daß nichts in uns war als nur dies, nichts sonst, was störte, kein Tag, den tausend Dinge verwirrten.

Jeder wünscht sich, sein Leben noch einmal ins Reine zu schreiben. Wenn ich mein Leben noch einmal lebte und wegließe, was stumpf war und schal und verfehlt: ich ließe diese Zeiten nicht weg. Ich ließe anderes fort,

aber nicht dies empfängliche Ohr, nicht die gereinigten Sinne, nicht dieses Gelöschte.
An solchen Abenden, wenn wir nach der Glühhitze der Tage erwachten, war alles, was aus der vorigen Welt zu uns drang, wie ein Geschenk. Wir hatten schon alles verloren geglaubt. Und nun, in diesem unwirklichen Land, erwuchs es uns neu; wir besaßen es mehr als zuvor. Es war wie vor Jahrhunderten, als es den großen Zauber der Ferne noch gab, als die seltenen Blumen und Früchte aus Indien und China kamen über Venedig: – später, als alles immer erreichbarer wurde, schwand viel von dem Zauber dahin. Jetzt, in der zertrennten, unerreichbar gewordenen Welt, wo die Fernen sich wieder auftürmten, zum Spott der schnellen Maschinen, wuchsen die Wunder auch wieder empor.
Uns, in jenem nichtsgültigen Land, waren die Wunder der Ferne das, was Europa uns sandte.

Die Quellen des Glücks waren zu Rate zu halten. Wir waren ein bißchen in Robinsons Situation.
Und doch nicht. Es war überraschend, wieviel sich zusammenfand an Menschen und Sachen; es war nach und nach immer mehr. Namentlich Paul hatte ein großes Talent, immer neue merkwürdige Leute zu finden. Bald gewannen wir das belebende Gefühl, in ein Netz vielfältiger, uns bekannter Schicksale verflochten zu sein. Einer war Tiefseetaucher im Friedensberuf, Paul brachte ihn her. Er hatte an vielen Plätzen der Welt gearbeitet, in Rio, Südfrankreich, Singapur, auch ganz in der Nähe, vor Alexandria. Er war einer der Wenigen, die den gegenwärtigen Aufenthalt mit Seelenruhe hinnahmen. Durch den Suezkanal war er schon öfter gekommen, nun war er halt wieder einmal hier; später würde er wohl auch wieder da sein. In seinen Schilderungen, die er im Hamburger Tonfall gab, war kein falsches oder über-

flüssiges Wort, alles wesentlich, Strich neben starkfarbigem Strich, von technischen Einzelheiten durchsetzt, die ihm so wichtig waren wie Abenteuer, die er aus fremdländischen Hafenstädten erzählte. Dann fand sich ganz in der Nähe der Postassistent aus dem Dorf Konnersreuth; er konnte von der berühmten Stigmatisierten mit den allwöchentlichen Wundmalen, die nie etwas aß, eine Menge erzählen. Er schilderte sie, wie sie, eine derbe Magd, gelegentlich auch die Dorfbuben durchwalkte, wenn sie es brauchten. Dann, eines Tags, fanden sich meine Freunde aus Kreta ein, die in nie begangenen, südlichen Bergen Eleonorenfalken und Wildziegen gefilmt hatten: Schicksale und Erlebnisse dreier Jahre, Erinnerungen.

In den Abenden und den Nächten, die sich gleichförmig aneinanderreihten und die niemand mehr zählte, schloß sich jeder viel leichter auf als am Tag. Jeder wollte und konnte auf einmal erzählen, durch Stunden hindurch. Wir waren ja im klassischen Land des Erzählens, denn das ist doch die Wüste; die Märchen von Tausendundeiner Nacht sind ja in Ägypten entstanden.

Da sah man, wie die Umgebungen, die durch die Sinne in unser Inneres schlüpfen, immer wirksam sind, ohne daß man es merkt, und uns unspürbar verändern. Wir möchten es leugnen, anstatt uns in die Hand dieser Kräfte zu geben und ihre Winke zu nutzen. Man sollte bemüht sein, in denselben Umgebungen immer dasselbe zu tun, ihre alte Übung liegt sonst ungenutzt da. Wenn man in Räumen liest, deren Wände von Büchern erfüllt sind wie Waben von Honig, wenn man Gespräche in Zimmern führt, die schon eingewohnt sind vom Hall verklungener Gespräche, merkt man, wie das hilft. Die Dinge sind gelehrig und treu.

Es war überraschend, wie viele Bücher sich nach und nach fanden. Viele hatten sich Lieblingsbücher bis hierhin gerettet, andere hatten sich aus der Schweiz oder aus Amerika etwas beschafft. Hätte man diese verstreuten Bücher zusammengestellt, so hätte sich eine gewisse Einheit ergeben. Denn es war fast nichts Belangloses dabei. Alles war den Besitzern wesentlich, alles geliebt; das hätte die Bände untereinander verbunden. Es waren fast ausschließlich ältere Sachen, es war überraschend wenig Modernes dabei; die Wahl, doch gewiß aus vorwiegend zeitgenössischen Büchern, mußte auf Altes gefallen sein. So war zu meiner Freude Goethes Gedenkschrift auf Winckelmann da und zwei Bände einer gesammelten Ausgabe von Jonathan Swift, mit der schönen Geschichte von den drei Brüdern, die drei ererbte Röcke nach dem Letzten Willen des Vaters nicht weggeben dürfen; sie ändern die Röcke aber so unendlich oft um, daß fast gar nichts mehr bleibt und sie sich untereinander überhaupt nicht mehr gleichen. Das Schicksal jedes geistigen Erbes war damit gemalt. Aber auch Gullivers Reisen waren vorhanden; wir entzückten uns an dem dritten Teil mit den gescheiten Pferden, die viel menschlicher sind als die Menschen, ihre Bedienten. Es war so viel Zeit- und Menschenverachtung in diesem Band, wie uns recht war. Einer, der schon lang in Gefangenschaft war, hatte sich eine ganze Menge romantischer Bücher gesammelt, den Maler Nolten, diese leicht gewundene Rosenkette von Bildern, und die Erinnerung eines alten Mannes, dies Dokument einer verlorenen Welt voll Bürgergesittung. Der Schmerz um das verlorene Dresden stieg aus diesem Buche hervor. War es denn schon verspielt und verloren gewesen, bevor es in Schutt sank? Das war die Frage.

Ich hätte es nie für möglich gehalten, wie Viele es gab, die sich Gedichte aufschrieben. Die meisten von ihnen hatten sich irgendein Heft angelegt und schrieben ein, was ihnen besonders gefiel. Paul, der Sammler, sah darin ein neues Sammelgebiet; er lief in allen Käfigen

herum, fand immer neue Liebhaber und Quellen und schleppte immer neue Hefte zur Abschrift herbei. Er schrieb wie besessen zusammen, was immer er fand, und alles bunt durcheinander. Bald hatte er dicke Hefte gefüllt und wurde dadurch wiederum zu einer Art Zentrale für jeden Geschmack, denn nun kamen viele zu ihm, die sich wieder etwas abschreiben wollten, was er mit Vergnügen erlaubte, denn es war ihm Bedürfnis, Mittelpunkt einer Aktion zu sein.
Hofmannsthals Gedichte zum Beispiel brachten wir so fast vollständig zusammen; es war überraschend, wie viele wir gerade bei Jüngeren fanden. Diese Gedichte wurden in aller Stille gewaltig geliebt, wohl weil sie selber so jung sind; doch sie sind ja so selig in sich, so in sich versunken, daß fremde Liebe sie fast nicht erreicht. War nicht jedes von ihnen für sich ganz allein in der Welt? und waren sie nicht einander ganz unähnlich, unter sich gar nicht verwandt? oder doch verwandt, wie es die wunderbaren Meerwesen sind, die Seesterne, Muschelhörner, Seepferdchen, Medusen und Fische in ihren unzähligen Formen, die einander wahrhaftig nicht gleichen und denen man doch die Abkunft vom selben Mutterschoße des Meeres anmerkt?
Diese Gedichte hatten nie aufgehört, geliebt und bewundert zu werden; die Zeit der Verbannung war an ihnen vorübergegangen wie an der Oberfläche ein Sturm, den solche Wesen der Tiefe nicht merken.
Der West-östliche Divan erfüllte mich wochenlang ganz. Wie tief eine Dichtung ins Weltwesen gebettet ist, erprobt sich in veränderten Lebenslagen am besten. Dann zeigt sich, ob ein Werk ebenso gilt wie in leichten, vom Glück beförderten Tagen, und es erweist sich, ob es den Anblick von einer ganz anderen Seite erträgt. So wie Zeit darüber entscheidet, was altert und was unvergängliche Jugend besitzt, so entscheidet der veränderte Ort

und der Sturz in andere Verhältnisse, wie standhaft es ist, und ob es am Ende nicht nur eine Kulisse war, die zu umgehen enttäuscht.
Der Divan entfaltete sich unter den triumphierenden Sternen wie eine Blume der Nacht. Wie mußte es uns, die wir allnächtlich zwischen den Zelten im Sand auf und ab gingen, wie mußte es uns entzücken, die Verse des Schenken zu finden, die er zum alten Dichter anhänglich spricht:

> ... so will ich
> warten außer diesen Zelten,
> denn ich weiß, du liebst das Droben,
> das Unendliche zu schauen,
> wie sie sich einander loben,
> jene Feuer in dem Blauen.

Ja, es galt die Quellen des Glücks philosophisch zu Rate zu halten. Eine Erinnerung stellte sich ein in diesen Nächten, immer wieder, fast wie im Zwang. Aus Griechenland. Bezeichnender Weise hatte ich damals, als ich den Eindruck empfing, ihn gar nicht für wichtig genommen. Die größten Geschenke fallen wie die Saatkörner in uns und wir bemerken sie nicht. Erst wenn sie zu keimen beginnen und wachsen, höher als wir gedacht, werden wir inne, was wir an ihnen besitzen. Seinerzeit hatte ich des Moments nicht einmal in meinen Aufzeichnungen gedacht. Jetzt ging er mir auf.
Auf Samos, im Krieg. Ich lief eine Straße hinab in ein ölwaldbestandenes Tal. Silbern glitzernde Hänge, drunten das Meer, drüben die violetten, kahlen anatolischen Berge, die nur einen Sprung weit weg waren; es war die Stelle, wo griechisches Land am nächsten an kleinasiatisches reicht.
Da stand ein Gehöft, ein armes und kleines. Ich sah einen Bauern am Brunnen beschäftigt, ging hin und be-

gann ein Gespräch. Er kam sogleich auf den Brunnen zu sprechen und meinte, daß er der beste sei, den es in ganz Griechenland gebe; kein Wasser sei ihm zu vergleichen an Reinheit, Gesundheit und Kühle. Er sprach leidenschaftlich, wie man von etwas spricht, über das man soeben nachgedacht hat, das einen erfüllt und wovon einen andern zu überzeugen einem wichtig erscheint, damit zwei die Wahrheit besitzen. Mit Eifer holte er Wasser aus der Tiefe herauf, schickte eins seiner Kinder ins Haus nach einem Glas – vielleicht war es das einzige Glas, das sie besaßen – füllte ein, hob es gegen das Licht, pries mit ausgebreiteten Armen das Wasser, seine Klarheit und Kühle, dankte dem Himmel für solch ein Geschenk und bot mir zu trinken.
Wie er das Glas mir reichte, war es die Geste eines Königs, der Köngliches verschenkt.
Jetzt trat mir der ärmliche Mann immer wieder vor Augen: wie er das Glas gegens Licht hielt mit ausgebreiteten Armen und glücklich war über diesen Besitz: den Besitz von einfachem Wasser.
Das war zu lernen und gut zu behalten. Geringes war nicht gering. Glück war kleinweis wie Honig zu sammeln.

XI

Die Sterne waren das große Ereignis der Nacht. Der Tag war öd unter der Feuerwalze des Lichts, aber die Nacht ging jedesmal auf als welttheatralisches Wunder. Sternenwind wehte herein.
Viele Stunden liefen wir, Paul und ich, dann im fahlweißen Sande kreisum. Paul, der den Sternen nichts abgewann, sah in den Sand und redete, – ein Prediger in der Wüste, in der ausnahmsweise viel Publikum war. Aber es hörte nicht zu.
Auch ich hörte oft nur mit halbem Ohr. Ich lag, während er sprach, im Sand und starrte in die Sternenräume hinaus. Denn die Sterne muß man im Liegen betrachten, die Horizonte müssen versunken sein. Man muß nicht die Vorstellung haben: Himmels-Oben und irdisches Unten; besser ist es, zu denken, man sehe von einem Balkon in ein Weltraumdraußen hinaus. Das Theater der lodernden Feuer zog da vorbei, jede allnächtliche Nacht, wie Musik, von der wir leider nur das Schauspiel wahrnahmen. Das Kreisen rief die Empfindung von Orgeltönen hervor. Wenn sich die Bilder zum Zenit erhoben, schwoll es zu mächtiger Stärke heran und stieg zu immer höherer Höhe; wenn sie sich zum Untergang neigten, schwanden die Harmonien dahin. Andere Akkorde, andere Bilder stiegen dann auf. Wenn wir das Tönen auch nicht vernahmen, so durchdrang es uns doch Nacht für Nacht so, wie einen eine Lehre durchdringt: daß dies Sternenkreisen ein Schauspiel ist und, was auf Erden geschieht, nur ein Abbild davon, und daß beides nur Gleichniswert hat.
Stunden um Stunden allnächtlich liefen und lagen und

sprachen und starrten wir so. Im Dahinflug der Zeit schien uns das Kreisen und Schleudern zum dramatischen Vorgang gerafft. Fünf, sechs oder acht Stunden der Nacht rannen uns durch die Finger wie nichts, ohne daß wir etwas anderes empfanden als das Wohlgefühl dieses Verrinnens: so wie man Wasser des Brunnenstrahls über die Hand laufen läßt, der Mond scheint darauf und prägt es zu rollendem Silber. Die Zeit rann durch uns hindurch.

Schon lebe ich wieder, ohne daß mich Nacht für Nacht dieser Sternen-Anblick und dieses Verrinnen ernährt. Und ich glaubte damals, es nie mehr entbehren zu können, dieses Kreisen, dies Orgelgebraus. Und ich kann es auch nicht, kann es auch nicht entbehren und bin ärmer geworden.

Ich begann, die einzelnen Himmelsbilder zu lieben. Ich liebte es, daß es Bilder waren; Bilder sind das einzige, wodurch das Unfaßbare zu uns spricht, nur durch Bilder schlüpft es in uns hinein. Obgleich die neuere Astronomie mehr erkannt hat als hundert Generationen vor ihr: wir beginnen zu fürchten, daß sich anderes dafür verschloß. Jedem ist jetzt erlaubt, darüber zu lachen, daß man Sonnen, die Lichtjahrhunderte auseinander sind, zu einem Sternbild vereint, bloß weil man sie zufällig von unserem Planeten in der und jener Ordnung erblickt. Was aber haben wir eingetauscht für die verlorene Magie der verlorenen Bilder? Wir wissen es besser als früher, der alte Glaube ist fort. Aber wo ist ein neuer?

Bilder! Bilder! Helfen uns etwa Gedanken? Kenntnisse, Wissen? Lehrsätze und große Systeme? Die Seele ernährt sich von Bildern: so ist es seit uralter Zeit. Bild muß werden, was aus Eindruck, Erfahrung, Ahnung und Kenntnis erwächst, sonst ist es tot. Nur wer Wahrheit im Bilde besitzt, hat sie ganz. Zauberkraft wohnt nur im Bild.

Wer will sagen, wir kämen dem Unendlichen näher, wenn wir es in Zahlen ausdrücken, die übrigens auch nur Symbole sind? Vielleicht ist unser Sinn, der die Bilder erzeugte, nach derselben Ordnung gelenkt, wie jene fernen Welten es sind, so wie die Uhren im weiten Land zur gleichen Zeit schlagen, ohne voneinander zu wissen?

Die alte Astronomie weckte den Sinn für die Kraft der Himmelszonen und Felder. Namen und Bilder, die die Babylonier erfanden, erbten sich fort. Wo ist das nun? Mit Namen zu nennen, ist beschwörende Formel; wer den Namen weiß, hat die Macht. Nur wer die Dinge im Bilde besitzt, dem gehören sie zu. Was tun wir anderes, wenn wir die Rose preisen oder den Mohn, die Wiese, die Bienen, den Bach? Das alles geht ganz andere Wege als wir und ist auch Lichtjahre von uns entfernt. Jedenfalls ist es nicht für uns da; die Wahrscheinlichkeit, daß die Rosen für die Dichter und Liebenden duften, ist gering. Es ist ihnen gleich, für wen sie schön sind und duften, so gleichgültig wie es den Sternen sein muß, ob wir sie benennen und wie.

Kopernikus hat vor vierhundert Jahren seine ungeheuren Gesetze erkannt, neue, ungeheure Erkenntnisse folgten. Aber umsonst. Der Mensch denkt weiterhin so, als sei er die Mitte der Welt.

Vom Wunder des Saatkorns spricht niemand, wenn der Samen vom Unkraut ist. Der Mensch spricht heilig, was seinem Leben dient, was ihm nützt: und er hat recht.

Sei der Sternenhimmel uns weiter ein Bilderbuch.

Das Bild des himmlischen Schwans, das sich aufs Silbergeriesel der Milchstraße heftet, mit den rückwärts gebogenen Schwingen und dem Haupt, das spähend nach seitwärts blickt: ich liebte das Bild des königlich segelnden Tiers. Wenn es, vom ungeheuren Kreisen erfaßt, unterging gegen Morgen, den langen Hals kopfüber in die Dünste des Horizontes getaucht, entfaltete es sich riesenhaft groß. Ich liebte das Bild, und so war es da, auch für mich. So wars auch mit dem funkeltollen Orion und seinem wütenden Hund, mit dem äugenden Stier, dem Perseus mit dem erhobenen Arm und dem anspringenden Schritt, mit der gefesselten Andromeda und mit der glitzernden Krone, vor allem aber mit dem riesengrößten von allen, dem Skorpion, der über den halben Himmel hinging und mein allnächtliches Staunen erregte.

Ich bedauerte, daß ich keine Sternkarte hatte. Zwar fanden sich manche, die über große Kenntnisse am gestirnten Himmel verfügten; immer finden sich Kenner und Schwärmer für jedes Gebiet. Einer besaß eine kleine Sternkarte und lieh sie mir für ein paar Tage. Aber sie beschränkte sich leider darauf, himmlische Felder mit punktierten Strichen gegen einander zu grenzen, innerhalb die sie die einzelnen Sternbilder verwies. Deren Gestalt zu zeigen, hielt sie für unter der ernsten Wissenschaft Würde. Mir aber schwebten Sternkarten vor, wie sie sich in alten Holzschnittdrucken noch finden, wo der Schütze am Himmel wirklich noch kniet und den Bogen spannt, Herakles wirklich noch steht, der Fuhrmann noch lenkt, die Leier sich windet und Pegasos springt.

Ich zeichnete mir auf zwei Pappdeckel auf, was ich wußte oder nach und nach als sicher erfuhr. Ein Pappdeckel war für den nördlichen und einer für den südlichen Himmel. Wenn ich mein unzerreißbares Bilderbuch mit dem nächtlichen Originale verglich, mußte ich es im elektrischen Lichtschein des Zaunes tun, da wir ja ohne Beleuchtung lebten.

In Griechenland hatte ich schon bemerkt, daß die Sterne im Süden nicht stärker brennen als im Norden daheim. Hier in der Wüste war es nicht anders. Darin lag nicht das Neue; ich erinnerte mich, daheim in den Bergen heftiger brennende Sterne gesehen zu haben, besonders auf Hütten im Winter. Im Süden aber ist es das Wunder, daß sie immer da sind, mit Zuverlaß jede Nacht, jede Stunde der Nacht, und horizontweit übers ungeheure Gewölbe.

Auch ging mir der Sinn dafür auf, daß man, je weiter man nach Süden vordringt, immer mehr Sterne gewinnt, ohne daß man von den heimischen etwas verlöre. Je näher dem Pol man ist, desto mehr Sterne des nördlichen Himmels übersieht man zugleich; am Pol selber muß das großartige Schauspiel sein, daß man alle nördlichen Sterne auf einmal erblickt. Sie gehen nicht auf und nicht unter und ziehn rings im Gürtel in waagrechtem Kreis, die ewige Winternacht lang. Je weiter man aber nach Süden vordringt, um so mehr Gefilde des südlichen Himmels schließen sich auf. Aber alle nördlichen bleiben erhalten; man sieht zwar eine immer geringere Anzahl zugleich, denn nun gehen immer mehr auf und unter; im Laufe der Nacht aber ziehen sie alle einmal vorbei. Dafür blickt man, je weiter nach Süden man kommt, immer weiter ins südliche Himmelsgewölbe hinein; am Äquator überschaut man ja beide Himmelshälften zugleich vom Pol bis zum Pol. Dieses Immer-weiter-Hineinschaun in die Fremde des südlichen Funkelgewölbs war mir abenteuerlich und trug dazu bei, daß die Verzauberung dieses Sternen-Anblicks mich vollkommen besaß.

Es läßt sich wohl denken, daß es den Menschen verändert, wenn er tagsüber fast nichts und Nacht für Nacht dieses himmlische Bilderbuch sieht. Die großen Religionen der Welt sind alle aus den Wüsten geboren. Das heißt: aus den Nächten der Wüste.

Die Zeit, die Zeit. Wenn sie so hinrann, spürte man, was sie eigentlich war. Dann war sie pur, abgezogen von allem Ereignis, mit dem sie sonst immer vermengt war wie ein Fluß, der Schlamm und Geröll mit sich führt. Nun, wo man sie ganz als reinen Stoff hatte, wie irgend etwas in der Chemie, kam man wie von selber darauf, daß es doch möglich sein müsse, sie abzuziehen. Vielleicht war sie wirklich nur ein Hinzutun des Denkens, das eingespannt ist zwischen Geburt und Tod wie eine Saite zwischen zwei Enden: nun kann sie nicht anders erklingen als auf ihren einzigen Ton. Aber war das der einzig mögliche Ton in der Welt?

In solchen Nächten, in denen nichts war als verrinnende Zeit, konnte der große Fortschritt gelingen, daß man ahnungsweise absehen konnte von ihr. Welch ein Wunder, welch ein Gewinn, wenn es für Augenblicke gelang, die Welt anzuschaun, wie sie ohne Zeit war. Das fiel von ihr ab wie Stricke und Schalen. Sie atmete auf und sie war wie erlöst. Nun war alles nicht mehr aufs Streckbett der Zeit hingeflochten, Nacheinander und Vordem gab es nicht mehr, das Gestern hatte keinen geringeren Wert als das Heut.

Was noch bei einem blieb, war nur Gleichzeitigkeit. Aber siehe: man vermißte fast nichts. Alles im Guten Beschworene war vollzählig da: die Freunde, die Lieben, die Gedichte und die Musik. Was mit der Zeit abfiel, war nur das Halbgelebte und Ungeratne gewesen. Alles Minderwertige, wie sich ergab, war mitgeführt von der Zeit, die Zeit war die Mutter des Schlechten. Schon indem man zu ahnen versuchte, was Welt ohne Zeit war, fühlte man, wie Klarheit einem entgegenkam.

Die Leben scheinen verschieden tief eingetaucht in die Zeit; schon die Berufe bewirken da viel. Es ist wohl besser, wenn man versucht, sein Leben nicht mit zu viel Zeit zu vermengen.

Das himmlische Bilderbuch kreiste.

Der Sandplatz, der die Mitte des Käfigs einnahm und den wir gewöhnlich umschritten, versank in diesen Nachtstunden in fahlweißliches Dunkel. Der Raum, der unter Tags daran litt, mit qualvoll viel Menschen erfüllt zu sein, begann sich zu leeren. Petroleumlampen wurden in einige dienstliche Zelte gebracht, immer in dieselben Zelte zur selben Zeit, und immer zur bestimmten Stunde wieder geholt. Man sah das Lampenlicht schwanken über den sandigen Platz, es beschien die wandernden Beine des Trägers. Hundertmal, wenn ich es sah in dieser großen Monotonie, rief es mir wie im Zwang eine Erinnerung wach: an ein von Adam Elsheimer gemaltes Bild von der Flucht nach Ägypten, wo der Joseph, der neben dem Esel herläuft, eine Leuchte so trägt: gerade so fiel der Lichtkreis auf Beine und Sand. Sonst war jenes gemalte Ägypten dem, das man in Wirklichkeit sah, so unähnlich, daß es lächerlich war. Das Bild hatte Bäume, Gebüsch und einen Wald. Davon war hier, auf dem wirklichen Weg von Bethlehem her, aber auch gar nichts zu finden.

Dann wurde es stiller und stiller. Der Raum erlöste sich von den Menschen, mit denen einen oft nichts, nur Abneigung verband.

Manchmal erscheint es leichter, mit Dingen befreundet zu sein als mit Menschen. Wie die Spitzgiebelzelte im Viereck dastanden, silberig grau, und zwischen ihnen der trümmerhaft auf- oder untergehende Mond, der im Wüstendunst groß und kupferig brannte, floß über die schlafende Welt Magie. Dann war Tausendundeine Nacht.

Aber es würden doch wohl nicht tausendundein Nächte werden, die wir da wandern mußten im Sand?

Nur der Waschplatz war bis tief in die sinkende Nacht noch belebt. Es fehlte oftmals an Wasser. So zogen viele es vor, in der Nacht sich zu baden; zwar war es dann auch im Hochsommer kühl, aber das Gedränge am Wasserhahn war nicht so groß. Viele standen deswegen um zwei oder drei oder vier Uhr nachts auf. Das Wassergeplantsch, weithin hörbar in der Lautlosigkeit, nahm kein Ende, und immer sah man nackte Wäscher hantieren im Halblicht der Nacht.

Wenn man auf diesen Gängen einen Bekannten traf, auch einen späten Spazierer oder einen, der vom Badeplatz kam, so konnte man sehn, wie die Nacht dem Erscheinungsbilde der Menschen wohlwill. Sie verschönen sich; das Sternenlicht bekommt ihnen gut. Auch scheint es, sie vermögen freier und besser zu sprechen und treten reiner aus ihren Schalen hervor. In ihrem Wesen geht eine Veränderung vor; es scheint sich zu klären. Die meisten sehen dann aus, wie sie immer aussehen sollten. Sie gleichen dem lichten Gefährten, der in ihnen wohnt; die Nacht rückt ihn hervor.

Wer will wissen, daß diese Verwandlung nur eine Einbildung sei? Vielleicht ist es gerade der Tag, der täuscht, und höhere Wahrheit ist im Halblicht der Nacht? Vielleicht hat das Sternenlicht eine erlösende Kraft und wir können mit seiner Hilfe den Wunschtraum erblicken, den jede Kreatur von sich träumt?

Dieses schöne Wunschbild zu sehen, und sei es auch nur einen Atemzug lang, sollten wir ja nicht versäumen. Wir halten es ja mit den Kindern auch so. Wir lieben sie, weil wir in ihnen Erfüllungen sehen, wo eigentlich nur Versprechungen sind. In ihrem kleinen Bild nehmen wir Schlummerndes für schon erweckt, Mögliches scheint uns geleistet und Verheißenes scheint uns erfüllt. So großmütig sind wir mit den Erwachsenen nicht. Ihnen rechnen wir nach, was sie nicht erreichten und alles, was uns an ihnen enttäuscht.

XII

Man weiß, aus dem unveränderlich blauen Himmel des Südens quillt Melancholie. Viele versanken gänzlich in ihr. Auch ich hatte zuweilen das Gefühl, mein Gemüt wachse zu, wie ein Weiher mit Teichlinsen zuwächst. Krampfhafte Sorgenzustände befielen mich; es sind mir alte Bekannte. Sie lieben es, in den Zonen des Halbschlafs ihr Wesen zu treiben. Gegen Morgen vor allem überfallen sie einen gern wie eine Meute von Wölfen. Man erlöst sich durch Handeln: eben das war es, was die Umstände damals versagten.

Natürlich litt man vor allem an der Vielzahl und Übernähe von Menschen. Das Lebensrecht an einem Mindestmaß Raum auf der Erde ist noch nicht erklärt. Vielleicht gibt es so ein meßbares Maß, unter welchem geistige Krankheit droht. Unsere zwei Quadratmeter lagen unter dem Maß. Zehn Schritte weiter, hinter dem Zaun, begann trostlose Weite: das war das Groteske. Bei uns aber war Enge, an der sich die Seele wundflatternd stieß. Die Menschen waren zu wenig selten. Wir wollten gern lernen, mit wenig Mitteln zu leben, wie Diogenes es empfahl: – aber, du lieber Himmel, Diogenes. Er besaß ein ganzes Faß für sich allein. Wir hatten zu zehnt nur ein Zelt.

Es wäre unnötig, von all dem zu sprechen, es sind ja vergangene Leiden und es gibt größere und gegenwärtigere genug. Aber da kommt dieses Unheimliche, Allgemeine dazu: während bis vor einiger Zeit fast niemand solche Erfahrungen hatte, haben auf einmal fast alle eine Zeit ihres Lebens in Lagern verbracht. Undenkliche Zeiten hat die Menschheit in allen möglichen Formen zusam-

mengewohnt, leicht kam sie mit den vorrätigen Formen aus. Jetzt auf einmal geht das nicht mehr. Auf einmal ist diese Unform da, wie ein Gespenst. Und sie ist erster Hand da; die Ursachen erfindet sie sich. Das macht sie schon. Vorwände, um die Menschheit zu sich zu nötigen, hat sie sich eine ganze Menge erdacht. Aller Art Menschen, in allen Ländern, bei allen Nationen. Bald will man Welche in Sicherheit bringen, Kinder zum Beispiel, andere wieder in Unsicherheit: weiß Gott wohin, in die Sklaverei, in den Tod. Aber erste Station eines Leidenswegs oder letzte: das Lager ist da. Bald sehen Welche eine Hoffnung im Lager, heimatlos Flüchtige: das Lager empfängt sie, vorübergehend, nicht lang – aber dann wird ein Teil ihres Lebens daraus. Andere haben wohl ein Zuhause: aber sie dürfen nicht hin. Man hatte zum Beispiel keineswegs Arbeit für uns, aber man ließ uns nicht los. Wir zahlten dem Götzen, dem Lager, unsern Tribut: nicht viel, nur ein paar Jahre Lebens.
Kein Mensch weiß, wie es kommt: aber auf einmal war fast jeder eine Zeitlang im Lager und jeder erzählt einen anderen Grund; sogar freiwillig gehen sie hin. Im Lager: das heißt, wo man kein Bett hat wie ein Mensch. Nur eben ein Lager. Im Lager. Früher war das gar kein Begriff. Höchstens für Hunde.

Das innere Antlitz der meisten verzerrte sich unter diesen Umständen zu einer Grimasse. Oft schien es, als sei man von lauter Narren umgeben, die es selber nicht merkten, so daß sich die Frage erhob, ob man nicht auch einer war. Die Verrücktheit trat in vielerlei Formen auf. Die meisten begnügten sich mit Narrheiten, die fix und fertig zu haben waren, während sich andere nach Maß gefertigte Narreteien zulegten. Unter den gangbaren Sorten war die Streitsucht an erster Stelle zu nennen. Tagelang ging es um Dinge wie zum Beispiel darum, ob in Berlin der einundsiebziger Autobus über den Viktoria-Luise-Platz führe oder nicht. Darüber kam es zu endlosen Reden, das war schon am Morgen. Am Mittag verprügelten sie sich schon deswegen und am Abend war es eine große, politisch gefärbte Intrige. Dabei war es nicht wahrscheinlich, daß dieser Autobus überhaupt noch fuhr, und fraglich, ob es den Platz noch gab. Aber die Welt bleibt eben für jeden dort stehen, wo er sie zum letzten Mal sah. Auswanderer nach Amerika, die nun ein Menschenalter dort wohnen, sehen in Heimatträumen das Land noch immer mit Bismarck-Eichenlaubkränzen umwunden.

Lästig war die ausgeartete Sucht, zu erzählen. Es gab viele, die rannen vor Mitteilungsdrang wie lecke Gefäße und sprachen ohne Rücksicht darauf, ob ihnen jemand zuhören wollte; wenn man lesen wollte, war das besonders erwünscht. Auch wußte man nicht, wie vielen Menschen es ein Bedürfnis ist, eine Intrige zu spinnen. Früher hatte man immer gedacht, das geschehe um irgendwelcher Vorteile willen. Jetzt sah man, es war eine Passion in edler Zwecklosigkeit.

Gier nach Neuigkeiten und Ereignissen war verständlich. Da es beides nicht gab, wurden Gerüchte erfunden. Man kann sich das Quälende von Gerüchten im Zustand wehrloser Abhängigkeit kaum schlimm genug denken. Im engen Kreis verengerte sich natürlich der Sinn; man konnte beinahe zusehen, wie die Horizonte schrumpften. Alles wurde sehr überschätzt.

Über alle anderen Süchte aber herrschte die Sucht nach Tabak. Für Zigaretten war alles zu haben; es gab wirklich fast nichts, was nicht für Zigaretten zu haben war. Man kann sagen, daß die Mehrzahl vom frühen Morgen bis zum Abend nichts anderes dachte – ach, dachte! aber auch sprach, als von den Zigaretten, die sie nicht hatten. Für ein paar Zigaretten wurde alles verkauft. Abends, im Schein der elektrischen Lampen entwickelte sich ein

Handel über den Zaun; die Schwarzen waren dafür zu haben und Araber steckten dahinter. Hosen und Schuhe und Hemden flogen dahin. Mitten im Winter verkauften manche zwei von drei Decken, obwohl klar war, daß die dann jämmerlich froren, und die Eheringe flogen dahin. Einmal sah ich, wie einer das Bild seiner Frau an einen Neger verkaufte, für den dies etwas Besonderes war. Als einige, die in der Nähe waren, darüber den Kopf schüttelten, sagte der Mensch etwas, das ohne Beispiel ist und mir als das Niedrigste, was ich je hörte, in Erinnerung blieb: »Weiß ich«, sagte er achselzuckend, »ob die noch lebt?«
Handel und Zigaretten, das waren die ordinärsten Formen der Süchte; daneben gab es aparte. Die Sucht, irgend etwas im Wüstensand zu vergraben, war ein besonderer Tick. Viele hatten irgendein Stück, das zu besitzen verboten war: ein Taschenmesser oder ein Hemd ohne das eingeschnittene, andersfarbige Viereck am Rücken oder einen zivilen Pullover oder gar einen fotografischen Apparat. Nun verbreiteten sich wellenweise Gerüchte von einer Durchsuchung, die bevorstehen sollte und natürlich auch des öfteren kam. Also sah man im Schutze der Nacht da einen und dort einen wühlen. Viel von diesen Gütern blieb für alle Zeiten im Sand; plötzliche Versetzungen untertags waren die Ursache davon, auch ganze Käfige zogen jäh um; organisierte Unruhe, die ein tiefes Merkmal alles Militärischen ist, herrschte natürlich auch hier. Vielleicht vergaßen auch manche den Platz, wo sie etwas vergruben, wie Hunde, die ihre Knochen nicht wieder finden oder Eichhörnchen, denen Natur zwar den Trieb eingepflanzt hat, Vorräte zu sammeln, aber vergaß, dazu auch die Gabe zu schenken, sich die Plätze merken zu können. So wurde die Wüste selbst fündig. Man erzählte, am Bittersee habe man in einem Lager Kleider und andere Dinge ge-

funden, welche die Väter im ersten Weltkrieg vergruben.
Entstellungen waren nicht auf die Gemüter beschränkt, auch körperlich gab es Metamorphosen. Eine solche war unter dem Namen Verschlöhung bekannt. Schlöh, oder eigentlich Schalöch, ist die Bezeichnung für einen Berberstamm; in der Sprache der Fremdenlegion dient dieser Name aber für die eingeborenen Nordafrikaner schlechthin. Verschlöhen war also das Wort für ein Sich-Fallenlassen im äußeren Sinn, wenn einer sichtlich zu verwahrlosen begann. Diese Erscheinung trat oft ganz urplötzlich auf; manche überkam es mit einem Mal und es wurde dann zusehends schlimmer.
Paul tat es, was die Leibesverschlöhung betraf, allen zuvor. Man konnte sagen, er war der Schlöh schlechthin. Im allgemeinen begann diese Krankheit damit, daß einer aufhörte, sich und seine Wäsche zu waschen, daß er sich viele Tage nicht mehr zum Rasieren entschloß und zu gleichgültig wurde, um sich nachts auszuziehen und die Wäsche zu wechseln. Pauls Hang zum Chaotischen kam dem vielleicht in gewisser Weise entgegen, überhaupt seine Paradoxie, die ihn zwang, immer das zu tun, was die andern nicht taten. Das Konventionelle schien ihm das Verworfene zu sein.
Dicht nebendaran in seiner Natur lag ein spartanischer Zug. So beharrte er eigensinnig darauf, kein Stroh in seinen Strohsack zu füllen und lag lieber auf dem harten Boden im Staub. Oder er kauerte, Hioben gleich, schlafend in einer Ecke des Zelts, tags genau so wie nachts. Er spannte auch das Moskitonetz niemals auf, wahrscheinlich, weil alle Andern das taten. Statt dessen benutzte er es zusammengeballt, um seinen Kopf drauf zu betten, jeden für einen Trottel erklärend, der es nicht ebenso machte. Auch schneuzte er sich meistens hinein: gewiß ein weitläufiges Taschentuch. Da er dies Netz

niemals wusch, erstarrte es nach und nach zu einer felsähnlichen Masse; es sah aus wie im Theater das Versatzstück ›moosiger Fels‹. Gegen die Moskitoschwärme des Nachts schützte er sich, indem er die Schlafdecke über den Kopf hinwegzog, unerachtet er beinahe erstickte; gegen die Fliegenplage bei Tag kämpfte er mit schrecklichen, sehr langen russischen Flüchen, die auf die schwarzen Peiniger weniger Eindruck machten als auf die Genossen im Zelt. Diese lauschten ergriffen.
Rief man den Schlafenden an, so riß er die Augen auf und der großartig blauwilde Blick, schwimmend im Weiß der sichtbaren Bälle, traf Einen voll aus dem verzehrten, vor Hitze ziegelroten Gesicht. Er hatte die Angewohnheit, die Lider über diesen weitgeöffneten Augen während des Sprechens langsam zu schließen und sie expressiv eine Sekunde lang geschlossen zu halten. Es sah aus, als ob zur Erzielung vollkommen geformter Sätze auch der Muskeldruck dieses Augenzuschlusses notwendig sei, um eines letzten seelischen Auswringens willen. Zugleich aber schien in dem überlangsamen Zuschlag der Lider veranschaulicht zu sein, daß ein Augenblick für ihn mehr als ein Augenblick war. Das übliche Zeitmaß war somit entthront, und uferlos östliche Breite schien angemeldet zu sein.
Besonders als der Sandboden des Zeltes Pauls Kamm – seltsamerweise einen eisernen Kamm mit eisernen Zinken – unauffindbar verschluckte, schritt seine Verschlöhung schleuniger fort. Sein farbloses Haar, von der Sonne völlig verstroht, wurde vom Wüstenwind strähnig verwirrt und vom Sande verbacken; selbst der eiserne Rechen hätte es nie mehr entwirrt.
Paul, als ›Sibiriakendoktor‹ bekannt, galt als der Verschlöhung markantester Fall. Aber aus dieser Verwahrlosung heraus konnte er übergangslos die gewinnendsten Umgangsformen entwickeln; er verfügte über ver-

bindliche Wendungen, über ein Lächeln, über Gesten, die originell und eindrucksvoll waren. So pflegte er, wenn er mich begrüßte, und war es auch mehrmals am Tag, daraus einen Ritus zu machen. Er ahmte dann ›Zwei Männer, sich in höherer Stellung vermutend, begegnen sich‹ nach –: dies war der Titel einer frühen Radierung von Klee, den er oftmals zitierte und deren Bewegung in vollkommen ornamentaler Körperverkrümmung und einem wahrhaft chinesischen Höflichkeitsausdruck bestand.
Seiner Schlamperei war ein Ende gesetzt, wo das Reich seiner Bildersammlung begann. Hier war er die Peinlichkeit selbst. Eingedrungener Sand, schwerlich zu vermeiden, empörte ihn sehr und Flecken erzeugten ihm Wutanfälle, die wiederum sehenswert waren. Dann sah man ihn tagelang sitzen, radieren und wischen. Er sei ein Versprengter vom Volksstamm der Monomanen, sagte der brillenreiche Ethnologe von ihm.

Paul hatte eine originelle Art, seinen Zeltplatz heimisch zu machen. Man weiß, daß Wüstenbewohner ganz von selbst darauf kommen, ihre Räume nicht mit Möbeln, sondern mit Teppichen zu versehen, die sie legen und hängen und die sich leicht mitführen lassen. Teppiche sind das Heim der zeltbewohnenden, überhaupt der reisigen Menschen; ihre Linien und Farben sagen mit der Zeit mehr als ein Bild: da ist wahre Magie. Paul hatte nun die Entstofflichung noch weiter entwickelt. Er heftete Zettel, auf denen irgendwelche Einfälle standen, mit Stecknadeln an die schräge Zeltleinwand über sein Haupt. Da waren denn seltsame Maximen zu lesen wie: ›Je broschierter die Bücher, desto gastfreier das Haus‹ oder: ›Meine Monade soll besonders fensterlos sein‹ oder: ›Mehr als sein eigenes Maß faßt der Krug auch im Meere nicht, bedenke dies, o Schabestiel, bei der

Lektüre des Faust‹ oder: ›Wo liegt die Messingstadt?‹ oder: ›Die Araber nennen alles, was über den Alltag ist (Liebe, Streit, Feste) eine Fantasie‹ oder: ›Das Sächsische ist ein Dialekt auf Plattfüßen‹ oder: ›Die Scheren des Skorpions sind dasselbe wie die Waage‹ oder: ›Es gibt nichts Dümmeres als die Leute‹ oder: ›Jeder Erfolg ist ein Mißverständnis‹ oder: ›Wer die Dinge nicht liebt, kann nicht erwarten, daß sie ihn wiederlieben‹ und ähnliches mehr. Solcherlei Aufschriften hatten sich also zu seinen Häupten wie Schwalben in Reihen versammelt und zwitscherten da; sie hingen, raschelten im glühheißen Wind und bewirkten mit kleinen, wahrhaft philosophischen Mitteln, daß Pauls Wohnstatt die seinige war. Sein Ich hatte sich sichtbar auf zwei Quadratmetern Wüste niedergelassen.

Zu jeder Stunde hätte man ihn aus dem Schlaf wecken können, um ihm ein Gedicht oder ein Bild zu zeigen oder um irgendeinen Disput mit ihm zu eröffnen. Er war in jedem Falle sofort bei der Hand. Man muß es lieben, wenn Leidenschaft solcher Art ganz triebhaft da ist. Wenn Moralisten auch sagen, von Verdienst könne die Rede erst sein, wenn das Gute dem Drang zur Erbsünde abgekauft wird: ich finde, daß das Gute als quellender Trieb beglückender ist als vorgenommene Guttat sein kann.

Bei Paul war die Leidenschaft, mit der er dem Schönen anhing, ganz elementar. Seltsam, wie solchen Naturen die Dinge dann magisch zufliegen, angezogen von einer Kraft, die gern Gleiches mit Gleichem vereint. In der Wüste war nicht viel Chance, daß Pauls Sammlung sich mehre. Aber, wer weiß wie es kam, ein Sickerstrom rann beständig herzu. Bald war in einem amerikanischen Blatt ein goldgetriebener Bucheinband aus karolingischer Zeit, bald gab es irgendwo Proben moderner Kunst aus einer Schau; Kameraden, die in der britischen Messe bedienstet waren, entwendeten solche Hefte und brach-

ten sie, um, wie sie sagten, Pauls Laster zu fördern, herbei; alsbald sah man ihn schnipseln und kleben.
Immer war irgend jemand bei ihm und wollte anschauen. In unendlicher Gutmütigkeit schlug er nie ab, seine Sammlung zu zeigen und war immer zu weitläufiger Erklärung bereit. Es war unbestreitbar, daß sein Vortrag etwas Faszinierendes hatte. Das half wohl den Hörern oftmals darüber hinweg, daß sie gar nichts verstanden. Denn Paul war es in keiner Weise geschenkt, sich in andere Gemüter zu denken. So kam es, daß man, wenn man am Zelt vorbeiging, Sätze vernahm, in welchen er von ›der makabren Süße James Ensors‹ sprach oder von der ›Deformation aller natürlichen Formen, die der Blaue Reiter und die Brücke habe vornehmen müssen‹, oder ›von dem Folkwanger und dem Städelschen Exemplar‹ und von ›Feiningers Transparenz‹ – Wendungen, bei welchen die Lauschenden oft nur die Münder zu öffnen und zu staunen vermochten. Doch waren sie von den akzentuierten Wortklängen berauscht, von den Sätzen, die Pauls Munde wie die messingnen Kugeln entschwebten und sich in die Luft emporhoben, was freilich ein fesselndes Schauspiel war.
Viele kamen aus Neugierde zu ihm, um von dieser modernen Kunst endlich einmal etwas zu sehen; sie glaubten, es müsse sich ihnen beim ersten Anschaun erschließen. Oft waren sie von seltsamem Mißtrauen erfüllt, als müßten sie fürchten, einem Schwindel zum Opfer zu fallen. In manchen Köpfen saß fest der Verdacht, diese Künstler wollten sich nur durch Verblüffung schwindelhafte Vorteile verschaffen: eine recht verschmitzte Bauernidee, gegen die sich einwenden ließe, daß es für Schwindler günstigere Tätigkeitsfelder geben muß als Künstlerschaft gerade in Deutschland es ist.
Meist sprach Paul über Kunst. Zuweilen jedoch hielt er auch Vortrag über seine Familienfotos, ein Thema, von

dem ich mir nur geringen Erfolg bei Nichtverwandten versprochen hätte; aber man geht ja bei Vorhersagen von Erfolgen oft fehl. So war dies Thema denn auch bei Hörern jeglichen Alters und Standes beliebt. Staunend und lauschend saßen immer andere, mir völlig fremde Jungen zu Pauls Füßen im Zelt und hörten die Reden über den Großvater an, der in Petersburg die Fotografie ausgeübt hatte, hinterm Holzkasten unter dem schwarzen Tuch. Vom Großvater verlor sich der Bilderbericht in weitverzweigte Verwandschaft hinein: Sippenzusammenhänge wurden erklärt, denen ich nicht mehr zu folgen vermochte, da es mir schwer wird, dergleichen zu fassen. Aber ergriffen lauschte das Volk. Oder man hörte von den einstigen Geliebten Pauls und sah sie im Bild. Die früheren unter ihnen sahen recht weibchenhaft aus, sie hatten die Haare in die Stirnen gekämmt und machten den Eindruck, als forderten sie vom Leben alles oder nichts; vom Geliebten jedenfalls alles. Sie trugen ganz kurze einsilbige Namen, die wie Peitschenhiebe erschollen.
Auf den Bildern, die von ihm selbst aus jenen Jahren da waren, war er fast stets im steifen Melonenhut fotografiert, entweder wie er eine Breslauer Kaschemme betrat oder wie er eine Breslauer Kaschemme verließ. Man sah ihn mit einem Spazierstock, schrägen Blicks aus halbgeschlossenen Augen oder mit einem Starrblick, der einem Angst machen konnte. Er hatte es unzweifelhaft darauf angelegt, von großartigen Lastern umspielt zu erscheinen.
Das also war damals aus Paul geworden. Gewiß, sein Herz hing noch an jener Zeit. Eine Wandlung schien erst bei ihm eingetreten zu sein, als die Bildnisse seiner Frau sich in den illustrierten Verlauf seines Lebens einmischten. Es war offenbar ihr Verdienst, Paul dem natürlichen Leben wiedergewonnen zu haben. Ihre eige-

nen Bilder zeigten, im Gegensatz zu den verwogenen Geliebten, einen fraulichen Typ. Paul zeigte auch diejenigen Bilder, auf welchen sie in völliger Nacktheit am Ostseestrande zu sehen war, sei es aus Vorurteilslosigkeit, sei es, weil es die historische Treue verlangte. Als sich dann vollends die Kinder in zahlreichen Fotos einfanden, war es mit Pauls Melonenhutgesinnung offenbar gänzlich vorbei.

Diese Bilder waren für Paul Dokumente des Lebens und somit ein Teil seiner selbst. Als das Gerücht sich lange Zeit hielt, es werde am Ende aller papierene Besitz abgenommen, sagte Paul, er bliebe lieber noch zwei Jahre gefangen als auf die Familienfotografien zu verzichten. Denn, so argumentierte er, diese Fotos ließen sich ja nie wieder beschaffen. Man lachte und sagte: »Aber Paul, du hättest dann doch die Wahl zwischen der wirklichen Familie und der fotografierten!« Da aber zeigte sich, daß das für Paul im Prinzip kein Unterschied, und daß ihm das Bildhafte so wert wie das Wirkliche war. Er reagierte auf diesen Einwand gar nicht, blieb vollkommen ernst, zeigte nur böses, blauzorniges Funkeln, als ob der Moment der Wegnahme schon da sei, und stieß immer wieder hervor: »Ich trenne mich doch von meinen Familienfotos nicht! Ich bin doch kein Schuft!«

So wurde in Paul offenbar, welche Widersprüche ein Mensch in sich vereinigen kann. Nur wenigen glückt es, ungleiche Anlagen ohne Risse zusammenzuschmelzen. Und doch müßte das sein. Der Hitzegrad dessen, was man Persönlichkeit nennt, müßte stark genug sein, um Bestandteile vollkommen zu schmelzen. Die meisten gleichen mißlungenen Güssen; man sieht die Schlieren halbgaren Metalls.

Bei Paul war es deutlich, daß es einen Oberpaul und einen Unterpaul gab, wie bei einem lebendig gewordenen Theater, das zugleich im Erdgeschoß und im ersten

Stock spielt. Es waren zwei Kammern. Aber die Kammern waren ohne Fenster und Türen, ohne jede Verbindung, verschlossen, vernagelt, verlötet nach außen und unter sich auch.

XIII

Immer wieder um Deutschland kreisten natürlich unsere Gespräche. Wenn wir nur erst gewußt hätten, wie es aussah daheim! Aber es zeigte sich, daß es schwer war, ein Bild zu bekommen. Berichte, die nach und nach kamen, meist von Ausländern verfaßt, waren nicht imstande, es sichtbar zu machen. Sie gaben Einzelheiten, aber kein Bild. Nicht einmal das Äußere wahrhaft zu schildern, hatten sie genug Kraft. Es kamen Berichte über Berichte und es ergab sich kein Bild.
Es erwies sich: die es erlebt hatten, denen waren die Zungen gelähmt. Die es aber nicht miterlebt hatten, deren Worte waren zu anders und schwach, um das Unglück zu schildern. Wirklich, es ist nicht abzusehen, welche Weltmacht die Fantasielosigkeit ist. Sie ist eine der furchtbaren unheilstiftenden Mächte im schrecklichen Ablauf der Menschheitsgeschichte.
Erst als uns nach und nach Briefe erreichten, stellte sich einige Anschauung ein. Diese Frauen und Mütter und Brüder, die gar nicht versuchten, die allgemeine Lage zu schildern: aber ihre oft unbehilflichen Sätze beschworen das, wonach wir verlangten: ein Bild.

Schon lang bevor solche Briefe ankamen – wir wußten ja nicht, ob sie je kommen würden, ein Jahr ist lang, wenn man wartet – begannen wir, Nachrichten darüber zu sammeln, was in Europa zerstört worden war. Paul griff den Vorschlag, einen Katalog dessen zu machen, was nicht mehr da war – einen Unkatalog also – mit Leidenschaft auf. Widersinnigerweise war sein Sammeleifer selbst davon berührt.

Wir begannen also eine richtige Kartothek des Verlornen. Wir wollten nicht im Ungefähren der Trauer verbleiben. Wir glaubten, es gehöre zur Achtung, die wir dem Entschwundenen schuldig waren, wenigstens genaue Kenntnis davon zu erwerben. Wir schämten uns, einer Zeit anzugehören, in der so etwas geschah. Aber wir schämten uns auch, wenn wir feststellen mußten, daß wir von manchem Kunstwerk erst dadurch erfuhren, weil es jetzt nicht mehr da war. Es ist Unrecht, etwas zu besitzen, ohne daß man es sich durch Kenntnis erwirbt.

Wir schöpften unser Wissen aus verschiedenen Quellen. Es kamen englische und amerikanische illustrierte Zeitschriften an; die Bilder zeigten der neugierigen Welt, wie es jetzt aussah in diesem verfluchten, unheimlichen Land. Es waren meistens Aufnahmen aus der Luft. Wir suchten das Schicksal einzelner berühmter Bauwerke darauf zu ergründen, stellten fest, was ganz und was halbzerstört war und unterschieden drei Grade. Wir nahmen nur auf, was wir mit Sicherheit sahen. Dann ließen wir uns von allen Freunden genaue Schilderungen ihrer Heimatstadt geben; viele waren im Lauf des letzten Kriegsjahrs ja noch einmal auf Urlaub gewesen oder hatten bis zum Kriegsende noch ausführliche Briefe bekommen. Aus dieser Quelle erhielten wir freilich nur Gewißheit über das, was bestimmt nicht mehr war; die Verluste konnten darüber hinaus noch schmerzlicher sein. Vor allem aber sammelten wir, was die einzelnen auf den verschiedenen Kriegsschauplätzen gesehen hatten und zuverlässig bezeugten. Paul konnte die Nachrichten aus Italien fast ganz aus eigener Kenntnis bestreiten. Er hatte viel Zerstörtes mit eigenen Augen gesehen und von anderem Unheil Genaues von Augenzeugen gehört. Schon vordem hatte er mir auf meine Fragen geschildert, wie es in Palermo, Frascati, in San Lorenzo vor

Rom, in Orvieto, Siena, Forli, Pisa, Genua und Florenz aussah. Ferner konnte er über das, was in Rußland und Polen zu beklagen war, Maßgebliches sagen, denn er kannte die Bauten, über deren Wert viel Unklarheit bestand. Ich konnte über Griechenland das meiste beitragen. Es gingen damals Nachrichten durch die Zeitungen der Welt über ungeheure Verluste antiker und byzantinischer Kunst, die nicht stimmten; andererseits wußte man kaum etwas von den wahren Verlusten, der Beraubung der Ausgrabungen auf Samos und den Zerstörungen in der Altstadt der rhodesischen Ritter. Aus Holland und Belgien waren unsere Angaben am wenigsten neu und aus Frankreich standen die Opfer der letzten Kriegsmonate aus.

Warum machten wir uns diese zwecklose Mühe? Denn einigermaßen zwecklos war sie gewiß; wir erreichten nichts Vollständiges damit. Aber wir fühlten: mit Wehmut, mit bloßer Traurigkeit war nichts getan. Wie es bei allen den vielerlei Unglücken ist, deren Herannahen wir sehen, deren Ausbleiben wir hoffen, deren Eintreffen aber zu unserem Leben gehört, so können wir der Vernichtungsgewalt nicht begegnen, indem wir klagen oder uns Mühe geben, schnell zu vergessen, sondern nur, indem wir unser Lebendigsein um so stärker behaupten. Wir leben im Ansehen der Toten. Je stärker wir beides erfüllen: von ihnen angesehen zu werden und dennoch unser Leben zu leben, um so eher haben wir das Unsere getan.

Vor Bergen von Hingesunkenem stehend, war uns das wohl bewußt. Durch welches Verhalten die Macht dieses Unglücks zu brechen sein werde, war so leicht nicht und gewiß nicht mit schnellen Worten zu sagen. Doch war es sicherlich gut, in irgendeinem Bereich das Unglück zunächst einmal auszumessen, nicht zu blinzeln und ihm ins Antlitz zu schaun.

So erfuhren wir spät, nach und nach, die Tragödien von Würzburg, Hildesheim, Potsdam, Freiburg und Köln. Am meisten aber zehrte der Gram um die Stadt Dresden an uns. Den Untergang dieser Stadt schien sich der Satan als etwas Besonderes bis zum Schlusse aufgehoben zu haben. Niemals vielleicht, solang die Erde bestand, wurden so viele Menschen in einer Stunde zu Tode gequält, niemals so eine Summe von Schönheit in einer Stunde zerstört.

Niemand lebt auf der Welt, der diese Stadt kannte und hätte sie nicht mit besonderer Liebe geliebt. Daß es diese Stadt gab, mußte jeden ein wenig glücklicher machen, auch den, der fern von ihr lebte. Ihr Reichtum war unerschöpflich, man brauchte sich nur zu nehmen davon: es war immer noch mehr und mehr da. Dresden, das war ein unablässiges frauliches Schenken.

Monatelang quälte uns die Ungewißheit über das Maß dieses Ruins. Sicheres war nicht zu erfahren, wir schwankten zwischen Hoffnung und Furcht. Viele Male träumte ich immer den nämlichen Traum: ich kam wieder nach Dresden und alles war gar nicht so schlimm. Ich ging durch die Straßen, beglückt, über die Terrassen, die milden Treppen, durch die Paläste, die Galerien, die glänzenden Säle, die gespiegelten Wände, die Sandsteinskulpturen: und alles war da. Ich erwachte dann immer unsagbar beglückt.

Eines Tages hörte ich, es sei Einer da, der noch nach jener Untergangsnacht in Dresden gewesen sein sollte. Sobald ich konnte, suchte ich diesen Mann auf. In der Tat, er war unmittelbar nach der Nacht des Entsetzens mit einem Hilfszug in Dresden gewesen und hatte furchtbare Aufgaben gehabt. So unendliche Weiten vom wirklichen Dresden entfernt, gingen wir nun in einem langen Sternengespräch Straße für Straße und Platz für Platz überall hin, wohin er damals gekommen war. Entsetzen war noch in ihm, und nun auch in mir. Trümmer, Leichen und Brände: mir sank alle Hoffnung dahin. Das war jenseits von allem Verlieren, das war eine Flammenschrift an der Wand. Wenn das geschehen war, hatte es noch einen Sinn, übrig zu bleiben? Weiterzuleben war offenbar nur in sinnloser Leichtfertigkeit möglich.

Nicht lange danach erreichten uns einige Briefe aus Dresden; wir brachten sie uns und zeigten sie stumm. »Wenn ich Ihnen berichten soll«, schrieb eine gelehrte Dame an mich, »so werde ich mir freilich nicht anders vorkommen wie der Chronist Heinrichs des Vierten: Wer gibt Wasser meinen Augen und Tränenbäche meinen Wangen, daß ich weine? Gestern Nacht ging ich durch die Villenstraßen beim Großen Garten nach Haus: die Raben schrieen, über den Trümmern wächst Buschwerk, der Mond beschien die rötlichen Ziegelruinen mit unbarmherzig gasigem Licht – und kein Mensch unterwegs, kein einziger Mensch. Man geht wie durch einen makabren Traum. Schon nachmittags und gegen Abend kann man durch Stunden hindurch in den alten, einst so vertrauten Straßen irren: man trifft keinen lebendigen Menschen. Diese Stadt, dies geliebte Stück Welt, allen zur Freude geboren: sie ist jetzt ganz fremd. Was noch steht, sieht ganz anders aus: ganz und gar fremd. Die Galerie ist geraubt, aus unserem Herzen gerissen, das Grüne Gewölbe verschleppt, die Antiken, die früheste Sammlung nördlich der Alpen, ganz aus Winckelmanns Geist, sind dahin. Die Porzellansammlung, die größte und glänzendste auf der Welt, ist zu kläglichen Scherben zertrümmert. Die schönste Oper verbrannt, der Zwinger zu großen Teilen in Schutt. Unsere geliebte Bibliothek, das ganze Japanische Palais, ist in Trümmern. Fünfzehn von den Unseren sind tot.«

Ein anderer Brief war schon damals in den entsetzlichen

Tagen geschrieben, er erreichte mich jetzt. Es war einer der ungezählten, namenlosen Briefe aus jener Zeit, größer, als das Schicksal es ist. Man müßte sie sammeln, weil nichts sie ersetzt.

»... es braucht so viel Kraft, um dir das halb hinzuschreiben, daß mir immerfort die Tränen rinnen. Der Kummer überwältigt uns und die Sorge ums Nächste. Am 13. Februar stand ich auf dem Gebirg und starrte hinab auf das brennende Meer, den Untergang Dresdens. Es war wie eine riesige glühende Kugel. Unser geliebtes Dresden. Und ich wußte Eltern, Geschwister und Freunde dort. Wir standen und starrten hinab und hielten uns an den Händen, lauter fremde Menschen. Ich glaubte, ich müsse vergehen. Am 19. Februar in der Frühe, die Sterne standen noch hell, der Wagen war über mir, ging ich mit meiner Laterne nach einem hellen guten Haus wie zur Christmette, betete um Kraft und brachte dort am Vormittag meinen Sohn zur Welt. Ein Leben in meinen Armen, gesandt in diesen Vernichtungstagen. Am vierten Tag stand ich auf, ich mußte nach Haus. Mein Bruder war da. Er hatte unsere Eltern in Dresden gesucht. Umsonst. Unsere arme Mutter fanden sie im verbrannten Haus hinter der Tür zusammengesunken, winzig klein. Vom Vater werden wir nie erfahren, wie und wo er ums Leben gekommen ist. Inzwischen kamen immer noch mehr Freunde und Bekannte aus der verbrannten Stadt zu uns ins Gebirge herauf, Menschen über Menschen. Ein Strom, der bis heut noch nicht versiegt. Ich bin umringt von Bekannten und Unbekannten und umschart von Kindern. Elf oder vierzehn sind keine Seltenheit bei uns. Und keines hat was, es fehlt am Nötigsten. Ich teilte aus, was ich konnte, an Ruhe war nicht mehr zu denken. Aber ich komme trotzdem wieder zu Kräften. Ich sitze stillend unter den vielen jammernden Menschen, ich weiß nicht wo anfangen.

In all der Not wurde gestern ein Leseabend gehalten, Hermann und Dorothea. Es war ergreifend, die vertriebenen, zusammengelaufenen Menschen hockten gepfercht in ein Stübchen. ›Der Tod ist dem Weisen kein Schrecken und dem Frommen kein Ende.‹ Abends gehe ich oft hinaus, nach den Sternen zu sehn ...«

Und noch ein dritter Brief kam an: man müßte sie alle so lesen, wie wir sie damals empfingen: in jener weltfernen Verbannung, welche Sehnsucht und Schmerzen, Liebe und Kummer ins Ungemessene vermehrt.

»... die Frauenkirche – jetzt stehst du davor und es sind nur noch zwei ragende Klippen, hier eine und drüben die andere. Und der Schuttberg dazwischen ist zehn Meter hoch: das ist alles. Ein ganzes Fassadenteil samt dem prachtvoll geschwungenen Giebelstück ist im Sturze erhalten geblieben, Stein bei Stein, aber weiß Gott wie es kam: es liegt nun verkehrt, köpflings auf der schrägen Schutthalde, die Spitze nach unten vor deinen Füßen, wie im Sturz der Verdammten. Du schaust hinauf und die Tränen kommen dir nicht. Wenn du durch Dresden gehst, weinst du nicht und das Herz blutet dir nicht, denn es wird dir zu Stein in der Brust. Dann schaust du zwischen den beiden Riffen hindurch und da siehst du, dahinter, weiß Gott: du siehst genau in der Lücke die widerwärtige Glaskuppel der Akademie, dies geschmacklose Ding aus dem vorigen Jahrhundert, das wir immer die Zitronenpresse nannten, das einzige, was das Stadtbild über der Elbe verdarb. Und siehe, das Abenteuer ist ihr ausgezeichnet bekommen. Der blödsinnige goldene Engel auf dem blödsinnigen Glas steht immer noch da, süß und sentimental, und macht seine Ballettgebärde auf einem Bein. Er ist unversehrt. Und dann schaust du wieder auf die Schuttberge, die rings um dich sind, denn irgendwohin mußt du doch schauen. Da siehst du die Kränze liegen. Sie werden jetzt, bald zwei Jahre danach, noch immer erneuert, denn unter den Schuttbergen in den Kellern, da liegen sie noch. Und der sentimentale Engel macht sein Ballett. Du besinnst dich lang, was für eine Straße da lief, wo du jetzt stehst, denn du bist da unzählige Male gegangen. Da sind noch Türpfosten. Mit Kreide steht noch immer an ihnen geschrieben (der Regen hat sich nicht dieser Schriftzeilen erbarmt): ›Max und Trautel, wir sind bei Großmutti in Sebnitz‹, oder: ›Karl, wir sind nach Pulsnitz zu Hermann, wir sind alle am Leben‹ – natürlich; die Toten schreiben ja nicht. So steht an allen Pfosten und Mauerresten etwas, denn das ist die Post unserer Zeit. Und du kannst es nicht mehr ertragen und schaust wieder hinauf, denn irgendwohin mußt du doch schauen, und da siehst du, was du früher niemals bemerkt hast: die scheußliche Akademie trägt eine Inschrift am Giebel, früher sah man sie nicht, jetzt ist sie stolz, denn über die Trümmer der Frauenkirche hinweg kommt sie endlich zu Ruhm. Und du liest genau zwischen den beiden kostbaren ragenden Riffen: ›Dem Vaterland zur Ehr und Zier‹. Und darüber der blödsinnige Engel auf dem goldenen Bein. Du kannst es nicht länger ertragen und, ohne dich einen Schritt zu bewegen, siehst du in deinem Blickfeld, das so viel Irrsinn umfaßt, am Platz vor der Kirche eine Plakatsäule stehen, sie wird noch immer beklebt, weiß der Himmel für wen, denn du siehst keine Menschenseele zwischen den Trümmern. Du siehst ein Plakat: ›Ein Abend Lachen mit Arthur Preil‹ und der Plakat-Mann auf dem Bild biegt sich und krümmt sich vor Lachen.

Und doch muß ich dir sagen: hab keine Sorge, wiederzukommen. Vielleicht kannst dus nicht glauben, aber die Stadt ist immer noch stark und großartig in ihrem Ruin. Lieblich sogar. Du mußt es dir vorstellen wie in Rom, wie den Palatin: überblüht.

Neulich waren wir zum ersten Mal in der Oper. Sie spielt jetzt in Bühlau draußen im Vorstadtgasthof, wo früher der Sonntagstanz war. Wir kamen etwas zu spät und kamen hinein, als der Tenor gerade sang: Wie schön ist die Prinzessin Salome, sieht sie nicht aus wie das Bild einer weißen Rose im silbernen Spiegel? Halt es für möglich: die Oper in diesem Stall hat die Glorie von einst. Wen das nicht rührt. Es ist unsere Dresdener Oper geblieben in strahlender Pracht. Der Saal ist viereckig wie eine Kiste; von wirklich dämlicher Viereckigkeit. Das Orchester nimmt gerade den vierten Teil ein, es ist keinerlei Absatz zwischen den Musikern und dem Publikum. Mitten durch den Raum gehen zwei Reihen scheußlicher gußeiserner Säulen, wie das bei solchen Sälen eben so ist. Da sind für die Beleuchtung unter der Saaldecke zwei Laufstege gezogen, von Säule zu Säule; der Beleuchter steigt in seinem Arbeitskittel hinauf, macht etwas an seinen Lampen, steigt ganz ruhig wieder herunter, geht auf die andere Seite hinüber und schafft dort. Niemand fühlt sich gestört. Alle hören und schauen und fühlen ganz stark. Es ist so, daß sich in diesem gemeinen Lokal etwas Falsches nicht hält. Vor so viel Trostlosigkeit würde alles Pomphafte lächerlich werden: nichts kann sich halten als pure Kunst. Wie der Prophet auf den Rand der Zisterne trat und Den verkündete, der nach ihm kommen werde, war rings um ihn ägyptische Nacht und die Sterne und die unendliche Wüste, und wir dachten von hier aus an dich. ›Ich bin nicht wert,‹ sang er wunderbar schön, ›seine Schuhriemen zu lösen, aber die Wüsten werden aufjauchzen unter seinem Schritt.‹ Auch wir gehen hier durch eine unabsehbare Wüste, du wirst sehen. Aber ob sie noch einmal aufblüht für uns?«

Immer wieder gerieten unsere nächtlichen Wandelgespräche auf das Verlorene. Gewiß litt Paul wie jeder andere an dem unfaßbaren Ruin, doch schien mir seine Natur dem Zerstörenden und der Gewalt um etwas vertrauter zu sein.

»Ich habe keine Angst vor den Trümmern«, sagte er oft. »Wir werden in Kellern wohnen und es wird abenteuerlich sein. Wir werden uns wie die fahrenden Leute vorkommen und werden auch dieser Lebensform etwas abzugewinnen versuchen. Es wird gehen. In vielem wird es besser sein als das Herkömmliche, das ja doch keinen sicheren Grund mehr hat und auf Täuschung beruht. Es wird ordentlich drunter und drüber gehen. Ich freue mich drauf.«

»Ich nicht«, erwiderte ich. »Es gibt ein Verlieren, das so viel vom Eigenen mitnimmt, daß man mit fortgehen möchte. Es gibt ein Gefühl der Treue zu dem, was von Einem geht. Man liebt es und man weiß, daß es vollkommener war; es erscheint sinnlos, übrig zu bleiben. Mir kommt mein Weiterleben oft vor wie gestohlen.«

»Das ist nichts Neues«, entgegnete Paul. »Immer hat man nichts als die Wahl, dem Geliebten in den Abgrund zu folgen oder den Blick von ihm abzuwenden auf Kommendes hin. Es ist die alte Geschichte von der Frau Lot. Man kann nur zurückblicken und zum Salzhäufchen werden, oder sich wenden und weitergehn.«

»Es ist aber doch so,« wiederholte ich, »daß im Zurückblicken und Mituntergehen Treue und Standhaftigkeit liegt.«

»Aber das ist doch töricht und irr!« rief Paul aus. »Damit wäre der Wille der zerstörenden Mächte ja gerade erfüllt, und du hättest ihre Macht nur vermehrt! Für mich ist das keine Versuchung. Ich bleibe da. Sicher hänge ich leidenschaftlich an der alten, überlieferten Kunst; aber wenn ich vor die Wahl gestellt bin, halte

ich es ohne Besinnen mit dem, was ist und was kommt. Mit der Zukunft vor allem.«
»Das ist eine Sache des Lebenswillens,« erwiderte ich, »der nichts Verdienstvolles hat. Je stärker er ist, desto leichter stellen sich Gründe ein, das Verlieren erträglich zu machen und das Weiterleben dazu. Gründe sind käuflich.«
»Aber die großen Urheber der Werke, deren Untergang du beklagst, waren ja gar nicht so gesonnen wie du.« entgegnete Paul. »Die Baumeister wollten ja gar nicht für die Ewigkeit bauen. Es ist doch bekannt, daß der Zwinger so flüchtig gebaut war, daß man die größte Not hatte, seine Lebenszeit zu verlängern. Aus dem billigsten Sandstein war er gemacht. Baumeister und Bauherr scheinen sich wenig darum bekümmert zu haben, was für die Nachwelt blieb. Und so ist es recht. Für die Jahrtausende bauen meist solche Herren, deren Pracht man schon morgen verwünscht.«
Paul kannte sich in Dresden gut aus. Er war aber nie auf den Einfall gekommen, zwei Stunden von Berlin nach Dresden zu fahren; er kannte es nur nach Fotografien.
»Mir scheint, du leidest nicht so am Untergang all dieser Dinge,« sagte ich ihm, »weil du nicht so an den Erscheinungen hängst. Du betrachtest den Geist dieser Werke, aber ihre Leiblichkeit ist dir gleich. Du begnügst dich mit dem Abstrakten, mit Abzügen, mit fotografischen nämlich. Du bist ja nicht einmal nach Dresden gefahren, um die Luft dort zu schmecken, die ein bißchen zu weiche, zu träge, vom Fluß herauf etwas faulige, grunelnde Luft, und den grausilbernen Glanz zu sehen, der auf der steinernen Kuppel der Frauenkirche lag wie auf schwarzgewordenem Silber. Du hast die Idee, du hast das Prinzip: gut, wunderschön. Natürlich hat Bähr nichts von dem Silberschwarz seiner Kuppel gewußt und es auch nicht gewollt. Aber wer liebt nicht dies Nach-

leben der Dinge, dies Weiterleben über die Zeit, das sie zu leisten versuchen, dies Ausharren bis an den Rand der eigenen Kraft und noch darüber hinaus: dies Überstehen? Und wie sich dann alles an ihnen verändert, durch das Hinzutun . . ., Venedig, wie es sich unmerklich unter den Bildern von Guardi verändert und süßer wird als es jemals war, und abermals sich verändert unter den Versen von Hofmannsthal, wie das niederschlägt auf den Stein und daran haftet und hängt . . ., dafür fehlt dir der Sinn. Lieber Paul, du bist ein Barbar.«

»So?« erwiderte er, der immer erfreut war, wenn er etwas Extremes war, »meinst du? Vielleicht bin ich einverstanden damit? Nämlich, es gibt eine Art, an dem Dinglichen eines Kunstwerks stärker zu hängen als an dem innewohnenden Geist: dagegen wehre ich mich. Es gibt eine Vergötzung des Kunstgegenstands, die ist gegen die Kunst. Gewiß muß man an der Kunst das Leibliche lieben, denn sie ist ja nichts als erschienener Geist: aber es darf nicht so weit kommen, daß man das Ding mehr liebt als den Geist. Im Moment des Verlierens kommt es heraus, was überwog. Denn Trauer gilt immer dem Leib; um den Geist zu trauern ist sinnlos und dumm. Man muß mit der Kunst so im Geist leben, daß man bereit ist, auf den Leib zu verzichten. Glaube nicht, daß ich mir in Paradoxen gefalle. Mag man den Untergang von Werken für schmerzlich halten, für quälend, für schändlich, für hassenswert, für eine niedrige Schuld, was immer du willst. Aber für einen Grund zur Verzweiflung nicht.«

»Verehrung alter Kunst,« fuhr er fort, »nur weil es alte Kunst ist, Verehrung im Schmeichelblick mit vergangener Zeit ist eine Fragwürdigkeit. Ein Schaffender kann sich diese Empfindung erlauben, denn er macht etwas Neues daraus. Er schaut zurück, aber er wirft etwas Neues nach vorn. Er kämpft wie Perseus, der in den

Spiegel blickt und so dem versteinenden Blick der Medusa entgeht. Die Medusa: das ist die versteinende Unfruchtbarkeit, die in allem Zurückblicken liegt.«

»Du meinst also etwa,« erwiderte ich, »es darf nicht mehr Anhänglichkeit an alte Kunst geben als neue hervorgebracht wird?«

»Das ist recht!« erwiderte Paul. »Wenn es nicht für den Einzelnen gilt, so doch für eine Zeit. Immerhin, auch der Einzelne soll sich dessen bewußt sein, er soll nicht den Maßstab verlieren. Keine vergötzende Liebe zum Ding. Keine Greisenliebe zum Jungen. Hütet euch vor all denen, die in den alten Werken das Anerkannte, das Sanktionierte erblicken. Es sind eure Feinde in Freundesgestalt. Haltet es nur mit denen, die auch in den alten Werken das Neue, Bestürzende, das Ungebärdige und Erregende fühlen. Man muß sich ein Leben lang dazu erziehen, das überraschende Wunder der Gewöhnung immer neu zu entreißen. Wenn man etwas für klassisch erklärt: das ist immer das Schlimmste, was einem großen Werk widerfährt. Da verliert es das Niederblitzende, Neue. Wenn sanktioniert wird, wird immer das heilig Unfaßbare zu Grabe gebracht. Dieses Sanktionieren, das die Dinge um ihr Sanktes betrügt. Da wird immer das Kühne mit dem Gefahrlosen vertauscht, das Göttliche mit dem Priestergewand. Immer wären diejenigen, die kanonisieren, beim Wiedererscheinen des lebendigen Geistes entsetzt. Denn er hätte niemals die alte, gewohnte Gestalt. Wenn das Klassische sich herbeiläßt, wiederzukehren, sieht es bestimmt nicht aus, wie es vordem aussah; es kehrt wieder in furchterregender, neuer – in seiner wahren Gestalt. Und die jetzt, ohne jede Gefahr, für das Bewährte, Überkommene schwärmen, wären empört, hätten nichts als Entrüstung, Kopfschütteln oder mindestens Abwarten und Spott.«

»Alles wahr, lieber Paul«, erwiderte ich. »Wie aber sollen wir nun den lebendigen Geist im Alten überhaupt noch erblicken? Die Zerstörung löscht uns das Licht, wir gleichen Blinden.«
»Glaube nicht, daß ich dem Verlieren und dem Zerstören das Wort reden will.« rief Paul. »Kein Wort zur Verteidigung dieser Verbrechen. Sie sind Mord im allerechtesten Sinn. Mord, um so gemeiner, je edler das Gemordete ist. Austilgung so vornehmer, wehrloser Geschöpfe, wie es Kunstwerke sind, nennt niemand Mord: aber er ist es. Besäßen wir wirklich Humanität, so träfe die Schändung von Schönem dieselbe Strafe wie vielfachen Mord. Aber hat man je von solchen Tribunalen gehört?«
Gott Lob, daß das gesagt war. »Du meinst also,« entgegnete ich, »Zerstörung wird immer sein in der Welt, wehe aber, durch wen sie geschieht?«
Paul stimmte zu. »Zerstörung«, sagte er, »war immer, solang es ein Aufrichten gab. Zerstören im Krieg und Zerstören in friedlichem Eifer: immer wurde munter zerstört. Schau auf die Geschichte irgendeines der großartigen Dome: es sind gewöhnlich die siebenten, achten oder neunten Bauwerke auf ihrem Grund. Immer wurde das Vorige geplündert oder verbrannt oder es genügte nicht mehr, denn es sollte etwas Schöneres, Größeres sein. Das Neue wollte immer Platz haben, – und merkwürdigerweise immer gerade den Platz, den zuvor das Alte einnahm. So kamen genau an die Stelle der heidnischen Tempel die christlichen Kirchen, so stehen sie heut noch in Rom: Antikes – und mitten drin fröhlich Barock. Die gotischen Kathedralen nahmen die Stelle der romanischen ein, die wir jetzt viel lieber besäßen. Immer riß man das Alte nieder, um sich an seine Stelle zu setzen – nur ja nicht daneben, wo Platz war. Eine zerstörte Stadt wurde immer wieder genau auf den

Trümmern der alten erbaut, trotzdem die Trümmer oft mehr im Weg waren als nützten. Wann hat man begonnen, unsere alten Städte ohne Sinn zu zerstören? Etwa erst in diesem scheußlichen Krieg? Keineswegs; schon lang, lang vorher, als man die alten Tore einriß und die guten Bürgerbauten, um an ihre Stelle etwas Falsches, Geprahltes zu setzen: Ungestalt für Gestalt. Die Geschichte der Kunst ist die Geschichte der Zerstörung der Kunst. Wir erleben nichts Neues: bilde dir das nur nicht ein.«

»Es ist nicht einmal Tragik darin«, fügte er nach einer Weile hinzu. »Die Baumeister bauten ja schließlich nicht Steine, sondern Imaginationen. Hat sich das Imaginäre manifestiert, so ist das Hinsterben der leiblichen Hülle so sehr und so wenig tragisch wie der Tod nach erfülltem Leben es ist.«

»Aber das Überleben ist traurig, Paul!« rief ich. »Das Überleben, das furchtbare Verlieren, das unsere Kraft übersteigt. Schrecklicher als zu sterben, ist dableiben zu müssen. Verlassen zu werden ist schlimmer als von dannen zu gehen. Es ist schrecklich, wenn uns Menschen und Dinge verlassen, denn es ist, als hätten wir sie nicht zu halten vermocht. Besaßen wir zu wenig Anziehungskraft? Vielleicht ist es so, daß man alles, was man besitzt, nur so lange besitzt, als man es zu halten vermag. Wahrscheinlich genügt es nicht, die Dinge zu lieben. Wahrscheinlich reicht Liebe, untätige Liebe nicht hin, um etwas vor dem Untergang zu bewahren.«

»Gewiß nicht«, antwortete Paul. »Was aber schlimmer ist: Liebe, untätige Liebe reicht auch nicht hin, daß wir das Verlieren bestehn. Liebe ist nicht, was uns vor der Verzweiflung bewahrt. Denn wovon wir sprechen, ist das: wie können wir das Verlieren bestehn. Verlieren zu können: Summe der Weisheit, Kunst aller Kunst, die uns instand setzt, dies Leben zu tragen. – Vielleicht aber wächst uns aus erlittenen Verlusten die geheimnisvollste aller Geheimkräfte zu. Wenn Untergänge uns dazu bringen, auf andere Weise mit dem zu stehn, was uns morgen auch noch geraubt werden kann, so ist bei allem Beraubtsein doch noch Gewinn. Wenn wir uns dazu vermögen, im Vergänglichen nichts als die Kraft zu sehn, die es wieder und wieder erzeugt: dann ist Vieles gewonnen. Nichts gilt der Abdruck, alles das Petschaft allein. In den Werken haben wir nichts als die Erscheinungen des schaffenden Geists. Ihn zu verehren, muß unsere Aufgabe sein. Hingegen müssen wir uns zu trösten wissen, wenn die Erscheinungen sich uns wieder entziehn.«

»Aber manchmal«, entgegnete ich, »kommt nach dem Zerstören auch gar nichts mehr. Das ist dann das Ende. Dann kommen die Hütten, die aus den Bausteinen der Tempel bestehn, dann wächst auf dem Erhabenen das kleine Genist, wie einst im Kolosseum in Rom. Dann kommt nur noch der Jammer, die kleine Misère, das erbärmliche Flickwerk, das kleine, sorgfältig verteilte und doch nie erreichbare Glück. Das ist immer das Ende, so sieht es aus. Denk, wie du jetzt im Zwingerhof stehst oder vor dem Schuttberg der Frauenkirche, und erinnere dich, wie es auf den großen Blättern von Canaletto aussieht – dann hast dus: so bauen wir. Das eben ist unsere Welt. Denn es ist immer der untrügliche Spiegel: damals sah es im Innern der Menschen eben so aus, das war ihre geordnete, aufsteigende, sich zum Geformten bekennende Welt. Das war drinnen; es mußte gelingen, es in Stein, in Versen oder Musik nach außen zu wenden. Und jetzt, die wirren beängstigenden Trümmer: – das sind offenbar wir. Kein Herz unter uns, das nicht ein solcher Berg von Trümmern begräbt. Das ist unser Innen. Es hat sich nur nach außen gewandt.«

Paul antwortete nichts. Wir liefen eine Weile im Kreis

durch den fahlweißen Sand. Die Giebel der großen, ferneren Zelte sahen im Mondlicht grünlich aus, sie waren chinesisch gewippt und hatten eine tückische Ähnlichkeit mit den barocken, grünkupfernen Dächern der verlorenen Stadt.

»Vielleicht«, sagte er dann. »Vielleicht. Es bleibt abzuwarten, ob dies das letzte Wort ist. Wer kann es sagen. Hoffnung trügt oft. Aber die Verzweiflung trügt auch. Man muß sich vor der Verführung des einen und anderen hüten.«

XIV

Wegen eines Fiebers war ich ein paar Tage im kleinen benachbarten Zelthospital. Die Ärzte, mit denen ich befreundet war, hatten ihr Wohnzelt mit erstaunlichen Möbeln behaglich gemacht: mit urzeitlich tierhaften Sesseln aus gebackenem, rotgelbem Sand, einem vollkommenen Sandwürfel als Tisch und nischenartig sauber gemauerten Betten. Es war Juni und die Hitze schien sich nicht mehr überbieten zu können. Man quälte sich durch den Tag, man war matt, ohne schlafen zu können, denn da der Körper beim Schlafen weniger Wärme als beim Wachen abgibt, mußte man, wenn man etwa mittags zu schlafen versuchte, erfahren, daß sich eine angstvolle Stauung von Wärme im Körper erzeugte. Abends lebte man auf. An Schlafengehen war vor Mitternacht niemals zu denken.

Wohl war es angenehm, bei den Ärzten im Schlafanzug der Patienten in einem der steinernen Mammutsessel zu sitzen; indessen es gab da ein Rundfunkgerät, das mit einem infamen Lautsprecher verknüpft war, dieser hing dicht neben dem Ärztezelt an einem Mast. Man war ganz wehrlos dagegen. Zur Unterhaltung und zur Übermittlung von Neuigkeiten gedacht und bei vielen aufs höchste beliebt, war diese Einrichtung für andere eine Tortur: eine von jenen Plagen, um derentwillen man in den Verdacht des Übertreibens gerät, wenn man sagt, daß sie einem das Leben verbittern; und doch kann es so sein.

Es war vielleicht elf Uhr und es gab eine überschrieene, banale Musik. Gereizt, wie man von der Anstrengung war, den heißen Tag, wenn auch im Nichtstun, zu überwinden, bildete ich mir ein, es nicht mehr aushalten zu können. In einer Verstimmung, die sich mit den Ärzten darüber ergab, stand ich auf und ging weg. Ich trat ins Freie hinaus. Ein heißer Wind aus der Wüste, um diese Tageszeit selten, wehte mich an. Der Platz war elektrisch erhellt. Man sah in die gangartig langen Krankenzelte hinein; sie waren innen erleuchtet. Bett stand an Bett unter herabgelassenen Mückennetzen in Reihen, mitten im Sand; es sah wie in schmalen, niedrigen Schiffsverdecks aus und hatte, so mitten in Wüste und Nacht unter Sternen und Mond, eine starke Faszination. Ich stand also im Freien oder, genauer, gerade am Eingang des Zeltes, meiner Station, und hatte soeben die Plane erhoben, um eintreten zu können, als mich aus dem nachhallenden Lautsprecher die Nachricht traf, die mir das Gefühl gab, als sei viel Licht, das ich bis dahin kaum wahrnahm, weil ich die Welt ohne sein Glänzen nicht kannte, mit einem Male erloschen. Es hieß, Deutschlands großer Dichter sei tot.

Es sei schon mehrere Tage her, sagte die Lautsprecherstimme, und werde jetzt erst bekannt. Es könne im Augenblick nichts gesagt werden, was zulänglich sei, nur dies Trostreiche: der Dichter sei nun in einer höheren Welt von seines Hannele Engeln umschart.

Mein erster Gedanke war, daß es unerträglich sein werde, morgen früh zu erwachen und alle künftigen Morgen, und die graue Last dieser Nachricht immer wieder zu haben. Denn der Schmerz, den die Nachricht eines solchen Verlustes erzeugt, ist eigensüchtig: ganz dem eigenen Ich zugewandt. Wie Liebe nach außen drängt, so ist Trauer eine hereinschlagende Welle, die uns zu Boden wirft und uns erstickt. Mögen wir uns auch täuschen und andere Namen erfinden: nur im Hinblick auf uns erfüllt uns Schmerz. Nur wir sind es, die der Blick in den Abgrund erschüttert: dieser vermeintliche Anblick des Nichts, das es keineswegs ist, was uns das

Liebste verschlang. Denn es ist in uns, dies Nichts, der Abgrund, die Leere – in uns, und der Gedanke des Endes ists, den wir nicht zu ertragen vermögen, weil wir vor ihm unser Unvollendetes spüren.
Große Trauer befällt ein Leben so selten wie es große Liebe befällt; es gibt vielleicht ein Gesetz, daß ein Herz beides nur gleichviele Male zu leisten vermag. Große Trauer unterscheidet sich dadurch vom Schmerz, daß dieser nach dem Moment des Zufügens schwächer zu werden und abzuklingen beginnt, während man bei jener es weiß: daß sie wächst. Trauer ist anfänglich nicht übergroß, aber sie wird es bald sein. Die Zeit wird sie nicht heilen, die Zeit trägt sie aus. Sie ist ein bitterer Kern, der eingepflanzt wurde in uns: bald wird er aufgehn und wachsen, durch Jahre hin wachsen, und wird uns noch sprengen.

Ob der Sommer es war oder jenes Ereignis: ich geriet in einen sonderbaren Zustand der Ablösung hinein. Was um uns war, schien mir keinen hohen Grad der Wirklichkeit mehr zu haben. Das Eingebildete und Erinnerte schien wirklich und gültig zu sein. Ich besaß die entfernten Dinge so klar und genau, als stünden sie leibhaft vor mir. Das Heimweh, wenn man darunter alles begriff, was sich auf das vorige Leben bezog, war eine Sehnsucht fast ohne den Wunsch, es möge sich etwas verändern. Ich besaß alles, woran ich hing, genauer als je. Alles schien stärker in meinem Besitz, war reiner, summierter und war mehr bei sich. Es war weniger mit Zufall vermengt als damals, als es geschah. Ich besaß mein Leben in einer starken Essenz; sie war aus den reifsten Momenten aller begegneten Menschen und Dinge gezogen.
Was mich als wirklich umgab, schien ungleich bedeutungsloser zu sein. Die Fatamorganen waren das Exi-

stente in diesem Land. Was sonst da war, war im Vergleich dazu leeres Stroh, ohne Sinn: Dinge, die nichts als den einfältigen Dummstolz besaßen, welchen das Attribut, faktisch zu sein – eine lachhafte, papierene Krone – verleiht.
Seltsamerweise erfüllte mich die Verbindung mit den vergangenen, unerreichbaren Dingen mit solcher Sättigung, solchem Glück, daß ich keinen Durst, Neues zu erleben, empfand. Denn schließlich, die Menge dessen, was man erlebt, sättigt nie. Die Stärke aber schließt immer Erfüllung in sich; keiner kann mehr; so daß, wer stark lebt, immer sein Leben erfüllt hat, sterbe er heut oder morgen, jung oder alt.
So sah ich, mit Einbildungskraft, die von Hitze, Einöde, Trauer und Sehnsucht genährt war, die Dinge in seltsamem Licht. Es schien mir alles durchsichtig zu sein, jedes Sandkorn beinah. Alles schien aus Kristall oder Glas. Es zeigte sich, daß alles nur auf der Haut mit Farbe bemalt war: so bekam es Außenseite und wurde zum Ding. Sein wahres Wesen zeigte sich, wenn es gelang, einen Blick hindurchzutun: wenn es durchscheinend wurde. Dann war es, wie es bei altem Weihnachtsschmuck ist, bei den bunten gläsernen Kugeln. Das Silber läßt nach; von glänzenden Augen ist es wie durchgeblickt, von Weihnacht zu Weihnacht, von Jahr zu Jahr mehr. Man sieht noch das Außen, aber man sieht auch hindurch.

Immer hat man die Welt mit dem Theater und mit einem Schauspiel verglichen. Die Gewißheit, daß es so sei, durchdringt einen wie Schwermut bald schwächer und dann wieder mehr. Damals war ich unaufhörlich von diesem Bewußtsein erfüllt und spann den großen Gedanken so fort:
Die Schauspieler agieren vor einem großen, gemalten

Prospekt. Er ist ihnen zu nahe, als daß sie ihn ganz übersähen. Auch wenn sie während des Spiels einen Blick für ihn hätten, würden sie nur seine Mängel erblicken: grob Gemaltes, das gar keine Täuschungskraft hat und mit dem Wirklichen nicht verwechselbar ist. Ihre Aktion und der Prospekt – ein Schloß, gemalte Hallen, Bogen, ein Park, eine Mauer, goldene Gitter – sind zwei ganz verschiedene Welten: eine gemalte der Illusion (an die sie nicht glauben) und ihre agierte, an die sie glauben (sonst könnten sie nicht überzeugen). Es sind zwei verschiedene Wirklichkeitsstufen.
Der Zuschauer aber sieht beide Welten zusammen. Er erblickt die handelnden Spieler in einer Welt, die diese selbst nicht beachten. Nur er – die Agierenden nicht – sieht die beiden Wirklichkeiten zusammen.
Jeder ist so Zuschauer der Welt. Jeder sitzt so im verdunkelten Raum, allein, und das Schauspiel gilt ihm. Jeder erblickt das Spiel vor einem Prospekt, den die Spieler nicht sehen: aus seinen eigenen Erinnerungen ist er gemalt und aus seinen geheimen Analogien gewebt. Kein anderer sieht dieses Schauspiel vor demselben Prospekte wie er. Verknüpfungen, die nur sein Eigentum sind, Vergangenheiten, über die sonst niemand verfügt, melden sich, drängen sich an. Hoffnungen, Wünsche, Befürchtungen, die nur sein Eigentum sind, treten wie angerufene Schatten hervor. Ein Leben sammelt sich immer in jedem Moment.
Einsam ist jeder in seinem Gehäus. Was ist der Mensch? Ein Träger von Bildern, die nicht mitteilbar sind. Ein einsamer Träger von Bildern in Wachen und Schlaf.

Wo war ich in Wirklichkeit? Ich war wie von Bildern umstellt. Sie waren ringsum, es war zwischen ihnen fast nicht mehr hindurchzusehen. Man kennt das: man spricht – aber es ist etwas ganz anderes da. Man liest –

aber da, zur Seite über dem Buch, zeigt sich etwas und bildet sich aus. Man wagt nicht hinüberzusehen. Aber man liest auch nicht, man ist mit der Erscheinung beschäftigt und damit, sie auszubetrachten. Siehe: unter Bäumen der Weg! moosige Feuchte! Siehe, das Haus! Ach, die Kühle des Steines am Sockel, der rauhe Granit, wie kühlt er die Hand! Und was man noch gar nicht bemerkte: umblüht! Malven, Rittersporn, beeteweis! Und von Tannen umrauscht! Ach, und nun duftet es auch.

Von wo ist es, daß ich in den Garten schaue? Es scheint ja von oben zu sein? Die Bäume, die Wipfel: Sonnenglanz liegt noch darauf. Sie schimmern ja. Berglicht auf jedem einzelnen Blatt. Abendluft voller Stahl. Holzfeuerrauch und Blautannenduft. Schlesien. Riesengebirge. Wie stark und erfüllt alles ist. So voller Kraft. Jedes Ding so bei sich.

Da, unter den Wipfeln, den Gartenweg her: seine Gestalt. Wie sein Anblick zu trösten vermag. Es ist wie wenn man sagt: liebe Linde. lieber Berg. lieber Fluß.

Er geht langsam, steht oftmals still. Sein Gang ein Schwanken bei jedem Schritt, bis in die Schultern hinauf. Ein Schiff wiegt so seine Fracht.

Abendstunde. Schwarzer Anzug, Schuhe mit feinem Lack. Es wird vor Tisch sein, nach der Arbeit, vor dem Gäste-Empfangen. Eine Weile Alleinsein, Ausklingenlassen, Wasserspiegel beruhigen. Eine Weile im Garten, Holzfeuerrauch von den Bauden, Abendwiesengeruch, Silbersaum-Leuchten über dem Kamm. Tannenrauschen und Wipfelgeschwank. Nachklang des ausbrausenden Junitags, des Summens und Taumelns und Zeugens in Wiesen und Wald.

Eine Stunde wie die mag ihm tausend enthalten, das große, erfüllte Leben entlang. Eine in die andere gesteckt wie des Zauberers Würfel, unzählig und bunt: Geschenk des Alters und seine unübersehbare Frucht. Sagbar ist nur der Milchwellensaum am flachsandigen Strand – von einem Meer. Nur der letzte, landgewinnende Saum, nur diese weißschäumende Franse: keine Woge von draußen, die keiner sieht, die keinen erschüttert und keinen bedroht.

Er geht langsam, steht oftmals still. Die Hunde laufen hin und zurück.

Sein Blick geht fernhin. Dies Auge ist für die Ferne gemacht. Ein gefältelter Blick. Blick kleinster Pupillen in hellblauem Aug. Dennoch ist etwas von Wegschaun darin.

Auge, das ein Leben lang den Blick der Medusa auffing. Perseus-Auge. Hellblau.

Dann: Nacht. Am Eßzimmertisch, der um diese Zeit kein Tischtuch mehr hat, nur das dunkeleichene, häusliche Holz. Gläser darauf, von ihm selber immer aufs neue gefüllt. Wände, Boden und Decke aus Holz, ein vollkommener Schrein. Tausend Nächte sind lebendig in ihm.

Antlitz, purpurdurchwellt vom Wein. Greisenmund, welcher spricht, was man behält und vergißt. Erzählt und beschwört, von Bildern umstellt. Erzählt und stockt. Alter Zorn, alter Groll. Geistert und fantasiert.

Die Seemannsuhr tickt. Die Gläser auf dem Eichentisch blinken. Der Lüster, eisblumenhaft, pippahaft, wirft Licht auf die Antiken im Schrank. Goldbrauner Schein, wie wenn Licht Honig durchscheint. Zimmer, goldgelbe Zelle, vom Licht erfüllt. Mitten im Riesengebirg, unter Tannen und Stürmen: diese Zelle, von Licht wie von Honig erfüllt.

Und die Seemannsuhr tackt, die Schiffe schwanken, vom Pendel bewegt. Das Zimmer sagt: gestern. Welche Wohltat, sagt es, gestern sagen zu können, welches Verdienst.

Die einzige Würde, die wir erwerben können: ein Gestern zu haben. Ein Heute kann jedes. Aber ein Gestern zu haben. Mein Heute wächst, von meinem Gestern genährt. Meine Kraft, daß ich Vergangenes beschwöre. Es ist, nur weil ich noch bin. Ich halte, ich halte. Wenn ich nicht mehr bin, ist alles dahin.

Weisheitsmund, dunkler Orakelmund, aus dem Schwerdurchdringliches kommt. Mund wie zernagt. Ergreifender Mund, Lippen ohne Begrenzung. Niemals heilender Mund, wie in Schmerzen zernagt. Von jung auf Bitteres schmeckender Mund, wie zur Klage geschaffen. Mund, wie geschaffen, um Wehe zu rufen. Mund, der Bitteres verwandelt in Lied.

Antlitz, das einmal jung war und beinah ein Jahrhundert bestand. Wangengruben, in denen Jugendtage sich hielten wie kleiner Schnee im Gebirge. Zeit ist nicht Zeit. Was Gestern war, ist in diesem Antlitz noch heut. Was dazwischen war, scheint wie die Schlaflosigkeit einer einzigen Nacht.

Weichstes Antlitz. Wasserspiegel über unergründlicher Tiefe, woraus geschöpft und geschöpft worden ist. Antlitz, Gegenteil dessen, was Maske ist. Als wenn nach immer noch einer abgenommenen Maske eine letzte abgelegt wird. Antlitz wie das, was dann ist.

Stürmen gebotene, Stürmen weichende Stirn. Endlos sich wölbende Stirn: so viel Raum, und doch nicht genug, um alle Zeichen des Schmerzes, Fragens, Beschwörens darauf niederzuschreiben.

Gestalt, deren Grenzen man niemals erblickte. Nun wird man sein Leben an dir entlang gehen müssen wie am Fuß einer Felsenwand.

XV

Wann war es und wo, als wir, ohne zu wissen, daß es das letzte Mal sei, die Geliebte sahen? den Freund? Was wurde gesprochen? Wie war das letzte Wort? Ausgelöscht, ausgelöscht. Anderes bleibt haften, nach unerfindlichen Regeln: Momente, die gar nicht so wichtig waren, ein Lachen, ein Herzukehren des geliebten Gesichts, eine Redewendung voller Alltäglichkeit. Die letzten Augenblicke lieben es, den Schleier zu tragen. Verhüllten Haupts schreitet fast alles aus dieser Welt.

Damals, wo alles Vergangene sich wiedererhob, wo sich mir aus Hitze, Einöde und Trauer eine fortgestammelte Totenklage gebar, gelang es mir nicht, in meinem Gedächtnis den Augenblick aufzufinden, in dem ich zum letzten Male das große Haupt sah.

Im Altstädter Bahnhof von Dresden gingen im Krieg die Schnellzüge nicht mehr, nur noch solche, die überall hielten und übervoll waren. Als der Zug einfuhr, fielen die Leute auf die Wagentüren wie Vogelschwärme auf Bäume. Mit dem Zug mußte er fahren. Niemand half, niemand erkannte seine Gestalt, auch dann nicht, als Ruhe eintrat und das lange Warten auf die Abfahrt begann. Die Tür stand offen, das Abteil war fürchterlich voll, auch zwischen den Bänken standen die Menschen. Man hatte ihm einen Platz in der Ecke erkämpft, er hatte den schwarzen Paletot an mit dem weißen seidenen Tuch um den Hals und den grauen steifen Hut auf dem Haupt. So saß er, beengt, und hatte ein Buch aus der Tasche geholt, das er zu jener Zeit las, den Herodot in der alten, kurzdicken Schülerausgabe, in der er alle antiken Autoren besaß, dazu Brille und Rotstift, und las.

Noch während der Zug im Bahnhof stand, begann er zu lesen. Noch während wir warteten, vertiefte er sich.
So seh ich ihn. Doch ich weiß nicht genau, ob dieses das letzte Mal war.
Kann sein, daß es jenes Mal war: in Berlin, Unter den Linden. Er fuhr ab, mit dem Wagen nach Haus ins Riesengebirg. Es war klar, daß ich ihn lange Zeit nicht mehr sehen würde, sehr lange Zeit, denn es war mitten im Krieg. Ich fürchtete, hoffte, wünschte, die quälenden Warteminuten möchten verrinnen, und verzehrte mich, weil sie verrannen. Der Schlag blieb noch offen, ich beugte mich in den Wagen hinein und küßte ihm die geliebte Hand. Er ließ es geschehen. Was konnte man tun? Ihn lieben. Es war das ganze Verdienst, das man sich erwerben konnte. Er spürte es, nahm es an. Mehr ist nicht zu sagen.
Ich glaube jetzt, daß dies das letzte Mal war; aber es sind mir alle Male gleich wert. Auch jenes: es war auch schon im Krieg. Auf einem Spaziergang kamen wir an einen Wiesenbach. Es war kaltes Quellwasser vom Riesengebirg und ich ließ es mir über die Hände laufen. Da wünschte er sich, auch die Frische auf den Händen zu spüren, aber der Bach rann ziemlich tief in Wiesenpolstern verborgen und war für ihn schwer zu erreichen. So schöpfte ich mit hohlen Händen heraus und goß ihm über die Hände. Es erquickte ihn, er war momentan über alles Erwarten beglückt. »Dank!« rief er, »Dank! Lang hab ich nicht mehr so viel Dank gefühlt!«
Oder das, es liegt Jahre zurück, aber ich lasse es, wie es mir nun in die Erinnerung trat. Es war eines der wenigen Male, daß er sich von Agnetendorf anderswohin einladen ließ. Sonst waren ja alle bei ihm zu Gast, Hunderte, man muß sagen: Tausende, die Jahrzehnte hindurch. Damals war es in Schreiberhau, schöne Villa, Terrasse, beruhigter, blaugrüner, wiesenduftender Abend.

Die Besitzer hatten der Aussicht zulieb eine Birke gefällt, die groß und einzeln im Garten auf dem Wiesenplan stand. Der Abend war schon eine Weile im Gang, als er auf einmal die Birke vermißte: ja wo ist denn der Baum, wo ist denn die Birke? Die Besitzer gestanden. Er war außer sich. Eine Stunde lang sprach er immer wieder davon, so wie er dann sprach: leidenschaftlich Halbvollendetes, vom Weine Zerflocktes. Einen so solitären Baum, ein Wesen, dem eine solche Steigerung seiner Gattung gelang, unnötig zu fällen! Er wiederholte: einen so solitären Baum! ein so gesteigertes Exemplar!

Mehrmals am Abend kam er darauf zurück. Auf einmal fragte er, ob das Holz noch da sei, das Holz dieses Baums. Die Herrin des Hauses war ganz verwirrt. Wenn es noch da sei, so wolle er, man nehme es für sein gültiges Wort, mit dem Holz dieser Birke nach seinem Tode verbrannt sein. Der Gedanke beseelte ihn momentan ganz. Eine Handbewegung gab allen das Bild, wie leicht das Rauchgewölk dieser Birke aufwirbeln werde.

Oder in Hiddensee, abends am Tisch, als Unerquickliches war, alte Geschichten, Eifersucht –: »Il mare!« sagte der Alte, nachdem er zugehört hatte und lange geschwiegen: »Il mare! Il mare!« rief er, erhob sich und ging, das nächtliche Meer anzusehn.

Oder als ihm, im unteren Turmzimmer im Haus in Agnetendorf, ein Bild in die Hand kam von Frau Margarete als Mädchen. Es war ein bekanntes, bezauberndes Bild, die großen Augen, der schwellende Mund: Bild eines Mädchens, das hinriß ins Leben. Die Aufnahme war datiert aus der Mitte der neunziger Jahre, das war also fast fünfzig Jahre her. Er schien das Bild lang nicht gesehen zu haben und war ganz im Bann. Sah es an, legte es weg, kehrte zurück, sah es lang wieder an und so mehrere Male. Dann wandte er sich herzu, war ergriffen, gerötete Augen, und sagte: »Sie hat sich doch überhaupt nicht verändert, nicht wahr? eigentlich überhaupt nicht verändert: ist es nicht wahr?«

Oder das – ach, wie lang ist es her, und es ist auch nur ein kleiner Moment, nur ein Flügelstreifen, das vielleicht nicht zu erzählen gelingt. Es war eines der ersten strahlenden Male, daß ich ihn sah. Er kam auf die Dresdener Bibliothek, in das barocke Palais, die Museumssäle an der Elbe entlang: offene Fenster, Flieder im Park. Da stand auf hohem Sockel das übergroße marmorne Bildnis Goethes von David d'Angers. Er war beglückt, die Büste hier zu finden. Ich, denn ich war noch sehr vorlaut und jung, meinte, es sei ein pathetisches Bildnis, vielleicht sei etwas Phrasenhaftes darin. »Ach sehen Sie«, sagte der große Mann zu mir kleinem, indem er vom gefesselten Aufblick zum erhöhten marmornen Haupt sich mir zuwandte, nicht spöttisch, gütevoll: »Sehen Sie, so gehen die Freundschaften auseinander. *Ich* liebe das Bild.«

Oder ein Mal von unzähligen vielen. Es wurde vorgelesen. Etwas Altes, das aus dem bekannten Schrank geholt war, etwas sehr Köstliches: das Mary-Gedicht, die Paradieses-Idylle von Hohenhaus im Elbtal bei Dresden. Es hatte sich eben ein größeres Stück, das ihm ganz aus dem Gedächtnis gekommen war, wiedergefunden. Wie das eben so war. Die Vorlesung sollte beginnen, es war etwas Feierlichkeit am eichenen Tisch. Da wollte er noch ein paar Worte über das Werkchen sagen. Einhalt gebietende Hand auf meinem Arm, bedeutsame Geste, große erhobene Hand, alles hielt still. Dann sagte er: »Diese Verse sind nämlich ..« – die Hand blieb erhoben, der Blick ging fort. Stille. Dann: » .. nun, sie sind eben, was sie sind. Was soll man sagen. Fangen wir an.«

Oder: ein großer gesellschaftlicher Abend im Haus, der Professor Sombart war unter den Gästen. Sein Gedächtnis reichte sehr weit zurück. Er erzählte eine Geschichte, die mir zu den schönsten gehört. Einst, am Abend nach der Premiere der Pippa zeigte sich, daß fast niemand das Werk verstand. Um dem Rätselgebild auf den Grund zu kommen, fragte Sombart (und er erzählte es nun) vor allen Gästen am Tisch, was er mit dieser Dichtung eigentlich habe ausdrücken wollen? Er, so zur Rede gestellt, fand eine Weile nichts zu erwidern, schlug dann, in steigendem Zorn, mit beiden Händen vor sich auf den Tisch und rief: »Aber, lieber Freund ... wenn ich das wüßte, hätte ich doch die ganze Geschichte nicht aufschreiben brauchen!«

Oder die vielen Male, wo ich ihn arbeiten sah und nach seinen Worten schrieb.

Das eine Mal, als er sich mehr als alle andern Male quälte. Gemeinhin überwand er, wie es alle gewaltigen Arbeiter tun, die sich türmenden Berge durch stete Mühe und regelmäßigen Dienst. Jeden Tag, jeden Tag, kaum daß er einen Reisetag kannte. Und immer dieselbe, bestimmte Zeit. Sein Physisches war wohl daran gewöhnt und bequemte sich denn. Jenes Mal aber quälte er sich über das Maß. Er stand von dem kleinen Schreibtisch auf, ging hin und her, setzte sich wieder. Trat an das Pult, stützte die Arme auf und hielt die Hände vor das Gesicht. Es sah aus, als ränge er sie. Das große Antlitz war purpurdurchwellt, es glühte von innen, er ächzte.

Für gewöhnlich aber war es immer dasselbe, beruhigte Bild: daß er saß wie ein Lesender. Dasaß vor seinem kleinen altertümlichen Schreibtisch, an dem er nie schrieb – wann überhaupt schrieb er! es war nichts von einem Schreiber in ihm – zurückgelehnt in den bequemen Stuhl. Die Hornbrille mußte da sein; es waren zehn oder zwölf Brillen im Haus an allen möglichen Stellen; wenn es darauf ankam, war doch nie eine zur Hand. Und dann mußte immer ein Buch da sein, in welches er während der Arbeit sah, natürlich ohne zu lesen: ein Buch nicht zum Lesen, nur eben ein Buch. Es war immer ein ganz bestimmtes für jedes andere Werk.

Und nun, während er sprach, langsam, beruhigt, mit Pausen, ohne sich zu verbessern, Gewohnheit seines langen unablässigen Lebens, hatte er völlig den Anschein eines, der in einem Buch etwas sucht. Denn während er sann und sprach und wiederum sann, ging der Blick von der linken unteren Seite des aufgeschlagenen Buches zur anderen obern hin, und wieder herab, geneigt und erhoben und wieder herab, in einem ständigen Wenden des Haupts und des großen gütevollen Gesichts.

Mir kam vor, in dem aufgeschlagenen Buch, das er hielt und las und auch wieder nicht, liege etwas von Zauberei. Als sei es ein nötiges Requisit, ohne welches das Zaubern auch bei dem großen Magier nicht gehe. Als bedürfe es dieser vorgehaltenen Form, um das Luftgebild, das ihm vorschwebte, in die Dinggestalt eines Buches zu zwingen.

Einmal war die Rede davon, was die Arbeit ihn koste. Eine fremde Dame hatte zu seinem Geburtstag, seltsamerweise auf einer offenen Karte, geschrieben: Was müsse es ihn gekostet haben, ein solches Werk über ein einziges Leben zu türmen. Im Gegensatz zu dieser schönen Erkenntnis glaubten die meisten, es sei ihm immer sehr leicht gefallen. Dabei, sagte er bei dieser Gelegenheit, bin ich an meinen ersten Stücken beinah zugrunde gegangen.

Es kam auch vor, daß er im Garten unter den hohen Bäumen diktierte. Hochaufgerichtet, den Blick weit fort auf den Silberhöhen des Riesen-Kamms, sprach er frei, gleichwie zu Baum und zu Fels. Er schritt weiter dabei und schlug diese und jene Strecke der Wildnis ein. Eines Morgens schlugen die Vögel in den Bäumen so laut, daß ich das Gesprochene kaum verstand. Die windbewegten Blätterlücken der Bäume ließen Kleckse von Licht auf mein Papier. Zettel, der Esel, der sich frei im Park umhertrieb, wälzte sich oftmals lukianisch im Sand mit um sich schlagenden Hufen. Mowgli und Balooh, die beiden wollverworrenen Dackel, trieben sich nebenher. (Diese beiden Hunde zu Füßen des Herrn waren mir oft ein Gleichnis der zeitgenössischen Welt: sie kannten ihn wohl, sie hingen ihm sogar an: aber was wußten sie im Grunde von ihm? Er war ein sehr großer, wichtiger und erhabener Herr, und sie lebten auf irgendeine Weise von ihm. Aber dies war ihnen schon nicht mehr ganz klar.)

Gern erzählte er Träume. Einmal, in Lugano, hatte er eine wunderbare Geschichte mit einem kleinen weißen Elefanten geträumt.

Er habe, erzählte er tags darauf, im Traum die Messe besucht. (In diesen Tagen fand in Lugano die übliche kleine Herbstmesse statt.) Da stand in einer der Kojen ein kleiner weißer Ceylon-Elefant. Er wunderte sich, daß die andern, die mit ihm waren, dem niedlichen Tier so wenig Aufmerksamkeit schenkten, und blieb bei ihm stehen.

Auf einmal sagte der Elefant mit hoher, trompetenartiger Stimme: Bist du Gerhart Hauptmann?

Er staunte. Er, dem das Erkanntwerden auf Straßen und Plätzen längst aufgehört hatte, ein Vergnügen zu sein, mußte sich gestehen, daß ihm die Erfahrung, seine Bedeutung habe sich nunmehr auch im Tierreich bekannt gemacht, gefiel. So fragte er denn zurück: Kennst du mich denn?

Natürlich! antwortete der Elefant mit der kindlich trompetenden Stimme. Vielleicht gehen wir ein Stückchen zusammen?
So schritten Beide nebeneinander die Ausstellungsgasse hinauf, den Anderen nach.
Dem Dichter mußte das zierliche Tier über die Maßen gefallen und es kam ihm während des Gehens der Wunsch, neben Esel, Pferden und Hunden auch dieses außergewöhnliche Tier aus Ceylon für sein Haus zu gewinnen. Er sprach den Wunsch aus. Er schilderte dem Geschöpf, was es dort erwarte, sagte ihm zu, es dürfe am Tisch mitessen und habe sonst völlige Freiheit, zu tun, was es wolle.
Der Elefant fragte zurück: »Ist das ein Schloß, in dem Sie da wohnen?«
»Nun, so halb und halb,« gab der Dichter nicht ungern zurück.
»So groß wie Bernkastel?« fragte das Tier.
Nein, so groß allerdings nicht. Und es liege auch ganz wo anders, nicht an der Mosel: in Schlesien.
»Ist das sehr weit?« fragte der Elefant.
»Nun, allerdings, weit.«
Darauf deutete der Elefant an, daß es ihm doch wohl zu weit sein würde, und die schöne Aussicht zerrann.

Schon damals wollte ich nach Griechenland reisen, mitergriffen vom Sehnsuchtsrausch des alten, nächtlich fantasierenden Munds.
Da es schwer war, dorthin zu gelangen, verfiel ich auf eine dalmatinische Insel, Kortschula, in der südlichen Adria, besonders da ich dem Reiseführer entnahm, daß der Name eine Abwandlung des griechischen Kerkyra sei: es war also beinah schon Griechenland. Ich verabredete mich mit Freunden, wir fuhren schnell hin; ich

kehrte nach zwei oder drei Wochen wieder zurück, über Triest und Wien geradenwegs nach Agnetendorf.
Ich kam an, es war Abend, ich mußte erzählen. Der alte Herr war so sehr in hellenischer Landschaft daheim, daß er zuweilen vergaß, daß es sie auch noch in Wirklichkeit gab. Mein schneller Entschluß, dorthin zu reisen, erstaunte ihn. Bei meinem Wiederkommen erquickte er sich an den Stoffen und Bildern, die ich gleichsam noch an mir trug.
Olivengrausilber, das die Insel bedeckte, Weinäcker über die Hügelhänge hinab bis zu den Ufern des Meers. Wir hatten in einer Mainacht im Meere gebadet und das Wunder des Meeresleuchtens erlebt: Strähnen von Licht durch die Finger hindurch. Wir hatten den Mädchen unserer Gesellschaft jeden Abend die Haare mit Ölzweigen bekränzt und waren so im Gasthof zum Abendessen erschienen. Einer, der das Homerische dieser Insellandschaft in schöner Beredsamkeit pries, beklagte, daß man auf Hügeln und Hängen keine Satyrn erblickte. Wie mir das fehlt, sagte er immer wieder, wie mir das fehlt. Allabendlich liefen wir quer über die Insel; dort war eine Ölmühle auf einem Hügel über dem Meer. Ein Steintisch aus einem alten Mahlstein war da, dalmatinischer Goldwein, weißes Brot und alte Salami. Auf den Rückwegen in den dunkelnden Abenden scholl aus den Olivenwäldern unendliches Fröschegequak.
Der alte Herr begeisterte sich, er glühte. »Was!« – rief er, als das mit den Fröschen war: ». . . jetzt aber genug! Kein Wort mehr oder . . .«: er hob die geballte Hand.
Nun hatte ich mich eines solchen Trinkabends auf dem Mühlenhügel beim Müller und Wirt erkundigt, wie der Wein dortzuland aufbewahrt werde, und er teilte mir wie etwas Selbstverständliches mit, die Bauern füllten ihn in bocklederne Schläuche und verlüden ihn so: also genau wie in uralter Zeit. Ich dachte sofort, daß ich solch

einen Weinschlauch als Wahrstück nach Deutschland mitbringen müsse. Der Wirt versprach, bis zum anderen Abend ein solches Ding zu besorgen. Wirklich, ich erwarb einen bäuerlich derben, starkduftenden, einigermaßen ehrwürdigen Schlauch, der an den vier Bocksbeinen abgebunden, von Strömen Weines gebeizt und mit dalmatinischem Inselwein angefüllt war.
Ich erzählte die Geschichte bis zu dem Punkt und holte dann das antikische Ding, Urkunde des Bocksgesangs und Urzelle des tragischen Spiels, aus dem Keller herbei als ein Pfand.
Diese Staunenskraft! Dieses Entflammtsein, Bedeutendmachen und Phantasieren darüber in den Abend hinein! Erwarten wie das eines Kinds, und Freude, die wie eines Königs war.

Was aber war das gegen das andere Mal, drei oder vier Jahre danach, als ich wirklich aus Griechenland kam. Von Olympia, von Delfoi, vom Hymettos, von Sunion, von der Peloponnes. Von den Gipfeln der arkadischen Berge, auf denen ich ein paar entrückte, einsame Tage verlebte. Vom Wassersturz der Styx im hohen Felsental zwischen Himmel und Welt.
Er fragte mich aus, wie man einen Boten ausfragt, den man zur Erkundung ausgesandt hat. Am meisten fesselte ihn mein Schweifen auf den arkadischen Bergen. Zuerst erzählte ich, wie es war. Damit aber kam ich nicht los. Er fragte mich, und ich mußte genau, ganz genau und noch genauer erzählen. Es dauerte lang und wir tranken gehörig dabei. Eigentlich war es nur der Text, den ich gab, nur das Thema, das ich ja mitgebracht hatte, er aber schuf die Fuge dazu, die Variationen und Fantasien darüber. Sonst hätte ich mir nicht zu erklären gewußt, wieso die Erzählung, die für sich allein höchstens eine Stunde in Anspruch nahm, vom Abend-

tisch bis zwei Uhr nach Mitternacht dauern konnte: Nachtstunden, in denen er Weinzerflocktes und Begeistertes und tiefsinnig Halbvollendetes sprach. Die Herzen waren ganz aufgetan.
Der Abend endete, das kleine eichene Zimmer, die honigfarbene, lichterfüllte Zelle, verlosch. Wir gingen durch die große Halle, die Treppe hinauf, langsam absatzweise, unter Rasten und Reden.
Ich verabschiedete mich und stieg ins zweite Stockwerk hinauf, als es von drunten noch einmal rief. Als ich kam, sah ich den majestätischen Zecher im Rahmen seiner Schlafzimmertür stehen, das Antlitz purpurdurchwellt, von weißen Flammen der Haare umloht. Er hielt einen großen Bleistift in Händen.
»Ich bitte!« rief er. »Ich bitte! Wir wollen den Namen des Bergs hier an die Wand schreiben.«
Die Wände des kleinen Schlafgemaches waren über und über mit Worten und Sätzen bedeckt, zu ganz verschiedenen Zeiten des Lebens mit eigner Hand aufgezeichnet, wahrscheinlich meist nachts, oft nur gekritzelt, in ganz verschiedener Zeilenordnung und Größe: Ausrufe, Schmerzliches, Tröstliches, Lichtspendendes in Schlaflosigkeit. Ich liebte unter diesen Ausrufen besonders das ›Les grandes pensées viennent du cœur‹ des Vauvenargues, das in großen Buchstaben dastand.
Ich hielt das Licht und er schrieb zu Häupten des Bettes das Wort ›Chelmos‹, den Namen des höchsten arkadischen Bergs, an die Wand. Darunter, an eine freie Stelle, mußte ich ihn noch einmal schreiben.
Ob es noch dort stand an der Herzkammerwand? Würde ich es im Leben noch einmal sehen?
Nun knarrten die Zeltpfähle über mir, verhaßtes Geräusch, und die Planen schlugen im trockenen Wind, der aus der nächtlichen Wüste fuhr, und wenn die Traumbilder schwanden, rieb sich die Schulter im Sand.

Der Engel der Verkündigung kommt nie von dort, wo man ihm heimlich die Tür offen ließ, damit ers ja finde. Wenn er kommt, ist er mit einem Mal da, von der unerwarteten Seite. Auf die Gestalt, in der das Große schließlich erscheint, wäre man nie vorher gekommen.
So hat man ihm also den Großen Traum unters schlafende Haupt gelegt. Das in der Ferne zu hören, war eine Wohltat und wie ein Geschenk. Die Nachricht überraschte mich wie die Erfüllung eines Wunsches, von dem ich nicht gewußt hatte, daß ich ihn hegte.
Denn dessen war ich gewiß, daß dieses Werk sein eigenstes war. Es war wie das Öffnen einer innersten Kammer, wie der Blick in die Ur- und Traumkammer selbst, aus der alles andere entsprang. Es war ein Versuch, die Straße hinaufzugehen, auf welcher alle Erscheinungen herkamen: dorthin, wo aus der Fuge zwischen Wachsein und Schlaf Traumgewölk dringt. Diese Straße entgegenzugehen: welch ein Wagnis, welch ein Versuch. Das Gestaltlose gestalten. Formen beschwören, die noch Vorformen sind: welch ein Beginnen. Einsamer, nie betretener Weg.
Schatten kamen entgegen, die noch vor dem Lebendigen waren oder schon im Begriff, sich von dem, was Gestalt ist, wieder zu lösen. Es ist klar, daß es nicht möglich war, all diesen Schatten die gleichmäßige Dichte zu geben: so daß alles bald stofflicher scheint und bald wieder weit weg, kaum noch zu errufen. Dann wieder scheint es, als wenn ins Mahlwerk des Traumes Gröberes kommt, und Wirklichkeit scheint ganz nah, wie es beim Aufwachen ist. Dann wieder alles Magie.

Immer war mir bei diesem Gedicht, als führe man in ein weitläufiges, über Meilen verzweigtes Bergwerk ein mit hellerleuchteten Gängen, in denen es tickte und schaffte, rollte, sickerte, rann – dann wieder in Schächte,

in welche tief-tief der Förderkorb sank wie in Schlaf, und dann wieder tote, vergessene Stollen, vollgesogen mit Nacht.
November siebenunddreißig. Einsame Wochen, Stürme tobten herab vom Riesengebirg. Eine grauschwarze Wolkendecke lag der Länge nach auf dem Kamm, wallte und wälzte sich in sich selber hinein und erzeugte sich immer von neuem. Schwarze Abende. Die Stürme donnerten oft so laut, daß man in den Zimmern einen gesprochenen Satz nicht verstand. Welcher Gewinn, im Gehäuse geborgen zu sein. Da war, in der losgelassenen Hetze, die erleuchtete Zelle, gefüllt mit Licht wie mit Honig.
Hell erleuchtet und überheizt mußte es immer sein, das Haus, in Verschwendung. Die große Halle war auch geheizt, in den Zimmern brannten die Kachelöfen noch zur Heizung dazu, so daß es nach Holzfeuer roch und fast zuviel Wärme da war.
Im Turmzimmer brannte der offene Kamin. Im tiefen Sessel davor, zum Feuer gewandt, saß er, vom Haar wie von Eisluft umweht. In sich gekehrt, war er wie allein. In den Stunden, in denen es galt, dem Tag seinen Wert abzuringen, war er zu demütiger Milde erweicht.
So saß er, dunkel gekleidet, und Terzine um Terzine, ein Stab nach dem andern köstlichen Stab, ward aneinander gelegt, langsam, unfehlbar, im Ton beruhigten Gesprächs. Indessen im Feuer die Scheiter zersprangen und der Sturm mit der Faust auf das Hausdach schlug –: Terzinen vom Traumwandel im Vaterhaus, vom Schlagen der alten vertrauten Uhr, vom rotbärtigen Brudergesicht und vom schwarzbleichen Antlitz der Frau.

Vielleicht gibt es Werke, die nur entstehen, weil ihr Schöpfer überzeugt ist, daß es nie möglich sein wird, sie öffentlich werden zu lassen: und vielleicht ist dies eines davon. Oft wird das Schaffen der Alternden zu einem Monolog, zu Gemurmeltem, dem es beinahe gleichgültig ist, ob jemand zuhört, ob nicht.

Ein alter Dichter: wie anders wird alles, was er nun spricht. Im Alter vervielfältigt sich alles. Nichts, was er sagt, ist nur mit der einen Stimme gesprochen, mit der er sein Jugendlied sang; es ist, als sei das Register gezogen, in dem alle Oktaven in Chören mitsingen, wenn man nur eine Taste berührt.

Einfachheiten, Dinge, so gründlich wie die Elemente es sind, werden nur wahr, wenn sie aus einem Munde erklingen, der schon vieles wahrgesagt hat. Großes wird nur von Großen gesagt. Alle Kraft sammelt sich in einem alternden Mund. Das vordem Gesagte ist nicht verweht, es ist gegenwärtig und da.

Wenn er eines Tages dahinfährt, so wird er getragen von dem, was er sprach. Die Werke stehen ums Totenbett, die Gestalten tragen ihn fort, es tragen die Verse, die Gesänge ihn auf ihren Schultern hinaus.

XVI

Später sah ich die Maske, sein Totengesicht. Aber es war keine Maske; das Wort log. Es war das Maskenloseste seines maskenlosen Gesichts.

Das Abbild zeigte den Ausdruck von einem, der herzutritt, wenn die Pforten des Himmels aufspringen. Es war wie die Seligsprechung seines geliebten Gesichts. Mir fiel aus dem Hannele ein: in deinem Gaumen wachsen Maiglöckchen. Und noch etwas: es war, als ob Bienen sich drängten um diesen Mund, wie es die Legende von Platon erzählt: von der Süße gelockt, die dort war.

Es war das Angesicht eines, der keine Sorge hat, denn er wird von der Ewigkeit sagen: ich habe, was ich vermochte, getan.

Als ich das Abbild zum ersten Mal in die Hände nahm, schlug mir das Herz bis zum Halse. Ich hielt es und blickte darauf, aber ich sah nichts, wagte auch nichts zu sehen, ehe ich nicht glaubte, einigermaßen beisammen zu sein. Wo aber hätte ich Sammlung hernehmen sollen, so bestürzt und verwirrt wie ich war? Dann war das auf einmal vorbei. Ich fühlte, daß unter den Möglichkeiten, die in den nächsten Augenblicken wie in einer Losurne lagen, die allerfreundlichste im Herannahen sei. Ich wagte zu sehen. Da war mir der Anblick ganz freundlich und nah, als hätte ich ihn schon lange gekannt. Ich glitt wie auf Flügeln in dies Antlitz hinein.

Ich hatte gefürchtet, in dem Abbild werde die Leidenssumme der letzten Zeiten gezogen sein und alle Schmerzen lägen darin wie in einer Schale, die mit Bitterem angefüllt war. Aber: die Stirn war entwölkt. Die Falten:

wo waren sie hin? Entfaltet, wunderbar, war das große Gesicht: wer wäre darauf gekommen? Und noch etwas: die Fülle war fort. Alterslos war nun dies Haupt, von unerklärlicher Jugend erfüllt. Ähnlichkeit war nicht mit dem Angesicht, das ich kannte, eher mit Bildern, die Jahrzehnte alt waren. Noch einmal, am Ende, war Jugend ausgegossen über dies Haupt.

Nur der Mund war es, der ganz neue Wege ging. Der Mund, der immer das Merkwürdigste war. Der vordem etwas war, worauf Natur sonst gar nicht verfällt: so ohne Kontur, ein so verlaufender Mund, ohne Rand, immer wund, wie zernagt, ein Mund, nicht fürs Prägen geschaffen, sondern damit er Gehauchtes entließ, wie der prophetische Ort eines Orakels Geheimnis aus Geheimnistiefen entläßt.

Und was war nun? Er war wie verwischt. Er war wie geleugnet, als wolle er gar nicht mehr sein, nichts mehr: von keinem Wort mehr bewohnt, auch von keinem Verstummen. Der Mund war wie abgeleugnet, als sei er niemals gewesen. Als wenn er, da er alles ausgesagt hatte, ein ungeheueres, angestrengt aussagendes Leben lang, aufhören wolle, zu sein. So viel ausgesagt hatte, daß jetzt nicht einmal mehr etwas war, was er verschwieg. Nun, am Rand des Vollbringens, war dieser Mund zu Tode erschöpft und hob sich selbst auf. Er war wie verheilt.

Während ich stand und das Abbild hielt – das weiß war, weil wir zu feige sind, um Abbildern Farben zu geben – sah ich, wie unrichtig es war, es liegend zu halten. Es war nicht das Antlitz des Toten. Ich hob es empor: es war das Angesicht eines, der zum Himmel auffährt.

XVII

Das glühende Rad des Sommers wälzte sich fort. Welch ödes Unleben. Der Körper kämpfte sich durch den Tag. Bei sinkender Sonne war man völlig erschöpft. Es war ein leeres Zeit-Hinbringen.

Da trat eine Wendung zum Guten ein: ich konnte in einen anderen Käfig ziehen, in dem statt fünfhundert nur hundert Mitwohner waren. Das hatte zur Folge, daß in einem Zelt nur zwei oder drei hausen mußten, statt zehn.

Großer Gewinn. An Stelle von zwei Quadratmetern acht. An Stelle von sieben Zeltgenossen nur einen, dem selbst daran lag, Ruhe zu haben. Ein neues Leben. Ich erfuhr es wieder einmal: das Aufsteigen ists, was beglückt, nicht das Drobensein; Gewinn erfreut mehr als Besitz. Der Bau eines eigenen Hauses kann nicht glücklicher machen, als der Bau unseres kleinen Zeltes es tat. Mein Gefährte war ein junger Hochschuldozent, Philosoph. In der Freude über die neue Lebenslage beschlossen wir, unser Zelt recht schön ausbauen zu lassen. Für Zigaretten war alles zu haben; es war die starke Währungseinheit. Also schwor ich dem Rauchen ab, um mein Vermögen anderem zuwenden zu können, ging ins benachbarte Jugendcage und warb Hilfskräfte an. Am andern Morgen erschienen vier Helfer mit Schaufeln. Der Neubau begann.

Nach allgemeiner Übung war der Raum unter dem dachförmigen Zelt zunächst in die Tiefe zu treiben, so daß unter den Schrägen ein würfelförmiger Wohnraum entstand. Eine ziemliche Arbeit, denn der Wüstengrund war sehr hart.

Wir hatten einen originellen Grundriß entworfen. Eine Zwischenwand aus getrockneten Lehmziegelsteinen sollte das Zelt in zwei Zimmer zerlegen, wenn auch nur so, wie in einem Stall die Verschläge gebaut sind, also halbhoch. Denn Luftzug mußte ja bleiben; man hätte es in einem abgeschlossenen Raum vor Hitze nicht aushalten können.

Der eine Raum sollte einen hölzernen Arbeitstisch haben, der andere eine Eckbank aus dem anstehenden Boden, der beim Ausschachten einfach ausgespart wurde, und einen kleinen Eßtisch davor. Außerdem besaß natürlich jedes Zimmer sein Bett; aber die Lagerstätten sollten nicht mehr wie bisher auf dem Boden des Zeltgrundes sein, sondern waren auf ebensolche ausgesparten Sockel gesetzt. Obgleich dies nicht weniger hart war, ergab es die Illusion eines richtigen Betts und war also doch nicht so hart.

Ein breiter Sims lief rings um das Innere des Zeltes herum zum Abstellen der Habseligkeiten. Wenn man die Blechteller unseres Geschirrs dort aufrecht hinstellte, sah es wie altes Zinn aus. Bücher standen daneben. Wir hatten die Überzeugung, überaus reichlich eingerichtet zu sein.

Draußen lief rings um das Zelt ein kleiner Wall von Lehmziegelsteinen, der sich der Schräge des am Boden auftreffenden Zelts genau anpaßte: das war nötig, um bei Sandstürmen das Zelt abzudichten und dann, um im Winter, wenn Regen einfiel, die einbrechenden Wasser zu dämmen. Eine Treppe von vier Stufen führte ins Freie hinaus. Eine Schwelle in Form eines aufrecht gestellten, eingemauerten Bretts schützte hier gegen das Wasser.

Schwelle und Mäuerchen fügten wir in den Plan erst nach der Erfahrung eines Unwetters ein. Es fiel gerade in die ersten Tage des Baus; es war der vierte und letzte

Regen, den ich in fast drei Jahren in der Wüste erlebte. Der Grund war ausgeschachtet, die Arbeiten an den kleinen Zwischenmauern waren schon recht weit gediehen, aber das Zelt war über dem Ganzen nur vorläufig und unfest errichtet, als plötzlich warmer Regen und heftiger Sturm eine Viertelstunde lang tobten. Die Zeltplane wurde ergriffen und wich, der Sturm fuhr unter sie und hob sie empor, die Pfähle wankten und Wasser strömte in die Tiefe des Zeltgrunds hinab. Schon halb aufgeführte Mauern sanken dahin, die Umrisse schmolzen und in der Tiefe, wo unsere Hoffnungen ruhten, bildete sich ein warmtrüber, rotgelber See.

Da half nichts, nun mußte Arthur herbei. Nur Arthur konnte noch helfen. Es war ein Fehler, ihn nicht gleich zu Rat gezogen zu haben. Die Jungen waren dem schwierigen Bauplan eben doch nicht gewachsen.

Arthur war ein alter Maurer-Polier aus Kamenz in Sachsen, Lessings genauer Landsmann also. Ich kannte ihn gut, wenn uns auch erst in der Folgezeit, nach unserem Bau, stärkere Freundschaftsfäden verknüpften: Fäden der Art, wie sie den geheilten Kranken mit dem Doktor und den Geretteten mit dem Lebensretter verbinden. Arthur, der Retter, kam aus seinem weit entfernten Käfig herbei. Er kam mit der Ruhe des Meisters, der in seinem Lebenskreis alles, was vorkommt, beherrscht und weiß, daß er notwendig ist.

Als er auf dem Platze erschien, nur erschien, wichen die Schwierigkeiten schon einen Schritt zurück.

Er nahm die kalte Pfeife nicht aus dem Mund, in dem er nicht mehr viel Zähne besaß, und gab starke Proben des Dialekts, der mir nicht unbekannt war. Er wand die Vokale, wie man nasse Wäsche auswringt, und schien sich, wie es in seinem Land oft zu beobachten ist, in seiner Mundart mit widernatürlichem Wohlbehagen zu

sühlen. Horschemal, sagte Arthur, und somit war schon die Hälfte gewonnen.
Das Unternehmen ging nun mit einer ganz anderen Tatkraft voran. In die zerstreuten Bemühungen kam ein sicheres Ziel. Arthur wirkte durch das Gewicht seiner Person. Diese seine Person, war eindrucksvoll, obschon sie nicht stattlich genannt werden konnte. Fast nackt bot sie sich dar; die kurze, unbeträchtliche Hose war ihm unter dem Bauche gegürtet, so daß dieser kuglig vortrat; er besaß eine mit Grauhaar bezottete Brust, ausgearbeitete Glieder, die von einem harten Leben und zwei überstandenen Kriegen und Nachkriegen zeugten, eine selbstgeschneiderte Mütze und ein Faltengesicht.
Arthur löste zunächst eine leichte Verstimmung. Wir hatten den Fehler gemacht, den Bauplan während des Baus noch zu ändern. Darauf gab es Meinungsverschiedenheiten wegen des Lohns, der übrigens ein Vielfaches von Arthurs gewöhnlichen Sätzen betrug. Arthur schlichtete das. Später aber kam er zu mir und sprach: Horschemal. Den Rat könne er mir für mein Leben geben: während des Baus dürfe man nie am Plan eine Änderung treffen. Das werde immer zu unmäßigen Nachforderungen mißbraucht. Er müsse das schließlich ja wissen, denn horschemal, mir sinds ja, mir machens doch selber eso.
Gut also, wenn ich einmal baue, ich werde Arthurs gedenken. Arthur war Meister im Anlegen von Putz. Er wußte eine Stelle in einem aufgelassenen Käfig, wo in der Tiefe besonders feiner, lehmiger Sand anstand. Dieser ergab einen bräunlich rauhen, sandsteinartig festen Verputz, der sehr hübsch aussah, man konnte behaupten, ähnlich dem römischen Travertin, und Monate lang hielt, wenn kein Wasser daran kam.
Arthur machte sich schweigend ans Werk. Er arbeitete

streng. Ohne Hast, ohne schnelle Bewegung schaffte er am Tag unerhört viel. Am Ende, nach der Gepflogenheit seiner Zunft, verließ er das Haus, dessen Boden mit fußhohem Schmutze bedeckt war, den wegzuräumen nicht in seinen Pflichtenkreis fiel. Erst als wir die Massen hinausgeschafft hatten, ließ sich ein Eindruck vom Ganzen gewinnen. Siehe, es konnte besser nicht sein.

Kam Arthur dann wieder – und er kam oft –, so kam er als Mensch, nicht als Polier. Dann war er Besuch. Dann war die Pfeife nicht kalt, sondern wölkte, was fürchterlich stank.

So erschien er auch einmal, im Frühjahr darauf, an einem Tag, wo ich dringend hoffte, er werde eine erbetene Ausbesserung machen. Er kam, aber machte keinerlei Anstalten dazu, sondern wölkte. Ich fragte nicht weiter, sah aber auch nicht den Zusammenhang ein. Da öffnete er mir selber die Augen: es war der erste Mai, und nie hätte Arthur diesen Feiertag und seine Überzeugung gebrochen.

Es war ein Vergnügen, mit Arthur zu plaudern. Er sprach vom Dresdener Zwinger, den er ganz genau kannte und an dessen Erneuerung er mitgearbeitet hatte, von den Dresdener Museen und dem naturwissenschaftlichen Isis-Verein, dessen eifriges Mitglied er war. Oder er belehrte mich, wie es komme, daß der Maler immer vom Maurer abhängig sei, was sich weit über den Bereich der Arbeit hinaus bis in die Politik verfolgen lasse; mir war es bisher entgangen. Der Maurer nämlich habe es in der Hand, die Mischung des Putzes an einigen Stellen der Wand ein wenig zu ändern, worauf dann der Anstrich des Malers unfehlbar ungleiche Flecken bekomme, und das, ohne daß sich dem Maurer etwas nachweisen lasse. Natürlich bleibe dann für den Maler der Ärger mit der Kundschaft nicht aus.

Das Haus war fertig, wir zogen ein. Es war ein großes Ereignis.
In dieser Behausung lebten wir lang, einen Sommer und Winter. Man muß sagen: es fehlte uns nichts. Es ist unglaublich, wie wenig Wohnung der Mensch bedarf, wenn Kälte und Nässe nicht ist. In der seltsamen Geschichte meiner vielen, verstreuten Wohnstätten auf dieser Erde glaube ich, daß dies Zelt mir unter die liebsten gehört.
Versteht sich, wir waren auch jetzt nur verhältnismäßig allein. Nach jeder Richtung fünf Schritte entfernt stand ein Nachbarzelt, aus dem man jedes gesprochene Wort vernahm. Gleichwohl, es waren fünf Schritt und ein Bannkreis war da. Außerdem steckte man ja ein wenig im Boden; das trennte auch. Es war vielleicht ein etwas seltsames Bild: in jedem Erdloch zwei, drei hausende Männer. Unser Zeltboden war nun so tief, daß man auf Arthurs Mauerbrüstung gerade den Arm legen konnte. Dann war es, als ob man im Fenster liege und sehe dem flutenden Leben zu, dem Treiben der Straße, den hin- und hergehenden Leuten.
Nur, es war keine Straße und keine Stadt und es gab keine Frauen und Kinder.

Durch meinen Umzug war ich Haffner nähergerückt; er wohnte nur eine Zeltreihe weiter als ich, direkt am Rande der Wüste. Wenn er an seinem Holztisch saß und Noten schrieb und er hob seine Augen auf, um mit dem Psalmisten zu reden, so sah er – nichts: die Wüste, das Leere, das Horizontale in bestürzendem Sinn.
Er hatte als einziger ein Zelt für sich allein; das war, wie der Bart, eine Reverenz der Macht vor der Kunst. Aber es war kein gemütliches Zelt. Es war ihm nicht gegeben, sein Haus etwas wohnlich zu machen. Er war

in der Lage, in der die Künstler seit Urbeginn sind: Alleinsein ist ihnen Himmelsbrot. Sind sie dann aber allein, sind sie ausgesetzt, nackt wie die Kinder, und rings um sie häuft sich das Schwierige an.

In seinem Zelt fanden auch die Quartettproben statt. Wenn man dazukam, hatte man in einer formelhaften Verkürzung, was unser Leben merkwürdig machte: ein Zelt, durch das man hindurchsah auf die heißüberwallte Wüste hinaus, vier Männer, die Briganten und Strauchdiebe sein konnten, denn sie sahen wild aus, trugen ein zerrissenes Hemd oder keins, eine schreckliche Hose und ausgetretene Sandalen, schwitzten, daß ihnen die Haare verklebten, und mußten sich während des Spiels mit dem Bogen der Fliegen erwehren – dies, und eine göttliche Kammermusik.

Die wilden Männer gaben vielleicht schon am nächsten Tag in Kairo ein großes Konzert (denn das war ihnen eine Zeitlang erlaubt), zu dessen Eintritt sich das elegante Kairo an der Kasse die roten Feze einschlug, zu dem die vornehmen Damen in prachtvollen Wagen vorfuhren und wahrhaftig Gäste aus Alexandria im Flugzeug herkamen. Ein Leben, in solchen Gegensätzen gelebt, ist ein richtiges Leben. Doch sind solche Übertritte so stark, daß man sie fast ohne Verwunderung tut, weil das Unwahrscheinliche unsern Tagträumen das Vertrauteste ist.

Abgesehen von dem Glanz, den Musik in dies Zelt warf, war es das dürftigste, das es gab. Er war nicht tief und die Wände waren nur unvollkommen verputzt; es war eigentlich nur eine schäbige Mulde, wenig mehr als eine Hasensasse im Feld. Überall rieselte es in die angehäuften Notenberge hinein, Sand bröckelte in das Bett, und die Vorrichtung zum Aufrollen der Giebelwände war schlecht, so daß man es lieber gleich unterließ, das Zelt in den kühlen Stunden zu öffnen. Das Sonnensegel lag auf den Zeltschrägen auf, anstatt eine Schattenzone und Windgasse zu bilden: kurzum, das Praktische, das man bändigen muß, weil es einen sonst seinerseits unterwirft, war nicht bewältigt.

In diesem kahlen, unwohnlichen Raum hauste der von allen bewunderte Mann und führte ein Leben, wie es das Leben von Künstlern und Weisen seit Anbeginn ist: von außen gesehen kann es nichts Uninteressanteres geben. Es ist ein gleichförmiges Leben und auf seine Gleichförmigkeit ängstlich bedacht. Schlaf und Über-den-Tisch-Gebeugtsein ist alles; die Sensationen schlagen nach innen.

Sein äußeres Leben hing sehr von einem Gehilfen ab, den man ihm zugestand. Aber ich erlebte es nie, daß er den Richtigen fand. Seine unendliche Güte ging so weit, daß er auch einem helfenden Geist nichts auftragen konnte; er ließ alles stillschweigend geschehen – was dann eben meist nicht geschah. Und auch das trug er still.

Das Merkwürdige war, daß die Verwandlung des struppigen Jochanaan aus der Wüste in einen eleganten, weltläufigen Herrn die Angelegenheit weniger Handgriffe war. Ich besuchte ihn, eigens um dieses Schauspiel immer wieder zu sehen, gern vor dem Aufbruch zu einem großen Konzert.

Zum Dirigieren war ihm nämlich ein schwarzer ziviler Anzug erlaubt. Schon in dem Augenblick, da er anstatt der sandgelben, starrenden, niemals gewaschenen Shorts die gebügelte lange Hose anzog, war viel erreicht. Wenn er nun noch das Paar schwarzer Socken und Halbschuhe anhatte statt der kaputten Sandalen, die so nahe dem Heiligen Land eine Art Heimatrecht hatten, schritt die Metamorphose schnell fort. Das weiße Hemd war billige baumwollene Ware; aber da konnte man sehen, wie der Geist die Materie zu überspielen vermag: vom Zuschauerraum aus schien es weiche, fallende Seide zu sein.

Kam nun noch der Rock, so schien ein anderes Wesen in die bekannte Leibeshülle zu fahren; der Brillenwechsel: ein neuer, rapider Vollzug. Denn das grünspanverklebte nickelne Brillengestell mußte jedes Antlitz vermindern; die invalide Hornbrille aber, die er mit Andacht aus einem prachtvollen Futteral mit Pariser Firmenprägung zog, erhöhte. Zum Schluß wurde das völlig versträhnte Haar und der Bart mit drei Strichen eines fragmentarischen Kammes gekämmt. Nun stand man beschämt: man hatte vordem nicht genügend erkannt, welche Möglichkeit der Entfaltung in dem verwahrlosten Jochanaan ruhte.

Durch meinen Zeltgenossen, den Philosophen, besaß unsere Behausung einen kostbaren Schmuck: eine antike Amphore.
Sie stand auf einer stufenartigen Plinthe im Eck, die im Bauplan vorbedacht war; Arthur, über die Bedeutung des Gegenstandes belehrt, hatte sie mit innerem Anteil gemacht. Dort lehnte die Vase denn also und strahlte Altertum aus, mitten in der geschichtslosen Wüste. Der Trost ihres Anblicks war nicht zu ermessen.
Etwas Griechisches, etwas Antikes! In die Unform, die uns umgab, ins Ungespannte, Ununterbrochene, in das gestaltlose Flache, trat etwas, das voller Form und Abstufung war, voller Spannung in sich. Dieses Gefäß gehörte einer erfüllten, alles ordnenden Welt; davon lebte es und das sagte es aus. Ringsum aber, worin wir lebten, das gehörte zu nichts.
Es war ein vom Boden bis etwa zur Hüfte reichendes Ding, also recht groß; schlank und kunstlos im ganzen, ohne Ornament. Aber die Farbe war vom Feuer und Alter vielfältig gemacht; wie bei trockenen Rosenblättern war Gelb und Bräunliches neben altgewordenem Rot. Es war eine Spitz-Amphore, sie besaß keinen Fuß

und war nicht zum Aufstellen gedacht; man hängte solche Gefäße einst an den Henkeln frei auf und konnte sie, wenn man dem Öl- Vorrat etwas entnehmen wollte, im Gelenk neigen.
Im übrigen hatte es folgende Bewandtnis damit: der Philosoph war früher in einem anderen Lager gewesen, auch in der Arabischen Wüste, aber ganz nahe am Ufer des Meers. Dort, wo nichts weit und breit war, nichts, was eine frühere Menschenansiedlung verriet, hatte man beim Ausschachten eines Zeltgrundes ziemlich tief die Amphore gefunden. Das Lager war später aufgelöst worden, und man brachte sie mit.
Sie war antik, daran war nicht zu zweifeln. Vielleicht nicht sehr alt; ich dachte an die ersten Jahrhunderte nach Christi Geburt. Gewiß besaß sie keinen übertriebenen Wert; es war Dutzendware. Ich glaubte, sie mit Öl-Amphoren in Zusammenhang bringen zu können, die man schiffsladungsweise auf Rhodos erzeugte; es wäre möglich gewesen, daß sie von dort als Handelsware nach Ägypten geriet.
Wie aber war sie an jene Fundstelle gekommen? und dann noch so tief in den Boden? Vom Meer konnte sie wohl nicht angeschwemmt worden sein, auch nicht auf irgendeinem Vorüberzuge verloren. Es war sicher anders; wahrscheinlich war dort, wo man sie fand, einst Leben und Wasser gewesen, Aussaat und Frucht. Denn der Ethnologe erzählte, zu beiden Seiten des unteren Nils hätten bestimmt noch zu römischen Zeiten andere Quellenverhältnisse geherrscht; wo jetzt Libysche Wüste sei, hätten sogar bis ins arabische Mittelalter hinein hunderte von Dörfern und Städten gestanden mit Gärten, Feldern, Obst, Oliven und Wein. Rom habe ja auch von den nordafrikanischen Ernten gelebt, und dort sei jetzt Wüste. Und hundert ähnliche Fälle: wo einst die hängenden Gärten der Semiramis waren, sei jetzt auch nur

noch lechzende Erde; babylonische Königsstädte lägen tief unterm Sand und wenn man Alexanders Zug nachziehen wolle, so komme man jetzt durch wüstes oder halbwüstes Land; damals aber seien es blühende Landschaften gewesen. Sven Hedin habe mitten in der Wüste Gobi eine Stadtruine gefunden. Ja, mehr noch: je weiter man in die Wüsten vordringe, desto ältere Zeichen des Menschengeschlechtes treffe man an. In der Tiefe der oberägyptischen Wüste finde man Skarabäen und Walzensiegel aus altägyptischer Zeit, und die Höhlenbilder von Tibesti und Ahagor bezeugten für älteste Zeiten mitten in der Sahara das Hausen von Menschen. Was bedeutete das? Wuchsen die Wüsten? Waren Kulturen denn so etwas wie Heidebrände es sind, wo das Feuer nach allen Seiten ringförmig wächst und immer größere Kreise von Öde erzeugt? War es denn so, daß die Menschen die Erde verwohnten? Sie sogen sie offenbar aus, ein kahlfressender, raubender, weiterziehender Stamm? Hausen: hatte das Wort denn mit Recht diesen skandalösen zwiefachen Sinn?
Diese Amphore mahnte daran, daß die Wüste nichts war als verbrauchtes, vertanes, verkommenes Land. Sie war das schlechthin Verscherzte.
Das Böse, das in dieser Vorstellung liegt, hatte ich immer im Anblick der Wüste empfunden. Jetzt kam dazu noch ein anderes Gefühl: war es denn so, daß sie die eigentlich moderne Landschaft war, diese Wüste? Das kroch ja wie Grauen am Leib Europas empor. Das war ja die Zukunft, die drohte. Hier war es unmöglich, zu Hause zu sein. Dies war voller Unheimlichkeit. Hier war die Summe der Unheimlichkeit in der Welt. Wenn wir aber heimkommen würden in die vernichteten Städte: würde es weniger wüst sein als hier in der Wüste?
Und nicht nur die Städte; ihre Verwüstung war ja nur als ein Sinnbild zu nehmen. Denn auch der Zustand der

Menschen war so; es war genau die Verfassung, in der sie sich befanden. Ausgehöhlt, ohne Enthusiasmus oder mit einem trügerisch falschen – glaubenslos, und leidend daran, oder Doktrinen mit übertragener Glaubensinbrunst verfallen – gelähmt durch Vielwisserei, ohne die Kraft und die glückliche Blindheit der Seele, etwas in Bausch und Bogen zu wissen – voll Überhebung, und so in tiefe Schwermut versenkt – unsicher geworden wie ein ungezogenes Kind, das bisher an erwachsener Hand durchs Gewühl geführt worden ist und, da alles gut ging, nun glaubte, allein gehen zu können, ohne die Hand aber dasteht, heillos, ausgesetzt und verwirrt: – das war doch die Lage von allen.
Man sah einer Zukunft entgegen, und sie war wie versteppt. Mitten im Abendland, mitten im Erb- und Eigenland dieser Amphore, wuchsen rapide die Wüsten.

XVIII

Da sah ich zu meinem Erstaunen, daß es möglich und offenbar gar nicht so schwer war, den Wüstenboden dem Leben zurückzugewinnen.

Einige, aus Langerweile oder Passion, hatten sich auf das Hervorzaubern von kleinen Gärten verlegt. Nämlich das ging. Sie hatten da ihre Methoden. Das Geheimnis schien vor allem zu sein, das Moment der Verwesung wieder in den leblosen Boden zu bringen. Deshalb erbaten sie sich von der Küche den täglichen Abfall: viel war das nicht, weil man nur sehr substantielle Sachen einführte, fast nur Konserven. So war es vor allem das Übrige vom täglichen Tee, Massen alter Teeblätter. Das untermengten sie fleißig dem Boden ihrer Parzelle, diesem Splitter der unendlichen Wüste, den ihr stiller Entschluß dazu ausersehen hatte, ein blühender Garten zu werden.

Außerdem mußte natürlich viel Wasser dazu; doch Wasserholen war für diesen Zweck nicht erlaubt. So standen sie in der Nacht heimlich auf, um, wenn alles schlief, ihrem gärtnerischen Drange zu frönen. Denn es waren rührende Menschen; wenn die Menschheit nur aus Gärtnern bestünde, gäbe es nie einen Krieg.

Und keine Wüsten. Zu aller Verblüffung entstanden die ungeahntesten Gärten. Man konnte Clematis, Levkojen und gelbe Kuhblumen sehen, azurblaue Trichterwinden, die hoch hinaufrankten, Löwenmaul, Zinnien, Gladiolen und ein gewisses Gebüsch, das ungeheuer schnell wuchs, sehr hoch wurde und überhaupt nicht wie ein Gewächs aussah, eher so, wie man Wald im erzgebirgischen Spielzeug darstellt: starrschwammig und

strohig und unwahrscheinlich giftgrün. Es gab erstaunlicherweise auch Malven. Hatte Karl der Große die Malve nach Franken gebracht, diese Kerle brachten sie wieder in den Osten zurück, und mitten im Sand sah es wie in Pfarrgärten aus.
Das ging, das war möglich. Es war ermutigend, daß dieses verstockte, mondhafte, für Mensch und Tier verlorene Land einer Pflege nicht trotzte und sich wieder zurückrufen ließ.

Um diese Zeit wurde im Lager eine Zeltschule eröffnet. Vernünftigerweise fanden unsere Gebieter, es wäre das beste, wenn die ganz Jungen, statt irgendeine Gefangenenarbeit zu tun, noch etwas lernten. Beschränktheit und krasse Unbildung, so folgerten sie, seien der Quell von Verführbarkeit und erzeugten in Völkern und Erdteilen eine Art Lawinengefahr. Wer gäbe ihnen nicht recht.
So erging ein Befehl: alle, die noch nicht zwanzig Jahre alt waren, mußten diese Schule besuchen. Die meisten von ihnen konnten es brauchen. Bei vielen war es schon recht lange her, daß sie etwas gelernt hatten, und da war es oftmals nicht viel gewesen; vor allem hatten diese Glücksritter nie zu lernen gelernt. Elf oder zwölf Jahre waren sie alt gewesen, da war schon Krieg, und mit sechzehn oder siebzehn wurden sie schon zum Morden befohlen. Indessen standen sie mit dem Lesen und Schreiben oft noch auf gespanntem Fuß. Manche waren unwissend wie Heidenkinder geblieben.
Eine Anzahl Älterer, deren Lernzeit noch in vernünftige, vorige Zeiten gefallen war, erhielt den Auftrag, diesen Jungen zu helfen. Zwölfhundert Hörer wurden in ungefähr vierzig Klassen geteilt, von den ganz Ungeschulten bis zu den Eifrigen und Geschulten wurden zehn Stufen gemacht. Die Abiturienten erhielten besondere Klassen.

Wenn Einer in irgendeine der errichteten Werkstätten zur Arbeit ging (was um jene Zeit in Aufnahme kam), wurde ihm dies mit einigen Piastern am Tage bezahlt. So wollten die meisten dieser unfreiwilligen Schüler viel lieber zur Arbeit gehen, um Geld zu verdienen und sich etwas zu essen oder zu rauchen kaufen zu können; die Schule war also nicht eben beliebt. Da sonst die Kost schmal war und die Jungen oft noch im Wachsen, riefen wir zu einer Sammlung auf, damit Reis gekauft werden konnte. Der Aufruf hatte Erfolg; von den Arbeitsgruppen, die in der Wüste verstreut lagen, kamen bereitwillig Beiträge herein.

In dem besonderen Käfig, in dem die neue Zeltschule war, liefen immer zwanzig Klassen nebeneinander her. Jede Klasse hatte ein eigenes hausartiges Zelt. Es gab nur drei bis vier Pflichtstunden am Tag, das war bei der Hitze genug. Nachmittags waren wahlfreie Fächer.

Da es schon in den Morgenstunden sehr heiß war, wurden die vier senkrechten Zeltwände meist in die Höhe gerollt; jede Klasse saß dann frei unter einem schattenden Zeltgiebeldach. Wenn man die Zeltgasse entlang kam, hörte man einen Lehrer nach dem andern dozieren.

Mir fiel die Aufgabe zu, etwas von deutscher Literatur zu erzählen. Das war wohl nicht schwer. Ich brauchte nur Inhalte zu erzählen oder etwas aus dem Leben der Dichter; es ist gut, wenn man gezwungen ist, einmal nachzusehen, was man ohne Hilfsmittel im Gedächtnis besitzt. Doch bangte ich, ob es mir gelingen werde, in die Gemüter der so anders gelenkten Jungen zu dringen; ich hatte mich nie im Erziehen geübt und überhaupt so meine Meinung davon. Ich fürchtete, ihre Herzen seien zu sehr mit Härte gepanzert und ihr Sinn zu sehr auf derbe Geschichten und aufs Schrille gestellt.

Indessen, es zeigte sich, daß sie um das arme Hannele

Tränen vergossen. Sie, die aus Fatalismus oder aus Tapferkeit im Apennin Jagdbombern standhielten, welche auf jeden einzelnen schossen, und die ungerührt davon sprachen, wie sie vier Tage und Nächte mit einem toten Kameraden allein im Panzerloch standen: es zeigte sich, daß die Geschichte vom steinernen Herzen sie heftig ergriff. Sie wären nicht darauf gekommen, daß ihr eigenes Herz auf dem Weg war zu versteinen; über dem Märchen aber erweichte es, ohne daß sie es merkten. Sie, die zuerst nur auf das Derbe ansprachen, erheiterten sich aufs höchste über den stillen, graurockigen Mann im Peter Schlemihl, der nacheinander die merkwürdigsten Dinge aus der Rocktasche holt: erst ein Fernrohr von gewaltiger Länge, um einer Gesellschaft die Gegend zu zeigen, dann, als die Gesellschaft sich lagern will, türkische Teppiche, die er auf die Wiese hinrollt, und am Schluß gar drei gesattelte Rappen. Sie, deren Kenntnis vom andern Geschlecht, wenn man sie hörte, sich nur auf das Gemeinste bezog, schlugen die Augen nieder, als sie von der Liebesfahrt Romeos und Julias vom Land auf dem Heuboot den Fluß hinab hörten, die zugleich eine Todesfahrt war. Anfangs schien es, als ob nur das Heftige und Radikale ihnen Eindruck zu machen vermöge, aber siehe, sie zeigten sich unverloren für das Gedicht: Empfangen und genähret vom Weibe wunderbar.
Sie kamen mit zwanzig oder dreißig feststehenden Redensarten am Tage leicht aus, denn es war immer dasselbe Rotwelsch, mit dem sie sich irgendwie selber verulkten und das doch seine banale Macht über sie übte. Aber wie merkwürdig: die seltenen Worte von Rilkes Cornet gingen ohne Umweg in sie hinein. Treue und Untreue Clavigos – wer hätte es für möglich gehalten, es war von meiner Seite nur ein zweifelnd gewagter Versuch – riß sie hin; vom Schicksal der blassen Marie sprachen sie nach Monaten noch.

Mit den ›Räubern‹ und dem ›Fiesco‹ freilich war bei ihnen gar nichts zu machen; in Sachen des Bandenlebens schienen sie besser unterrichtet zu sein. Verschwörungen jener Art dünkten ihnen in der Stube erdacht; sie sahen und hörten sich mein Vorlesen an, schwiegen befremdet und waren fast peinlich berührt. Krieg, Aufruhr und Unordnung: da wußten sie ja nun Bescheid, es hatte für sie nichts Romantisches mehr. Das hatte man ihnen geboten. Nun sahen sie sich auch noch ins Leere der Wüste versetzt: unter solchen Umständen erledigte sich für sie eine ganze Menge Gedrucktes von selber; mindestens büßte es Wirkungen ein, die es vordem unfehlbar hatte.

Eines Tages fand ich, daß irgendwo jemand Carossas ›Jahr der schönen Täuschungen‹ besaß. Das war mir recht, ich dachte: laß sehen, ob ihnen das noch was sagt. Ich brachte das Buch in die Stunde, erklärte kurz, wer dieser Schriftsteller sei, schlug auf und las die Stelle, wo der junge Student zum ersten Mal in die Anatomie kommt. Schon nach wenigen Sätzen spürte ich, was man nie vorauswissen kann: daß es ging. Ich spürte durchaus, daß sie da waren: der beruhigte, kraftvolle Fluß dieser Sätze flößte ihnen Vertrauen ein. Ich sah aufmerksam offene Münder, in den Augen spiegelten sich die klaren Bilder, die ihnen das Vorgelesene erzeugte. Es war Gelebtes, das merkten sie wohl, nichts Erdachtes. Es war eine andere, wirklich recht andere Welt als die, die sie kannten. Aber es schien ihnen eine lebens- und leistenswerte zu sein.

In diesem Sinn äußerten sie sich dann auch, wenngleich sparend mit Lob; denn sie waren ja Deutsche. Wenn sie einen Autor für ›in Ordnung‹ erklärten, war das in ihren Augen ein hochgegriffenes Lob. In den folgenden Tagen hatte ich die Freude, daß einer von ihnen unaufgefordert des Dichters ›Verwandlungen einer Jugend‹

mitbrachte; er hatte das Buch bei einem Zeltkameraden gefunden. Ohne Zögern schlug ich das Kapitel vom großen fließenden Magneten, der Donau, auf und las vor. Wieder spürte ich, wie die Heilkraft dieser Prosa zu wirken begann und etwas Befriedendes hatte. So kam es, daß sich nach und nach alle sieben Bücher von Carossa anfanden und sich ihre Wirkungskraft auch unter afrikanischem Himmel, unter verrückten Lebensumständen, erwies.

Diese Jungen hatten als halbe Kinder mehr Schrecken erlebt, als vordem das Maß eines ganzen Lebens gewesen sein mochte. Sie waren in stürzenden Städten groß geworden, hatten zerstückelte Menschen aus geborstenen Kellern geholt und hatten sich brav Mühe gegeben – wie anders hätten sie es ertragen? – dabei gleichmütig und ohne Empfindung zu sein. Jetzt regte sie ein Erdbeben auf, das vor hundert Jahren die Hauptstadt von Chile zerstörte. Die Geschichte vom Hauptmann von Köpenick wollten sie auf der Stelle zu Ende hören und für den Ketzer von Soana nahmen sie glühend Partei. Beim ›Jedermann‹ schienen sie erst zu merken, was das sei: der Tod und das Sterben; jetzt erst, nachträglich, faßte das Grauen sie an. Jeder von ihnen war drauf und dran gewesen, hinüberzugehen; die Chance, zu sterben, war wahrlich größer gewesen als die, am Leben zu bleiben. Aber sie hatten sich Mühe gegeben, sich möglichst wenig Gedanken darüber zu machen.

Mußte man nicht in jedem von ihnen einen Übriggebliebenen sehen? Wenn dreißig vor einem saßen, so mußte man hinter ihnen einen verstummten Ring von drei- oder fünfhundert erblicken: fünfhundert, mit ihnen geboren, mit demselben Rechte wie sie, am Leben zu bleiben. Es war nicht zu erkennen, warum gerade sie zurückgeblieben waren im Sieb.

Das Gedicht von den wesenlosen Tagen, die wie Tropfen

vom Ruder abrinnen, konnten sie, in ihren ungelebten Gefangenen-Tagen, verstehn, und die Leiden des unglücklichen Mannes, der auf Salas y Gomez, dem einsamen Felsen im Meer, verschmachtete, leuchtete ihnen ein, da sie selber heimlich vor Heimweh vergingen.
Sie schienen gepanzert zu sein und siehe, sie waren aus Wachs. Es war leicht, ihre kurzhosigen Seelen zu fangen. Sie saßen mit hochgezogenen Beinen da, verstummt, mit offenen staunenden Mündern oder, wenn es ihnen zu langweilig war, gähnten sie sperrangelweit, ohne Rücksicht; man wußte, nun war es genug, nun hatte man ihre Ohren nicht mehr. Sie verstellten sich nicht, man konnte sich auf die eine und die andere ihrer Äußerungen verlassen.

XIX

Die Weltstädte mögen das Kennenlernen wohl fördern, flüchtige Anknüpfung, erwünschte Wiederbegegnung erleichtern und so das Leben interessanter gestalten: für die feuerbeständige Form der Geselligkeit leisten sie nichts. Hingegen ist merkwürdig, wie viele Menschen man findet, wenn enge Verhältnisse die Verbindungen schaffen.

Eines Tages stellten wir fest, daß gar nicht viele Zeltreihen von uns entfernt der Sohn eines Dichters wohnte. Wir gingen hin und sprachen ihn im Namen seines bewunderten Vaters an.

Es ergab sich, daß wir eigentlich alte Bekannte waren; doch das dämmerte mir erst im Laufe des Gesprächs. Nämlich ich hatte vor Jahren in Dresden eine Ausstellung gemacht, welche malenden Dichtern gewidmet war, also der nicht geringen Anzahl von Künstlern, die versuchen, hinter das Geheimnis der Kunst auf zweierlei Wegen zu kommen. Künstlerarbeit ist nichts als das Vortreiben eines Stollens in einen verwunschenen Berg: eine Arbeit, die voller Überraschungen ist, da von keinem Stollen gesagt werden kann, wo er enden wird; gewiß aber führt er zu Einsichten über den, der dies Abenteuer besteht. Blicke, nur ihm verstattete Blicke sind sein einziger Lohn.

Der Vater unseres neuen Freundes, der neben seinen verwunschenen Gedichten zu malen und zu zeichnen verstand, hatte mir seinerzeit eine Anzahl Bilder und Blätter gesandt. Ein Kinderbild war darunter, ich besann mich genau, das Bild seines Sohns: ein rötliches, posaunenengelhaftes Gesicht mit lächerlich strohgelbem

Haar. Die Ausstellung war so, daß immer neben die Bilder kleine handgroße Plakate mit Gedichten derselben Urheber aufgehängt waren. Zu jenem Kinderbild war die Schönschrift eines Gedichtes gefügt, das ich sehr liebte und dessen eine Zeile mir nun, eben während dieses Gesprächs, während mir dämmerte, daß dieses rotgesichtige, gelbhaarige Kind vor mir stand, in den Sinn kam:

... ihr Haar das riecht so bitterklar.

Nach und nach, während des Sprechens, gelang es mir dann mit Hilfe der Zeile (nicht mit Hilfe des Sohns, der mit den Versen des Vaters nach Sohnesart nicht sehr vertraut war) die ganze Strophe aus der Erinnerung zu heben:

Sie saßen auf des Vaters Knieen.
Ihr Haar das riecht so bitterklar.
O jenen Acker hinzufliehen
zu solchem unverlornen Haar –.

So kauerte also dies Kind, dieser Lorenz von der Vring, neben mir im Wüstensand, durchaus kein Kind mehr, sondern erfahren in allerlei Greueln der Welt, erfahrener in gewisser Weise als ich, mit knapper Not in letzter Stunde mit Typhus entkommen aus Stalingrad, dann in Italien zum Landsknecht geworden, dann gefangen, und das schon recht lang, so daß er auch diese Erfahrung gründlicher hatte als ich –: saß da auf dem Boden und hatte, da Rotblonde niemals bräunen, auch in der afrikanischen Sonne immer noch strohgelbes Haar und ein rotes Gesicht.

Einen Altersgenossen von ihm, einen jungen Mediziner, sahen wir auch des öfteren bei uns im Zelt. Er war erst ein drittes Semester; aber vier Jahre Krieg, die er als

Sanitätssoldat in Operationssälen und Laboratorien gearbeitet hatte, hatten ihm weit mehr Erfahrung gebracht, als man bei seiner Semesterzahl annehmen konnte.

Es war gut, einmal Einen zu sehen, den der Krieg nicht bloß zurückgebracht hatte, vielmehr auf der beruflichen Bahn hatte vorschnellen lassen. Wenigstens was die Praxis betraf. Die plötzlichen Notwendigkeiten des Kriegs hatten ihn oft, in Rußland, am Kaukasus, Dinge übernehmen und vollbringen gelehrt, die er sonst wohl erst Jahre danach hätte ausführen dürfen. Er hing mit Leidenschaft an seinem Fach, wie das in diesem Beruf das übliche ist: denn wer ihn ergreift, der ist auch schon ergriffen von ihm; immer aber gewährt ein Mensch, der mit seinem Beruf in leidenschaftlicher Übereinstimmung lebt, ein erquickendes Bild.

Wir führten oft medizinische Gespräche, da ich, als dilettierender Helfer im Krieg, Leidenschaft zu dieser Sphäre verspürte, die den primitiven Völkern als der Inbegriff des Magischen gilt. Im übrigen hatte der junge Mensch ein rechtes Zeitenschicksal: er hatte vier Brüder besessen, die er im Kriege alle verlor, und eine Heimat, sein Schlesien, dazu. Seine Eltern, die hinter Breslau geblieben waren, konnte er nicht mehr rechnen wiederzusehen. Um seine Zugehörigkeit zu vielen unerreichbaren Ländern – unerreichbar von Deutschland aus und von diesem afrikanischen Wüstenquartier ja erst recht – vollständig zu machen, hatte er, der Student, sich im rastlosen Unterwegs dieses Kriegs in Rumänien verlobt, und so war, was ihm auf Erden noch teuer war, in drei zertrennte Welten verstreut.

Äußerlich war er zarter, doch gespannter Natur, wohlerzogen und von natürlicher Höflichkeit, was in der allgemeinen Unmanier wirkte wie eine unauffällige Sensation. Er gewann meine Neigung dadurch, daß ich ihn

eines Tages in einem Zustand großer Niedergeschlagenheit antraf, wie sie Jeden von uns periodisch befiel: ihn gerade eigentlich weniger oft, oder er verbarg es in seiner gesitteten Art. Diesmal jedoch sah mans ihm an. Ich fragte ihn, ob ihm etwas Besonderes fehle; da wies er über die endlosen Zeltreihen hin, schüttelte ohne Hoffnung den Kopf und sagte ohne Ton in der Stimme: die Gesichter! die Ge-sich-ter!
Es war die Formel dafür, worunter man litt. Die Menschen waren zu wenig selten geworden. Man kann sich nur zu wenigen Menschen bekennen. Mehrere sind es, die man erträgt, weil man muß und weil ihre Existenz zu dem Auferlegten gehört, aus dem das Leben besteht. Weitaus die meisten aber kann man nur als Erscheinungen nehmen, zu denen man keine Beziehungen hat und auch nicht wünscht, weder Liebe noch Haß, weder Abneigung noch Neigung; ist man aber gezwungen, mit ihnen in übergroßer Nähe zu leben, so kann man nur stöhnen: diese Gesichter!
Unser Freund trug einen schönen Familiennamen; er hieß Viktorin.

Der Mensch, vom Weibe geboren, lebt kurze Zeit und ist voll Unruhe, sagt das Buch Hiob. Unruhe, tiefe Unruhe war über alle gekommen. Wenige hatten sich das gesunde Gemüt bewahrt wie Viktorin. Ein anderer, der bei ihm im Zelt wohnte, schien mehr aus der Bahn geworfen zu sein. Es war ein Student der Philosophie: was aber sollten im aufgerissenen Rachen des Kriegs die philosophischen Schulbegriffe helfen und nützen? Er war dreiundzwanzig, war seit fünf Jahren im Krieg und ein echter Fall seiner Zeit: gescheit, aber mehr Versprechen, mehr Improvisation, als bei immerhin dreiundzwanzig Jahren erlaubt ist. So viel Erfahrungen, wie er gemacht hatte, bekam in früheren Zeiten manch drei-

mal längeres Leben nicht auf: so glich es einem schlechten Roman, der zu viele Ereignisse hat. Zudem war es nur die Erfahrung einer tief bösen, wirrsäligen Welt, als sei nur das Böse auf Erden vorhanden. Nun war er zynisch geworden und neigte, da er zu klug war, um, was ihm fehlte, nicht selber zu fühlen, zu summarischer Großsprecherei. Er war stets versucht, ins Extreme zu fallen und im Radikalen die Lösung zu suchen. Jede Ansicht schlug ihm zunächst zum Pendeläußersten aus, was immer Unreife, sei es einzelner, sei es ganzer Gruppen und Völker, verrät, weil nur die reiferen wissen, daß im Erraten der Mischungen alles Heil liegt.
So war er im ganzen ein gutartiges, kluges, in die Unordnung verliebtes und kaum erzogenes Kind. Wir mochten ihn gern und nannten ihn Iwan, weil er einmal an einer leichten Entzündung des Mittelohres erkrankt war, aus kindischem Starrsinn aber durchaus nicht zum Arzt ging und tagelang in der Zeltecke hockte, den Kopf in Strümpfe gewickelt, während das runde Gesicht allmählich in schwarzen Haaren ertrank und wollige Schleier der Schwermut ihn immer dichter umhüllten. Wir fanden, er veriwane sehr.
Aber auch in gesunden Tagen war er stark vom Atem des ewigen Rußland erfüllt: es war sein großes Erlebnis, das ihn nie mehr verließ. In seinen ungeordneten Erzählungen aus zwei russischen Jahren ging es fürchterlich zu mit Nahkämpfen in endlosen Wäldern, Schneenächten, Hunger und Plünderung und verlorener Richtung; dann wieder kam eine Liebesgeschichte voll unentwickelter Zartheit am Wege des Kriegs. Dann wieder ein entsetzliches Bild, das ihn niemals verließ, eine Szene, deren heimlicher Zeuge er war: als die Russen einem ganzen Zug von Unteroffizierschülern, wahren Kindern also, die in der Todesangst nach der Mutter schrien, die Hälse abschnitten. Dann wieder von

einsamen Wachen im Norden, im hohen Frühling, sumpfiger Landschaft, die einem Park glich: Morgen, Frühlicht, Kuckucksrufe, vollkommene Einsamkeit. Dann wieder vom letzten Winterrückzug, der losgelassenen Hölle, wo jeder, der durchkam wie er, fast alle Kameraden verlor, hundertmal selber verloren war und nun sein Leben noch trug wie etwas, das neben ihm stand und nicht mehr zu ihm gehörte. Dann geisterte wieder der italienische Feldzug in seinen Gesprächen, eine ganz andere Mischung: Jagdbomber und Sherman-Panzer und Rotwein und Mädchen, italienische Bauernhäuser und toskanische Landschaft. Sein Sprechen hatte unverkennbare Ähnlichkeit mit der Art, wie einer im Schlaf spricht, von Träumen gequält. Wer den Simplizissimus dieses Krieges schreiben wollte, dem ließe sich unser Iwan als Modell wohl empfehlen. Er und wie viele andere waren des Chaos vielgeliebte Söhne geworden.
Und waren es noch. Immer hatten sie in Scharen gelebt, nie allein. Sie hatten ganz das Gefühl dafür verloren, wieviel Zeit wert ist. Denn Zeit – Zeit hatten sie immer gemeinsam verbraucht. Aber Zeit bedeutet nur, wenn man sie allein oder nach freiem Entschluß mit andern verbringt, also mit Menschen, zu denen man sich entschließt, gewonnenes Leben. Wenn man sie in gleichgültiger oder erzwungener Gesellschaft verbraucht, tritt etwas ganz anderes ein: dann ist sie geteilte, halbierte, vielfach zerstückelte Zeit. Dann ist es, als werde dasselbe Maß Zeit an so viele, als da sind, verteilt, so daß jeder nur einen Bruchteil bekommt; im ganzen ists eben vertriebene Zeit und vertriebenes, vernichtetes Leben.

Was – was eigentlich sollte nun mit den Bildern, die in ihnen waren, geschehn? mit diesen Erinnerungen, die sie wie Verwesungsdünste auftrieben? Denn sie waren ja da. Wäre es möglich gewesen, sie ins Meer des Vergessens zu schütten, es wäre das beste gewesen für sie und für die Welt. Denn es kann nicht gut sein, wenn die Seelen voller Alpträume sind. Und da die Menschheit ja doch nichts aus dem Vergangenen lernt, doch immer nur stolpert, Wahnbildern nach, und immer nur sieht, was sie sehen will: welche Erlösung der Menschheit, wenn sie sich reinigen könnte von diesen Bildern, wie der Körper sich dessen entlädt, was er nicht zu verwandeln vermag.

Vergessen, vergessen. Man weiß, daß das Leben nur möglich ist, indem man vergißt. Alles aufzubewahren, was man täglich und stündlich erfährt, müßte wahnsinnig machen. Kraft, vergessen zu können. Kraft, die ohne das Bewußtsein zu fragen, auswählt, was in Vergessenheit sinken soll und was sie wünscht, daß es bleibe: edelste Kraft.

Wer aber konnte im Ernst verlangen, daß sie das alles vergäßen? Es ging nicht mehr aus ihnen heraus, denn es hatte Wurzeln bis in die äußersten Spitzen ihres Wesens getrieben.

Es war so gewiß wie nur etwas: eines Tags würde es wieder da sein. Wie aber, wie? davon hing alles ab. Wenn es nur wieder als Alptraum kam, der es schon war: dann war es schlimm. Wie sie es leisten würden, es zu sich zu verwandeln, davon hing alles ab. Ihre eigene Zukunft und mehr.

XX

Nie habe ich den Anblick von Tieren in zoologischen Gärten gemocht: in Zukunft, wußte ich, würde er mir Entsetzen einjagen. Die Unglücksgeschöpfe hinter den Gittern sind nur noch in einem oberflächlichen Sinn das, was die Schöpfung mit ihnen vorhatte; sie sind müde geworden und lahm, hoffnungslos, häßlich und schlecht. Auch körperlich sind sie verändert: ihr Fell wird glanzlos und abgeschabt und sieht aus wie bei lebendigem Leibe von Motten zerfressen. So glichen die Menschen bei uns auch nicht mehr dem, was sie eigentlich waren. Es waren immer nur wenige, die sich bemühten, etwas aus ihren Tagen zu machen. Die meisten ließen sich fallen und wurden abgeschabt, müde und alt.

Auch mit der Gereiztheit war es wie im zoologischen Garten. Dort ist ja auch alle Augenblicke an irgendeiner Stelle was los, aufgeregtes Geschrei und Gezänk, einmal bei den Pinguinen, dann bei den Affen, dann bei den Seelöwen, und immer, nach einer Weile, fällt der Tumult wieder in sich zusammen, stirbt und ertrinkt in der Melancholie, die alles bedeckt.

Es spielte sich alles auf einer Folie von Narrheiten ab. Die Narrheit jedes Einzelnen war mit der Zeit immer stärker geworden. Jeder hatte sich in seine besondere Verrücktheit vertieft. Die Stillen waren hintersinnig geworden und gänzlich verstummt, die Hitzigen schrien und tobten ein paarmal im Tag, warfen ihren blechernen Napf gegen die Wand und traten, kirschrot vor Zorn, mit Füßen darauf. Am lästigsten war das Intrigieren Aller gegeneinander, um nichts; denn Vorteil war kaum zu gewinnen, da alle gleichgestellt waren. Es war eine böse Leidenschaft ohne Gewinn.

Merkwürdig, das Menschliche analysierte sich in dieser Umgebung auffallend schnell. Die Wüste, der leere Raum, verkleidete nichts. Es war wie ein Laboratorium: wie dort alle Nebenwirkungen entfallen und nichts sich miteinander verknüpft, als was man verknüpft sehen will, so entlarvte das Menschliche sich wie in einem Experiment. Und wie das tropische Klima die Lebensvorgänge rapid ablaufen läßt, so waren auch die seelischen Abläufe gerafft. Wozu sonst ein ganzes Leben notwendig war, das ergab sich in Kürze. Es zeigte sich schnell, was der Weisheit Schluß und auch was der Torheit letzter Schluß war.

Da waren die, deren Leben ganz auf den Erfolg und den Ehrgeiz gestellt ist, die man die Tüchtigen nennt. Ein gewisser von Rotschedel zum Beispiel war vordem Angestellter eines großen Konzerns. Er war außergewöhnlich klug und geschickt in der Behandlung von Menschen, besaß die Gabe einer erstaunlichen Rede und hatte viel Energie. Vorträge, die er hielt, lockten die Leute in Scharen herbei. Dabei kam es ihm gar nicht darauf an, worüber er sprach; es genügte ihm, wenn er es kurz vorher wußte. Er sprach über Völkerversöhnung und über Literatur, über die Weltpresse und über jede beliebige Frage des Rechts, über Geschichte, über Kommunismus und über Theater. Es war unheimlich, woher er es jedesmal hatte. Die Rede erwuchs ihm wie Blumen auf dem Asphalt. Sein Vortrag war blendend und seine Wirkungen unfehlbar; seine Sicherheit war zu beneiden. Ein ausgezeichnetes Gedächtnis ließ ihn niemals im Stich.

Das waren Gaben, die Erfolg im Leben verbürgen. Und wirklich, er hatte Erfolg gehabt, hatte schon in jungen Jahren eine bedeutende Rolle gespielt, hatte besessen

gearbeitet und interessant gelebt. Wenngleich eher häßlich, hatte er immer schöne Frauen gehabt; derzeit war er zum vierten Male verheiratet. Er hatte in Berlin alles verloren, es war aber sicher, daß er es bald wieder erwarb. In die Wüste versetzt, ließ ihm seine Natur keine Wahl: er versuchte auch im Sand Karriere zu machen. Und wahrhaftig, es gelang ihm auch da. Bald war er eine bekannte Person, seine Vorträge machten Furore. Dann gründete er ein Theaterbüro und brachte die Leitung aller kleineren Truppen an sich, die da und dort auf eigene Faust spielten. Es war eine Tätigkeit, aus der ihm viel Arbeit und Mühe erwuchs, er mußte alles durch Überredung erreichen. Es gelang ihm. Bald vereinigte er einen großen Einfluß auf sich, er war ein Faktor im öffentlichen Leben der Wüste.
Dann aber kam dieses Rapide: auf einmal ging es nicht mehr mit ihm. Bis an sein Lebensende wäre es im Leben draußen gegangen: hier aber nicht. Auf einmal war er von einer Wolke von Mißbehagen umgeben. Niemand wollte mehr etwas annehmen von ihm. Es war ihm nichts Unrechtes vorzuwerfen; denn obwohl er alle Voraussetzungen hatte, um eine gute Intrige zu spinnen, tat er es nie, weniger aus Moral als aus Prinzip. Aber was in Berlin zum Erfolg führte, war hier zum Scheitern verdammt. Man spürte, daß ein Leben für den Erfolg hier lächerlich war. Wäre er von einer Leidenschaft zum Theater besessen gewesen, man wäre ihm ohne weiteres gefolgt. Aber Ehrgeiz wurde als komisch empfunden.
An diesem begabten Manne zeigte es sich: mit Klugheit war erstaunlich wenig zu machen. Klugheit fraß ihre eigenen Kinder, die Klugen machten die dümmsten Geschichten. Es gab keine größeren Narren in aller Welt als die Narren ihres eigenen Verstands.
Seltsam, daß das so wenig bekannt ist. Es kann nur so sein, daß es die Klugen – die Einzigen, die es einsehen

können – im eigenen Interesse verschweigen. Sie sorgen dafür, daß es nicht unter die Leute kommt. Nur das ist der Grund, weshalb es ungesagt bleibt: nur klug ist nicht klug.
Im ägyptischen Sand, wo alles wie in der Retorte war, während sich im gewöhnlichen Leben alles verflicht, war das ganz klar.

Viele waren ihrer früheren Umwelt nur so entnommen, wie man eine Figur aus dem Schachspiel nimmt und sie versetzt: so hatte man sie zu ihrem Unglück in die Wüste gebracht. Dort betrugen sie sich genau wie in Leipzig oder Berlin. Sie eilten über den ewigen Sand, als ob es der Spittelmarkt sei: immer geschäftig. Sie waren immer gehetzt – als ob in der Wüste etwas eilig sein könne. Sie brachten es fertig und hatten auch dort keine Zeit. Sie hatten sich einen Posten ergattert und hatten dieselben Redensarten wie einst: »Moment mal« und »Wir sprechen uns noch« und »Ich bin im Augenblick leider besetzt, bis später also« – ein Wunder, daß sie nicht sagten: »Ruf aber bitte vorher noch an!« Sie hasteten, weil ihnen die innere Leere das riet und weil sie verlernt hatten, einmal gar nichts zu tun und Zeit verrinnen zu lassen.
Andere wieder schienen sich über den Kurfürstendamm zu bewegen; sie trugen zur Heiterkeit bei. Einer von ihnen war Aribert, er war aus Berlin, aus dem sogenannten Bayerischen Viertel. Diese Straßen gab es inzwischen wohl nicht mehr so recht und die besondere, ulkige Welt war versunken; dies Exemplar aber hatte sich trefflich erhalten.
Viele Menschen ziehen einen nicht von ihnen erfundenen Stil an wie ein Kostüm und behalten ihn ein für allemal bei, froh, ein Gehäuse gefunden zu haben. Sie verändern sich dann nicht mehr, mögen sich rings um sie

her auch Zeit und Verhältnisse ändern. So hatte Aribert den Stil der zwanziger Jahre zu dem seinen gemacht; damals war ja der Kurfürstendamm zu besonderer Blüte gelangt. Inzwischen war das freilich ein wenig vieux genre. Seine geldliche Lage hatte sich völlig geändert, er besaß gar nichts mehr und hatte auch nichts Gescheites gelernt. Aber immer noch sprach er davon, dies und das sei nicht standesgemäß, immer noch schienen die Zeiten für ihn nicht vergangen zu sein, die er damit umschrieb: damals habe er ›noch seine kleine Apanage‹ gehabt. Er schien in einem perennierenden Atelierfest sein Leben verbracht zu haben und hatte wie die Künstler gelebt, natürlich ohne einer zu sein; Künstler leben ja nie wie die Künstler. Er hätte gern, sagte er, die ›Schauspieler-Carrière‹ ergriffen, aber dann hätte sein Papa ihn sicher enterbt. Seine Erzählungen waren von einem mokanten Gemecker begleitet, das zu ihm gehörte. Dadurch war man entbunden, seine Aussprüche für bare Münze zu nehmen.
Was man auch sagen wollte: seinen Stil hielt Aribert durch, mochte es auch ein historischer sein. Saß er in seinem Zelt auf dem traurigen Stroh und sah mit schrägem Blick auf die Zeltgasse hinaus, indem er das Bärtchen, das über dem oberen Lippenrand hing als sei es geklebt, mit dem Zeigefinger bestrich, so hatte man den Eindruck, als sitze er in einem Großstadt-Café, dessen Tische halb auf der Straße stehn. So blickte er amüsiert in das Treiben. Ihm ward selbst die Wüste Café. Die Nacht war ihm nicht die ägyptische Sternennacht, sondern die Zeit, in der ein Kavalier sich aus der Wohnung begibt, um sich heitere Dinge begegnen zu lassen. So sehr diese Streifen auf den Raum beschränkt waren, der unser aller Raum leider war, er dehnte sie meist bis drei oder vier oder fünf Uhr früh aus; wer weiß, was er alles erlebte. Der Käfig ward ihm zum Nachtlokal. Traf

man ihn dann, so grüßte er höflich, neigte sich im Hüftenscharnier, wobei der Oberleib unbewegt blieb, und begann eine Konversation. Er erzählte von seiner Freundin Lilo, die er wohl einmal heiraten werde; sie schien nicht pedantisch zu sein. »Ein Roué wie ich – und heiraten! ...«, er meckerte stärker als sonst. Er wußte auf angenehme Weise sein Leben zu schildern. Es komme wesentlich darauf an, versicherte er, sich aus dem Geflecht der gesellschaftlichen Vorurteile zu lösen. Nur die machten das Leben so schwer. Er, eines Tags, habe sich zu dem Grundsatz entschlossen: ist der Ruf erst mal ruiniert, lebst du völlig ungeniert, – seitdem fühle er sich heiter und frei.

Ein- oder zweimal die Woche konnte man ihn auf ein halbes Stündchen vertragen. Dann kam er ins Zelt zu Besuch und man ›nahm zusammen den Tee‹, wenn es auch nur aus den schlecht verzinkten, rostigen Blechnäpfen war, die er mit Zierlichkeit anzufassen verstand. Er fand alles ulkig und chic in der Wüste, so wie man es auf einem ausgelassenen Atelierfest wohl auch etwas unbequem hat, und doch findet mans herrlich.

Auch eine Theatergruppe hatte sich also gebildet. Man denkt vielleicht, eine Schwierigkeit sei der Mangel an Frauen gewesen. Aber im Gegenteil, die Mädchenrollen waren das Beste; sie waren die heitere Überraschung dabei. Immer war es mir unverständlich gewesen, warum das Theater in seinen genialen Epochen, bei Shakespeare und in der Antike, die Frauenrollen mit jungen Männern besetzte. Jetzt sah man: wahrhaftig, es ging. Vielleicht war es falsch, sich zu wundern; man weiß ja, daß auf dem Theater die Natur nichts und Verwandlungskunst alles vermag.

Wahrscheinlich waren deshalb auch die jungen Helden so rar. Nichts Rechtes war aufzutreiben, wie sehr man

auch suchte. Kabale und Liebe waren nicht zu spielen: nicht, weil man keine Luise besaß; auch was die pompöse Lady anging, so wäre sie vortrefflich zu besetzen gewesen. Indessen ein Ferdinand, feurig, unbändig, schnaubend, vor Leidenschaft blind – unter zehntausend jungen Kriegern war keiner zu finden. Seltsame Welt.
Andererseits gab es ein hochberühmtes Ballett. Der Ballettmeister eines Stadttheaters war da und übte todernst mit einer sportlichen Schar. Ferner war das Theater mit einem vorzüglichen Schneider versehen, der sich mit zerschnittenen Moskitonetzen, Zeltstoff und Medikamenten als Färbemitteln behalf und Wunderwerke vollbrachte.
So wurden denn glänzende Ausstattungsoperetten erzielt, man glaubte bei ihrem Anblick zu träumen. Die Vorspiegelung von Luxus, hohem Leben auf eleganten Terrassen in Rivierahotels und allem möglichen sonstigen Glanz war um so verblüffender, als es im verzweifelten Sande geschah. Der verwegene Zauber der Bühne so aus dem Nichts, war stärker als bei manchem Theater daheim: Kulissen und Kostüme, die mit Unechtem den Eindruck des Echten erweckten, gesteigert durch Fluten elektrischen Lichts, die Erregung der Darsteller vor den Auftritten, der Beifall von draußen, das Vorhangziehen, auch der schräge Blick durch die Kulisse hinaus, wenn man von der Bühne ins Publikum sah, dieser Blick über die Rampe, den man einmal getan haben muß, um es zu kennen, zu fürchten und zu verachten zugleich: dieses Publikum, das zu einem einzigen bösen Wesen verschmilzt mit tausend quarkgesichtigen Scheiben, Organen, unwahr, saugend und matt, als seien sie unter Wasser gesetzt. Dumm wie alles, was in Massen auftritt, bewegt sich das tausendköpfige Tier wie Tang hin und her. Wie an einem Drahte gezogen, rucken sie alle zugleich, diese blassen Gesichter; spricht es drüben, so rucken sie

hin, spricht es da, so werden die hungernden Scheiben am Faden hierher gezogen. Unheimliches, blutaustrinkendes Ding.

Jetzt kam das große Ballett, ungarisch war es. Die Tänzer standen zum Auftritt bereit. Sie trugen eng anliegende, knallrote Trikots bis zu den gelappten Schuhen herab, an den linken Schultern baumelten Joppen. Die Partnerinnen hopsten hühnerhofartig auf der Bühne herum, die Hauptdarsteller ließen noch warten.

Da, Musik aus dem Orchester herauf, Vorhang, Auftritt. Der Tanz begann. Vor und zurück, Stampfen und Hoi! Die Farbenkleckse gerieten ins Kreisen und Springen. Vorn, die wirbelnden Tänzer im Rücken, agierte die Diva: das Hänschen, für gewöhnlich ein frischer Hamburger Junge, jetzt völlig vertauscht; er hatte in diesem Stück einen ungeheuren Erfolg. Die Hand über den Kopf geworfen, tanzte er mit seinem Partner die Rampe entlang; sein Blick fiel dabei in die Kulisse. Man mußte denken, er schaue her. Aber es war nur ein Schauspielerblick. Er sah nichts. Das weitgeöffnete Auge sah so wenig wie ein Schlafwandler sieht. Hingerissen war er in ein träumerisch unzugängliches Reich, aus dem man niemanden weckt.

Jetzt kam der Tanz auf dem Höhepunkt an. Der Ballettmeister, zur Prima Ballerina verwandelt, rauschte zum Auftritt heran. Der himmelweit glockende Rock war aus vierzehn Moskitonetzen gemacht, die mit einem Medikament gegen Angina zartlila gefärbt worden waren. Rüschen fielen wie weiße Kaskaden herab. Vom gewaltigen Hut, der schief eine brandrote Perücke zur Hälfte bedeckte, ging ein Halbschleier aus.

»Achtgeben!« schrie die penetrante Erscheinung ganz laut, denn nun war auf der Bühne ein solcher Tumult, daß kein Stillschweigen mehr notwendig war. Ihr Partner, noch vor einem Vierteljahr ein unentdecktes Talent, das in irgendeinem der fünfzig Käfige ein glanzloses Dasein führte, trat mit der Sicherheit des erfolgreichen Stars auf sie zu und zog sie auf die Bühne hinaus, wo er sie mit beiden Händen ergriff, um sie wie einen Federball an sich emporspringen zu lassen. Dann hielt er sie leicht, als wäre es nichts, waagrecht über dem Kopf, stürmte mit ihr an die Rampe vor und leitete den Solotanz ein, der fünf Minuten lang dem Publikum den Atem benahm, legte am Ende die Partnerin glatt vor sich in die Luft und wirbelte sie in Wellenlinien im Kreis, in stolzer, sicherer Haltung, goldzahnblitzend und siegesgewiß, als habe er nie im Leben etwas anderes getan.

XXI

Die folgende Geschichte werde ich tauben Ohren erzählen oder doch halbtauben, da es mir selbst nicht mehr möglich ist, mich in die Lage eines Kriegsgefangenen zurückzuversetzen; ich kann die Lebens-Asche in mir nicht wiederherstellen, in der wir damals versanken. Wer im Wohlstand fortlebt, kann die heftigen Ausschläge zwischen Glück und Unglück nicht kennen; dennoch, Existenz wird nur in der Schleuder erfahren.

Es fehlt wohl auch, um die Geschichte recht zu verstehen, an mancher Kenntnis, so der, daß ein Fluchtversuch zu den Rechten eines solchen Gefangenen gehört, nach der Konvention, an die sich die Briten streng hielten; Andere, zuallererst wir, hatten sie längst schon gebrochen.

Alexander, ein Mariner und junger Mitgefangener, machte von diesem Recht Gebrauch, wie Andere vor ihm. Der Versuch, den doppelten, fünf Meter hohen Stacheldrahtzaun zu durchschlüpfen, war so aussichtslos nicht, und die Schießgasse dazwischen, das Schußfeld der Schwarzen aus Kenia, die auf den Holztürmen Dienst taten, durch die Zähne pfiffen, wenn man dem Zaun auch nur zu nah kam, dennoch, wie wir zu spüren glaubten, wenig Verständnis aufbrachten, für die Händel, die diese Weißen unter sich hatten.

Für ein Unternehmen der Art wurden die frühesten Morgenstunden empfohlen, vor dem Hellwerden, wenn alles ruhig war, müd, endlich Kühle. Dann war der Wachdienst gelangweilt, Halbschlaf möglich, und die Scheinwerfer von weither, Lichtbahnen über den Himmel, wie man es von den Leuchttürmen kennt, Überwachung der

Wächter, damit die auf den hundert Türmen nicht schliefen, verloren an Leuchtkraft.

Doch war der Stacheldraht das größte Hindernis nicht. Das war vielmehr die unendliche Weite und Leere der ägyptischen Wüste, die dann kam. Keinerlei Deckung, leichte Jagd für Hubschrauber. An diesem Überflusse an Freiheit, wenn man die Wüste so nennen will, scheiterten fast alle Ausbruch-Versuche; soviel ich mich erinnere, wurden Alle, die es versuchten, wieder eingefangen, erschienen wieder im Käfig.

Der kleine Alexander war einer der begabtesten und erfolgreichsten Mädchen-Darsteller in unserem Lagertheater, das großen Ruhm hatte. Auch hier muß Denen, die dergleichen nicht erlebt haben, eine Voraussetzung fehlen. Wer weiß denn, daß in nicht wenigen jungen Männern, denen man sonst nichts anmerkt, eine Begabung schlummert, sich auf dem Theater in perfekte Mädchen und Frauen zu verwandeln, kokett oder zärtlich. Die Dosis Belustigung über sich selber, die in einem momentweisen Aus der Rolle Treten besteht, gehört da zum Handwerk, macht das Spiel erst so richtig zum Spiel, die Zehnte Muse weiß das von jeher. Zwar wir lesen, daß Porzia und Rosalinde, Cressida und Julia von jungen Männern gespielt wurden, doch wir meinen, daß dies nur ein Notbehelf war. Das jedoch reicht nicht hin. Wir müßten auch einsehen, daß die zweifache Geschlechtsverwandlung, wie Porzia und Rosalinde sie üben, wenn sie sich in junge Männer zurückverwandeln und in die Zurückverwandlung einen Duft Mädchenhaftigkeit mitziehn, ein starkes erotisches Gewürz war. Wenn der junge Mann, der die Rosalinde spielt, zurückverkleidet als junger Mann im Ardenner Wald dem Orlando begegnet, der in die Rosalinde verliebt ist, sie in dem jungen Mann aber nicht erkennt, und der junge Mann, der die Rosalinde spielt, die als junger Mann verkleidet ist, dem Orlando die Liebe erläutert–: eine solche erotische Schaukel war heftiger, als wenn sich, wie es im Rosenkavalier ist, eine Sängerin, die Hofmannsthal nie gewollt hat, sich in einen pubertierenden Knaben und dann wieder in eine Kammerjungfer verwandelt. Denn wenn Porzia, als Mädchen, ihrer Zofe die Verkleidung in einen Referendar und dessen Sekretär vorschlägt und sagt: »und zwar so verkleidet, daß Alle meinen, wir seien mit dem, was uns doch fehlt, versehen«, so ist das im Fall eines jungen Mannes und Mädchen-Darstellers lustiger und geht natürlich viel besser, als es umgekehrt möglich ist, über Busen und Hüften, wenn sie nun einmal da sind, zu täuschen.

In der Nähe des Käfigs, in welchem Alexander zu Haus war, wenn der Ausdruck Zuhause am Platz ist, lagen Italiener, deren Entlassung bevorstand, da sie als halbe Verbündete der Sieger galten, oder doch zum Viertel. Freier als wir gehalten, hatten sie sich bereits mit Geschenken für ihre Familien und Bräute versehen können; da sich aber das Gerücht einer bevorstehenden Filzung ihres Käfigs verbreitete, Gerüchte, die tägliche Gefangenen-Nahrung, und der Besitz ziviler Kleidung bei Strafen verboten war, flog ein Bündel, das Blusen, Röcke und anderes Weibliche enthielt, in den Nachbarkäfig, üblicher Vorgang, und verblieb dort, da die Italiener überraschend wegkamen. Es gelangte in Alexanders Besitz, aus Berufs-Gründen.

Ein paar Nächte später war es, daß Alexander durch den Zaun ging. Zu diesem Zeitpunkt trug er noch unsere Gefangenen-Kleidung, die insgesamt noch kein Pfund wog: die verwaschene graue Baumwoll-Hemdjacke, in deren Rücken ein großes Viereck geschnitten und ein schwarzes eingenäht war, POW-, Prisoner of War-Zeichen, und die kurzen Hosen mit den schwarzen Längs-Streifen. Wäre er am Zaun geschnappt worden, so war seine Lage, solange er noch in Uniform war, wie sich denken läßt, besser. Unterm Arm das wichtige Bündel.

Der Mohr döste wohl. Kein Anruf, kein Warn-Schuß. Als es hell wurde, hätte man am Horizont eine junge Dame sehen können, die sich über den Wüstensand auf das Araberdorf Tel el Kebir zu bewegte, mit zu großen Schritten. Die Schuhe drückten enorm; aber da der Sand mit steigender Sonne schnell heiß wird, ging es barfuß erst recht nicht. Die Gefangenen-Kleidung ruhte irgendwo unterm Sand, künftige mögliche Ausgrabung.

Niemand war da, der den Vorgang beobachtet hätte. Wunderbarer Weise gewann die Person die Asphaltstraße, die von Ismailia, Port Said oder von Suez nach Kairo oder Alexandria führt, an dem Kanal entlang, der den Nil mit den Bitter-Seen verbindet, auch mit dem Kanal von Suez, aber viel älter als der ist, Herodotos spricht schon von ihm. Am eisernen Wackel-Tischchen bei der Station der eingleisigen Bahnlinie ließ der Gras-Aff sich nieder.

Saß nicht lang. Es war nicht lange Zeit, daß er seine stumpfe Nase, Sommersprossen, in den heißen Wind hielt. Nicht sehr gepflegtes, aber langes Blondhaar hing unterm Tropenhelm vor; es muß noch erwähnt werden, daß es im Lager allein den Mädchendarstellern erlaubt war, die Haare lang wachsen zu lassen; sie wurden leidenschaftlich darum beneidet. Sonst war bei den Briten, bei denen es so preußisch zuging wie bei den Preußen, Stummelhaar vorgeschrieben: das alte Abzeichen des Freiheits-Verlusts und des Knechtstands. Zwischen den Gefangenen und ihren Wächtern, die auch kurz geschoren waren, gab es den erbitterten Krieg um jeden Haar-Zentimeter, der offenbar so lang währt wie es Militär gibt.

Ein recht großer Wagen kam von Ismailia her, fuhr vorbei, bremste nach zweihundert Metern, setzte zurück, nahm den Gast auf. Nach anderthalb Jahren baumloser, strauchloser Wüste war schon die Reise am grünen Kanal, an dessen Ufern sogar etwas Gras wuchs, und Eukalyptusbäume, Grund zur Hochstimmung. Der junge Mariner verfügte über einiges Englisch, die Unterhaltung ging so. Offenes Kabriolett, Fahrwind, Lederpolster und Chrom.

In Zagazig teilt sich die wichtige Straße; während es rechts nach Alexandria geht, biegt man für Kairo nach links ab. Sei es, weil Verhandlungen, die geführt wurden, nicht zu dem schnellen Ziel führten, das sich der Kaufmann gedacht hatte, sei es, weil Alexander es für richtiger hielt, Fahrzeug und Gastherrn mehrere Male zu wechseln, man trennte sich. Auf hohen Absätzen, im überraschend volkreichen Araberstädtchen, stand das Fräulein wiederum allein da.

Abermals nicht lange. Ein Military Laster kam, von einem Schwarzen gesteuert, schräges Käppi, Weißzähne. Ein Johnny, das war ja auch besser; er konnte ja beinah als Kamerad gehen. Zudem war der ganz glücklich über eine so leckere Gesellschaft, die für ihn ganz allein da war; er strahlte über dem Lenkrad, zeigte Elfenbein-Zähne und gute Laune, kam fast von der Fahrbahn ab, weil seine Augenbälle so oft und so weit nach links gingen, lachte viel, hopste im Sitzen.

Auf einmal war man in Kairo. So einfach ist das dann eben. Fünfhundert heiße und staubige Wüstentage und nun, als wäre nie etwas anderes gewesen: Frauen, Zeitung-Schreier, elegante Geschäfte, Benzingeruch, köstlich, und Zukunft. Große Wagen mit arabischen und britischen Kennzeichen.

Also das war die Freiheit. Sie war mit Problemen verbunden, während man im Camp ja nicht lebte, vielmehr gelebt wurde.

Alexander war im Besitz von Klimpergeld, nicht vielem,

das er sich auf Theaterfahrten durch Verkauf von Habseligkeiten an Araber gesammelt hatte. Für einen Kaffee mochte es gehen. Er setzte sich an das Tischchen eines eleganten Straßencafés, schlug die Beine übereinander, rauchte, blickte um sich, als wenn er ein entwichener Kriegsgefangener wäre, der so tut, als wäre er keiner. Die Nase, die Nase. Sie hatte es schon einmal geschafft.

Ein Ägypter, braunes rundes Gesicht, vollmondig, polsterbackig, kleiner Schnurrbart, roter Fes, heller Seiden-Anzug, Zigarette (Simon Arzt) im Mundwinkel, wurde vom Menschenstrom hergeschwemmt, nahm am Nebentisch Platz. Kleines Geplauder, französisch ging nicht, englisch bei Beiden knapp, ging so. Der Vollmond erwartete abends Gäste bei sich, ob das Fräulein nicht kommen wolle; muntere Leute, nichts weiter, ganz harmlos. Das Fräulein zierte sich. Dafür sei sie nicht angezogen, sie sei verloren worden, unglücklicherweise. Sie besitze im Augenblick nur, was sie trage.

Der Herr hörte gern, daß Sukkurs nötig war, zeigte sich investitionsfreudig. Wer kennt nicht die Leidenschaft des Orients, eine Partie zu eröffnen durch Schenken. So, uralte Erfahrung, entwickelt sich etwas. Dann müsse eben Couture beschafft werden. Nichts leichter, es könne auf der Stelle geschehen. Er wisse ein exzellentes Geschäft, sei bekannt dort, man könne sogleich hingehen. Was für ein Vergnügen müsse es sein, einem so charmanten und frischen, so blonden Geschöpf, das so kühl sei wie eine Mondnacht, die Einkleidung zu geben, die ihm zustehe. Den Zuckerguß, wie er sich ausdrückte.

Was Kleider so machen. Man erwarb ein nachtblaues, knappes Kostüm, Marine-Touch, sehr gut zu den lustigen Blau-Augen. Auch Wäsche. Auch einen karierten Hosenanzug, dem eine zurückgeschobene Mütze eine Note

Göre, Zaza, Gamin gab. Ein Friseur fand sich, dem es eine Passion war, aus dem langen, aber zu wirren und staubigen Blondhaar etwas schulterlang Fallendes zu machen, mit Reflexen. Der Erfolg war verblüffend. Es ergab sich ein Zustand, von welchem jeder Mann in Ägypten sich sagen mußte: Allerdings, das war es, was ich im Sinn hatte.

Es wurde ein fröhlicher Abend. Der Ägypter, Tabak, besaß im Hochhaus die Dachwohnung; weite, schneeweiße Terrassen. Aus der Tiefe Palmen und schwarze Zypressen. Musik, der volle Sternenhimmel, eisgekühlte Getränke. Großstadt-Lärm aus der Ferne. Alexander, der sehr jung war, gegen Kriegs-Ende kamen ja immer jüngere Jahrgänge daran, nahm die wunderbare Verwandlung der Szene so hin; man muß siebzehn Jahre haben, um Wunder nicht weiter verwunderlich zu finden. Kein flüchtiger Gedanke mehr an Erbsensuppe gestern, heute und morgen, an den Picknapf aus Zinkblech, an das Acht-Mann-Zelt, zwei Quadratmeter Wüstenboden für Jeden.

Der junge Gast mit der dunklen, etwas brüchigen Stimme sprach wenig, wußte mit Blicken zu danken. Seine Zurückhaltung, die dennoch mit einer gewissen Keckheit gepaart war, trieb ihm Sympathien zu in Schüben. Ein älterer Herr von Welt, von welchem viel Sicherheit ausging, war es, an den sich das junge Ding enger anschloß als an Altersgleiche. Der Kavalier alter Schule, Mitte fünfzig, kann sein ein wenig darüber, Grauschläfen, wußte mit der liebenswerten Person wie mit einer Tochter zu scherzen; der gefiel das. Sie lachte viel. Er war Reeder; jetzt, wo die Meere nach so langer Zeit wieder frei waren, hatte er Schiffe nach dem Piräus, nach Genua, Marseille und Übersee laufen; solche Möglichkeiten ließen den Fant aufmerken. Es war eine Menge Harmonie da.

Es kam so, daß das junge Geschöpf die Einladung annahm, eine Weile im Haus des Reeders zu wohnen, das weitläufig, wohl ausgestattet und reichlich versehen mit Personal war, arabischem, mit welchem man sich ohnehin nur durch Gesten verständigen konnte. Großer Palmengarten. Es bedeutete dem Ägypter viel, von immer gutgelaunten siebzehn Jahren umgeben zu sein.
Zu den Widersprüchen, aus denen Welt und Leben bestehn, gehört: Junge Leute, die so viel Zeit vor sich haben, können weniger warten als Ältere, deren Jahre doch gezählt sind. Die vermögen zu warten. Lange, doch allzulang auch nicht. Eines Abends saß man beisammen, rauchbrauner Cognac, der an die Schwelle des Süßen herankommt, doch er überschreitet sie nicht; man trinkt ihn gern so im Südosten. Man saß auf einem breiten niedrigen Divan, das Blumen-Kleid, welches die junge Person trug, die Hand des Ägypters verschob es. Da sprang der Siebzehnjährige auf, rief, alles sei Schwindel, Betrug, den er satt habe, und daß er ein deutscher Kriegsgefangener sei, aus dem Lager 379, das nahe der Senke von Tumilat liege, in der Wüste. Und er sei gar kein Mädchen, vielmehr Soldat und ein Junge.
Solchen Bagatell-Fragen, erwiderte der Ägypter, messe man in seinem Land zu große Bedeutung nicht bei. Es handele sich um ein Detail.
So wäre denn alles aufs Beste gewesen und hätte so gehen können bis zur Auflösung der Lager, zur allgemeinen Heimkehr. Alexander blieb vor der Welt Alexandra, auf der Straße, in den Lokalen, die man gern und häufig besuchte; Vorsicht war ja am Platz, die Stadt wimmelte damals noch von Briten.
So aber liefs nicht. Vielmehr es lief, wie es in vielen Fällen seitdem die Welt besteht, auch lief: Alexander wurde zu sicher. Vom Glück begünstigt, von Erfolgen verwöhnt, übertrieb er. Mochten Andere ihr Mißgeschick

haben; er doch nicht. Frechheit sein Gewehr und das Glück seine Freundin.

Eines Nachts war man in einem Lokal, einer Tanz-Bar. Es wurde getrunken. Ein wohlmeinender Beobachter, wäre er zur Stelle gewesen, hätte abgeraten. Englische Offiziere waren da, Alexanders natürliche Feinde, die überlistet zu haben und weiterhin zu täuschen die Lust des verkleideten POW war. Es gab ein Hinüber-Herüber mit einem Captain; der vermutete, daß das junge, übermütige Ding nicht zufrieden sei mit seinem so viel älteren Begleiter, und holte es zum Tanz ab. Es war 1946 und wir alle Alle glaubten, für unser ferneres Leben die Out-Casts dieser Erde zu bleiben; wie hätte es den Ausbrecher nicht erregen sollen, sich der Schlinge entzogen zu haben und seine Gefangen-Halter zu bluffen. Also tanzte er mit ihm, ein Mal, mehrere Male. Dabei kam ihm der Brite zu nah, stutzte, sah ihn scharf an, streifte ihn mit dem Handrücken nachdrücklich dort, wo gestreift zu werden er keinesfalls wünschen konnte, da gab der junge Mariner dem Offizier eine Maulschelle, die durchs Lokal schallte. Es war nicht der Schlag einer Dame, eher seemännisch. Knapp, daß es den Beiden eine Taxe zu gewinnen gelang.

Der Ägypter, so edel war er, machte dem jungen Freund keine Vorwürfe, murrte bloß, nicht er sei es, der die Military Police zu fürchten habe.

Wochen gingen hin, da gerieten die Freunde, von einer Gesellschaft spät heimkehrend, in dasselbe Lokal, das zwei Eingänge von verschiedenen Straßen her hatte. Sie hätten sofort wieder gehen sollen. Denn der Bar-Keeper hatte sie wiedererkannt und scherzte zu zwei Gästen, die auf den Bar-Hockern saßen, dort drüben könne man eine junge Dame sehen, die habe jüngst einen britischen Offizier geohrfeigt, öffentlich. Denn die Ägypter freute natürlich der Vorfall. Es waren aber zwei britische

Offiziere in Zivil, die er so unterhalten wollte. Die Military Police kam alsbald.
So kam es, daß der kleine Alexander wieder bei uns im Käfig aufschien, wieder tägliche Erbsensuppe, wieder Leben wie Abwasser, morgens eine Stunde lang Zählung, abends eine Stunde lang Zählung, dazwischen Haar-Appell, Zelt-Appell, wieder graue Baumwoll-Hemdjacke und Hose, wiederum Lagergerüchte, die tägliche Gefangenen-Nahrung, wieder Im-Zelt-Hocken, wo er mir und Anderen das alles erzählt hat.

XXII

Man sieht, es war ein ganz schönes Narrentheater beisammen. Ein Abbild der Welt, nur unverhüllter, bunter und alles näher zusammengerückt.

Seltsam, was es nicht alles gab. Unerklärlich entstand dasselbe an ganz verschiedenen Orten, ohne Zusammenhang, aber offenbar nach demselben Gesetz. Auf einmal gab es überall Gruppen besonderer Art: die Frömmler. Was hatten diese Menschen in vergangenen Zeiten nur mit ihrer Frommheit gemacht? Man hatte doch überhaupt nichts davon bemerkt. Vielleicht hatte die Wüste sie umgestimmt, das konnte immerhin sein; man mußte begrüßen, wenn neue Frömmigkeit über das Land ging, und bedauern, daß es nicht längst schon so war. Jetzt jedenfalls waren Viele vom Gotteseifer ergriffen. Zu mehreren, wiederholten Malen am Tag fanden sich Beter und Vorleser in Scharen zusammen; man mußte sich wundern, mit welchem Freimut sie sich vor Allen bekannten.

Man wird nicht behaupten, es seien nicht auch redliche Leute unter ihnen gewesen. Aber im ganzen war da viel Tarnung und Falschmünzerei. Es erregte Heiterkeit, als bei einem Weihnachtsfest einer der bekanntesten Betbrüder vor den Christbaum trat, der leider nur aus Holzlatten mit eingesteckten Querstäben bestand und in der Mitte des Sandplatzes unter den Sternen errichtet war, und die Versammlung ersuchte, etwas Eigenes vortragen zu dürfen. Das Verfaßte erwies sich als ein gereimter, außerordentlich frommer Erguß, der in eine Mahnung zur Einkehr und Bewährung ausklang. Er pries die Geduld als einen Schatz, den zu bewahren man alles daransetzen müsse. Als die Lesung zu Ende war, trat der Redner bescheiden ins Dunkel zurück. Ohne Verzug, wie sich später ergab, ging er, während die Versammlung singend verharrte, in irgendein Zelt, wo er einen großen Vorrat von Zigaretten stahl – einen Schatz sozusagen, den zu bewahren der rechtmäßige Besitzer gewiß alles daransetzen mußte.

Nach einigen Monaten war die ganze bigotte Welle verebbt, nicht eine Spur war mehr da.

Die Sache wäre kaum von Bedeutung gewesen, wäre es nicht ein Abbild der Geistesverfassung im großen gewesen. Aber seit langem bewegen sich geistige Strömungen aller Art, Kunstgeschmack, Büchermoden, in einer Art von gemeinschaftlichem Wahn. Solang aber Meinungen wellenweis herrschen, Überzeugungen auskommen wie Feuer auskommt, und Glaubenssätze sich wie Gerüchte verbreiten, solang ist es gleichgültig, welche Parolen gerade erklingen. Solang nicht die Anschauungen eines jeden von den Dingen der Welt von ihm selber erdachte, erwählte und erfahrene Ansichten sind, solang sind die guten Meinungen ebenso schlecht wie die schlechten.

Das schlimmste Fieber war natürlich der politische Haß. Von allen Seiten war er entfacht, nur das Radikale schien Stimme zu haben. Das Gefühl schien verlorengegangen zu sein, daß Politik nicht die wichtigste Sache des Lebens sein kann und daß erst, wenn der einzelne eine innere Ordnung erlangt hat, an allgemeine Ordnung gedacht werden kann. Anstatt dessen wandten alle ihr ungeordnetes Innere nach außen. Es war unheimlich: ein Lebensstoff, ein Hormon, das früher das Zusammenleben der Menschen gelenkt hatte, blieb mit einem Mal aus. Die Bewohner eines Hauses, einer Stadt, eines Landes gehörten nicht mehr zusammen, es war nicht mehr so, daß sie über Gegensätze hinweg das Richtige suchten. Es war vielmehr so, daß man glaubte, nicht mehr leben zu können, wenn der Gegner auch lebte; man hätte ihn am liebsten vertilgt. Aus Wettkampf war Raubtierkampf geworden. Der Boden, auf dem alle standen, schien zerschmettert zu sein, lauter Trümmer trieben im Meer der Verzweiflung umher und die Bewohner des einen Trümmerstückes haßten die andern.

Dabei waren die sozialen Unterschiede damals doch gerade gänzlich getilgt. Alles war gleich. Kaum Einer konnte sich rühmen, Vorteile zu haben. Essen und Wohnen war gleich – so gleich, wie es sonst nirgendwo auf der Erde sein kann, denn jeder hatte auf die Handbreit genau so viel Platz und auf den Fingerbreit genau das gleiche im Napf wie der Andere zu essen. Aber waren damit die sozialen Probleme gelöst? Hätte es eines Beweises bedurft, daß damit zur allgemeinen Befriedung nichts erreicht ist, so hätte man ihn damals gefunden. Die Gabe, aus dem Vorhandenen etwas zu machen und zufrieden zu sein, wird eben von keiner Regierung verteilt.

Diese trübe Erfahrung, die nichts gegen soziale Gerechtigkeit sagt, nur viel gegen die Menschen, wäre durch manch andere Erfahrung, die man damals gewann, zu ergänzen. So fiel auf, daß alle, die ein Handwerk verstanden, sich am besten behalfen. Unter ihnen war keine Ratlosigkeit. Sie eröffneten eine Werkstatt, die oft nur aus einem Hocker bestand, den sie vor sich auf den Knien hatten. Uhrmacher, Brillenflicker und Füllfederhalterverbesserer waren gesucht, Schuhmacher erfanden ein schönes Modell aus Segeltuch mit hübschen Besätzen und gewickelten Sohlenstricken, Spielzeugbastler hatten über den Zaun einen guten Verkauf und die Schneider konnten nicht genug liefern. Fieberhaft arbeiteten Blechschmiede; Blech von Kanistern und Dosen gab es in Fülle.

Sie machten Koffer und Kästen, Rasierzeug-Etuis, Wassereimer, Spiegel und Teebecher aus Blech. Ein Musiker fügte aus Gott weiß welchem Stoff ein regelrechtes Hammerklavier für drei Oktaven zusammen, es sang, ein rührendes Clavichord, elfenhaft flüsternd aus dem Zelt in die Nacht. Alle diese hörte man niemals klagen. Es wäre im Widersinn zu ihrem eigenen Gewerbe gewesen; sie hätten sich selbst angeklagt, daß sie nichts Besseres konnten.
Nur eines Handwerkers erinnere ich mich, der unglücklich war: aber nur, weil er sein Handwerk nicht ausüben konnte. Es war ein Konditor aus Mannheim. Er war still, litt am Heimweh und sah viel in die Luft, und wenn sie ihn fragten: Hermännle, was hast denn jetzt wieder gedacht? erwiderte er: »Gebacke hab ich halt wieder, ganz extrae Sache! Ein Pfund Mehl, wenn ich wieder daheim bin, ein einziges Pfund, und ich fang wieder an, und in fünf Jahr hab ich alls wieder, mit alle Maschine!«
Eine andere Erfahrung war, daß die geistigen Arbeiter keinen Grund hatten, Angst vor dem sozialen Ausgleich zu haben. Sie litten unter dem Mangel nicht so wie andere litten. Sie waren gewohnt, bescheiden zu leben. Ihr Leben war reich, wenn sie Zeit hatten; ihr Besitz hieß: Bücher, Freundschaft, Gespräch. Aus welcher Trägheit hatten sie es vor zwei Menschenaltern versäumt, dem Rufe zu folgen, der in den ›Webern‹ und in den ersten Blättern der Kollwitz an sie erging? Ihr Platz war doch gar nicht auf der Seite des Gelds? Ihre Sache wäre doch eher die Sache der Armen gewesen; es war falsch, den Anschein aufkommen zu lassen, als ob zwischen ihnen und der Armut eine Feindschaft bestünde. Waren denn nicht aus den engen, dürftigen Stuben von jeher die herrlichsten deutschen Aufschwünge, die lichtesten Träume und gläubigsten Lieder, die trunkensten Bilder

und, wie Gewölke, die tapfersten Philosophien gestiegen?
Auch von dieser Seite betrachtet, war es eine seltsame Lage. Alle waren gezwungen, ihr Leben ohne Voraussetzung weiterzuführen. Plötzlich war alles weg und alles wurde noch einmal verteilt wie bei der Geburt: viel gleichmäßiger noch. Alle waren gezwungen, sich zu sammeln und sich zu fragen, was sie noch besaßen, wenn man ihnen alles, was raubbar ist, nahm: Besitz und Rechte und Einfluß und Rang und Beruf und Haus und Heimat und Geld. Es kam darauf an, ein Leben aus eigenen Mitteln zu führen, ohne daß es sich zur Fratze verzerrte.

XXIII

Es gibt ein arabisches Sprichwort, das zu den Sätzen gehört, die man trägt wie einen kostbaren Stein. Ein Jahrtausend scheint in solche Sätze verdunstet, eine Wüste in sie verdichtet zu sein: ›Die Hunde bellen‹, heißt es, ›aber die Karawane zieht vorüber.‹

Es war, wie man sieht, im ganzen ziemlich verrückt, es grenzte an Wahnsinn. Die Hitze brütete Wahnsinn aus. Was war da zu tun?

Nun, keine Frage. Nichts Besonderes. Nichts Neues. Nichts, was nicht sonst auch zu tun war.

Freilich, auch Paul, dessen Nähe so wesentlich war, war im Register der Narrheit zu führen. Er war in diesem vergangenen Jahr noch ein bißchen verrückter geworden; die Narretei gedieh prachtvoll auf ihm.

Seit neuestem schrieb er sich eine Privatbibliothek zusammen. Die erste Post, die er empfing, teilte ihm mit, daß in der pommerschen Kleinstadt alles verbrannt war; Sammlungen, Bilder und Bücher, es war alles dahin. Nach einigen Tagen, in denen er verstört und zornwütig war, kam er auf die Idee, sich für die verlorene Bibliothek eine neue zusammenzuschreiben. Nächtelang saß er mit schiefgezogenem Mund, tunkte und schwenkte die Feder und schrieb. »Hölderlin?« schrie er und übte eine seiner höchst effektvollen Gesten, indem er die Hand mit zwei senkrechten Fingern dicht neben dem Kopf hoch emporfahren ließ: »Wer weiß, wann ich mir den wieder kaufen kann! Ich hab doch nichts mehr!« und schrieb ihn bändeweis ab. Was er fand, schrieb er ab. Schulhefte mit blauen Linien mußten ihm dienen. Zehn oder zwölf solcher Hefte ließ er von einem Buchbinder zu klobigen Bänden vereinen. In der Tat wuchs eine Art Bibliothek, in der freilich alles kunterbunt stand.

Auch Paul war in den neuen Käfig herübergezogen und wohnte jetzt auch in einem besseren Zelt. Seitdem aber war die letzte Ordnung aus seinem Leben gewichen. Er schlief nur noch am Tag; nachts saß er bei einem faustgroßen Öllämpchen und schrieb. Ein roher Brettertisch auf hölzernen Böcken war das Ziel seiner Wünsche gewesen; nun hatte er aber nicht viel davon, weil er ihn mit Stößen von Büchern und Heften und Kartons seiner Sammlung wie einen Möbelwagen belud; nichts blieb frei als ein schmaler lichtloser Schacht, in welchem er aß, kramte und schrieb. Zudem trieb sich viel Eßware auf den Gebirgen des Tisches umher; Paul brach oder schnitt niemals das schöne Weißbrot, das wir immer bekamen, er höhlte es mit den Fingern aus, die er wie einen Rechen benutzte, und aß nur das Weiße, so daß viereckige gebackene Tröge verblieben, die er verschmähte. Sie dorrten, bis einer von seinen hungrigen Schülern erschien und sie dankend verzehrte.

Besondere Sitten hatte er in bezug auf den Tee. Er behauptete, den üblichen nicht trinken zu können, hielt sich einen eigenen Vorrat von Blättern und sott sich mehrmals am Tag ein starkes, gallenbitteres Getränk, das Schillerflecken auf der Oberfläche aufwies und wie Gerberlohe schmeckte und roch, besonders weil er aus Sparsamkeit die alten Blätter lang auf dem Grunde des rostigen Blechtopfs beließ, wo sie allmählich versumpften. Da seine Lagerstatt sich gleich hinter dem Tisch zu ebener Erde befand, geriet er tagschlafend öfters unter den Tisch, was den Anschein erweckte, als habe man ihn bei einer Zecherei zu Boden getrunken. Unter dem Tisch ragten dann seine Füße hervor, bis auf die Sohlen in Strümpfen. Eigentliche Strumpfsohlen näm-

lich bestanden nicht mehr, sie waren verbraucht, so daß sich ein Anblick ergab, der an die verschollene Mode der Fingerhandschuhe gemahnte.
Ich merkte erst spät, daß es die geheime Sehnsucht all dieser Verrücktheiten war, von der Mitwelt besprochen zu werden. Skandalisierten sie nicht, so war ihr Dasein verfehlt. Denn Paul genoß sich selber sehr stark; er schlürfte seine Absonderlichkeit wie einen Wein, seine Marotten waren ihm leckere Bissen. Er sah nicht, daß Extravaganz das Gegenteil ist von dem, was sie behauptet, zu sein: keine Freiheit, sondern Bindung an das, was dem Brauche entgegengesetzt ist. Wäre plötzlich Tagschlaf und Nachtarbeit allgemein Sitte geworden, wäre Paul gezwungen gewesen, aus Widerspruch das ganz Normale zu tun. Er sah nicht, daß in widersinnigen Zeiten das Herkömmliche genug Besonderheit ist.

Man soll das Abenteuer nicht scheuen, seine Freunde, diese Übertreibungen des eigenen Ich, gegeneinander auftreten zu lassen: so stellen sich einem die Möglichkeiten, die man selbst nur im Entwurfe besitzt, am augenfälligsten dar.
Ich wagte es, Paul und Haffner zusammenzubringen. Sie kannten sich kaum. So kam es, daß ich mit beiden Freunden fast nie zusammen verkehrte.
Nun lud ich beide zu einem Tee. Es empfahl sich, Anziehungsmomente für ein solches Treffen zu schaffen. Haffner sagte ich, wir wollten etwas von Pauls Sammlung ansehn; er hatte noch nichts davon kennengelernt. Paul sagte ich, er dürfe es zeigen, und beiden sagte ich, ich sorge für Tee nach kolonialer Manier: ein Drittel Tee, ein Drittel Zucker und ein Drittel verdichtete Milch; das Ganze schmeckte wie Honig.
Als erster zur verabredeten Zeit kam Haffner. Mit ihm

zusammenzusein gab immer ein zuverlässiges, beruhigtes Gefühl. Es war das Gefühl, das sich so leicht in der Nähe von Künstlern ergibt; bei ihnen ist das Unerschöpfliche, das so voller Zuversicht macht. Man weiß, man wird nie mit ihnen zu Ende sein: denn Kunst hat kein Ende. Auch war Gelassenheit da; man war sicher, das Gespräch werde nicht stocken, die Meinungen würden nicht zu verschieden und nicht zu übereinstimmend sein, und Mißverständnisse schlossen sich aus. Haffner war einer von denen, deren Gegenwart fördert; er sprach leicht und hörte gut zu.

Hat man je einen Künstler gesehen, der nicht am liebsten von seinen eigenen Sachen spricht? Nur Höflichkeit hält sie bisweilen zurück oder Klugheit, um nachher um so gewisser auf ihr Thema zu kommen. Ich war so einsichtig, Haffner sogleich nach seinen Angelegenheiten zu fragen. Er hatte Ärger mit vorgesetzten Instanzen. Der Erste Hornist des Orchesters war krank, den Zweiten hatte man soeben wegen einer Bagatelle bestraft. Darauf hatte Haffner erklärt, ohne Hornisten könne er weder die siebente Beethoven-Symphonie noch die Oberon-Ouvertüre spielen; beides stand auf dem Programm. Das wiederum hatte man für eine widersetzliche Ausrede gehalten: er verfüge über vierundvierzig Musiker und werde doch einem britischen Oberst nicht weismachen wollen, daß es mit zweiundvierzig nicht ebenso gehe. Im übrigen seien die Gäste geladen und das Konzert finde statt – oder überhaupt nie mehr ein Konzert.

Soweit war die Geschichte schon in den vorhergegangenen Tagen gekommen; nun fragte ich Haffner nach Neuem. Er erzählte, er habe jetzt den Vorschlag gemacht, er werde bei dem Konzert das Horn selber spielen und Fritz, der Kapellmeister der Operette und der Unterhaltungsmusik, solle für ihn dirigieren. Das war eine kluge Haffner-Idee. Sie mußte die höheren Stellen doch wohl erweichen und veranlassen, den eingesperrten Hornisten freizugeben. Haffner als Spieler in seinem eigenen Orchester unterm Operetten-Kapellmeister: das war natürlich ein heiterer Triumph.

»Ich denke doch nicht im Ernst«, sagte er nun, »daß der Oberst das macht! Aber er hat es angenommen und überhaupt nicht gemerkt, daß das eine Blamage für ihn sein soll. Im Gegenteil, er hat ausrichten lassen, nun sehe man, daß es gehe, wenn ich nur wolle.«

Wir lachten. Das war nun die Art, wie er arbeiten mußte. Es war eigentlich nichts als die uralte Lage der Kunst, die in ihren glänzendsten Zeiten aufspielen, lustig machen und zu Diensten sein mußte. Der Gewinn, der aus solch einer Lebensrolle entspringt, ist eine sonst kaum erreichbare Unbeschwertheit, ein Nichternstnehmen dessen, was auf der Bühne des Lebens geschieht. Es ist der unerhörte Gewinn, die Wirklichkeit, dieses Narrentheater, einmal aufrecht und noch einmal wesenlos und verkehrt im Wasserspiegel der Betrachtung zu sehen. Dieser zwiefache Blick ist ein Göttergeschenk, das die Ächtung entgilt.

Jetzt war draußen vom Wege Pauls Schritt und der wetzende Laut seiner langen Zeltplanen-Hosen zu hören. Der Eingang verdunkelte sich, er neigte sein Burgundergesicht in die Tiefe herab, stellte die Zeremonie ›Zwei Männer, sich in höherer Stellung vermutend, begegnen sich‹ dar, sagte: »Ich bitte um den Vorzug, mich assoziieren zu dürfen ...« und fügte, höflich gegen Haffner gewandt, ein paar Sätze auf Russisch hinzu. Haffner nämlich, der bei seinem musikalischen Ohr sehr sprachbegabt war, verstand etwas Russisch; er konnte mit einem russischen Satze erwidern.

Nie war mir so wie in diesem Augenblick klar: ein

Meilenabstand trennte die Freunde. Niemals würde es guttun, sie zusammenzubringen. Wie war es möglich, das zu verkennen? Erst der Moment, der sie so vergleichbar machte, ließ es mich sehen. Haffner schien mir in dem Augenblick Puschkin zu sein: Weltmann, geformt, ein Künstler auch im Ansehen der Welt, – Paul aber Oblomow: Sendling eines ganz anderen Rußland: Alptraums der Welt. Wie jener sich ganz in der eigenen Wirrnis verliert, in einem kalten Nebel zeitverbrauchender Melancholie, so schien mir Paul in drückenden Nebeln befangen zu sein.

»Meine Herren«, sagte er nun, indem er sich setzte und starr vor sich hinsah, »eröffnen wir das Gespräch. Wie kommt es, daß man immer wieder auf das Vorurteil stößt, die Kunst unserer Tage sei schwächer als die einer vergangenen Zeit? Ich rede nicht von den Verächtern der Kunst überhaupt, nicht von den Armen, die sie nicht kennen, und nicht von den Böswilligen, die allem Neuen abgewandt sind und wünschen, das Rad der Zeit rückwärts zu drehen. Aber nein: auch von Einsichtigen hört man oft, die Kunst unserer Tage komme doch im ganzen nicht über ein kühnes Experimentieren hinaus – Ansätze vielleicht, aber im ganzen sei es kein Weg. Woher dieser verblendete Kleinmut? Woher diese Unkerei, als sei alles am Ende?« Haffner, mit Pauls monomanischer Art nicht vertraut, war dieser ganz beziehungslosen Ausführung erheitert gefolgt; das Wunderliche, das ja eine Spielart des Talentvollen ist, erheiterte ihn. Er ging darauf ein. So sehr Paul, immer sprechend, immer sich darzustellen bemüht, zuletzt aber immer ohne Verbindungen blieb, so sehr war Haffner, der eigentlich In-sich-Gekehrte, in jeder andern Seele zuhaus. Jetzt stimmte er, Pauls Unart Art gebend, zu. Kunst habe eben einmal esoterische Zeiten und dann wieder Strekken, in denen sie sich in breiter Aufnahme finde; beide

Zustände sagten über ihre Bedeutung nichts aus. Im übrigen sehe auch er zu Geringschätzung der neuen Musik keinen Grund, wenn man davon absehe, daß eine mit nichts vergleichbare Zeit schon mit Mozarts Tode beendet sei.

Paul konnte alles vertragen, nur Zustimmung nicht. »Ich lasse mich auf keinerlei Vorbehalt ein!« rief er mit blauaufgerissenen Augen und verschwor sich, die Meister der neuesten Zeit seien so groß wie die Meister der größten Epochen. »Ich stehe nicht an«, rief er mit Leidenschaft aus, »den Modernen, die so kühn in Bereiche vorstoßen, die vor ihnen niemand zu betreten gewagt hat, genau soviel Bewunderung zu zollen wie den Meistern des Quattrocento und denen zu Dürers und Grünewalds Zeit!«

Eine Sandhose, die dicht am Zelt vorbei fuhr, unterbrach das Gespräch. In den heißen Stunden des Tags passierte das oft; es bildeten sich leichte, kurzlebige Wirbel, die sich zu großen Höhen erhoben, Sand, Staub und Kehricht mitführten und sich schnell weiterbewegten.

Paul hatte einen Kasten seiner Sammlung unterm Arm mitgebracht. Ich bat ihn nun, etwas zu zeigen. Er ließ sich nicht lange bitten, dazu war er immer bereit.

»Ich habe«, erklärte er, zu Haffner gewandt, »eine Auswahl getroffen, die mir für Sie bedeutsam erschien.« Wenn Paul so etwas sagte, mußte man mit allerlei rechnen; sicher waren Blätter dabei, die Haffner vermutlich entsetzten. Es war undenkbar, daß Paul sich entgehen ließ, jemanden zu frappieren. »Ich bin nicht unterrichtet«, fuhr er fort, indem er sich rednerisch Zeit ließ und die Sätze nachdrücklich ausrollen ließ, »was an moderner Kunst Sie bevorzugen oder ablehnen, und nicht einmal, wieviel Sie in jüngstvergangenen Jahren Gelegenheit hatten zu sehn. Man trifft es nicht selten, daß sogar bedeutende Künstler sich nur in ihrem engeren Kunstbereich als erfahren erweisen. Ein Maler, der das gespitzteste koloristische Empfinden besitzt, spricht in Wendungen, deren Banalität Einem die Ohren zerreißen, und ein Schauspieler, der in der Vorstellung die Rätsel einer Dichtung haargenau in verblüffender Einfachheit löst, redet hernach das konfuseste Zeug. Sollten Sie von der Moderne nur Weniges kennen: eben das wäre mir lieb. Für mich ist es überaus wichtig, zu sehen, wie sich jemand bei erstem Anblick verhält. Bei älterer Kunst sind wir alle nicht unvoreingenommen genug. Wir sind durch Bildung, die als größtes Hindernis zwischen uns und den wahren Einsichten steht, nicht in der Lage zu wissen, welche Ordnung sich in unserem Kopfe vollzöge, wenn wir die großen Werke ganz ohne Belehrung erblickten: uns selbst überlassen, wie Kaspar Hauser es war. Seien wir sicher, es würde Überraschungen geben. Bei moderner Kunst aber sind wir Alle ein wenig in Kaspar Hausers Situation. Maßstäbe, auf die wir uns verlassen könnten, sind noch nicht da. Jeder hat es erlebt, wie etwas, das ihn begeisterte, ihm mit den Jahren entglitt; es war nicht zu verhindern. Anderes wieder blieb treu oder wuchs Einem zu, man hätte es manchmal gar nicht für möglich gehalten. Je frischer also der Blick eines Anderen ist, desto besser für mich. Nun gar, wenn es sich um eine Persönlichkeit handelt wie Sie, dessen Künstlertum so energisch ist, daß es sich sogar auf diesem Schandfleck unseres Planeten, in diesem Höllenklima manifestiert–zu unserem Heil. Betrachten Sie, bitte, dies hier als eine Art Gegengeschenk für so viel durch Sie empfangene Kunst.«

Artig konnte er sein, dieser Paul, es war zum Verwundern. Dabei war er gar kein so guter Besucher von Haffners Konzerten. Und ›Sie‹ sagte er auch, was dem allgemeinen Brauch widersprach. Haffner ignorierte es, er duzte Alle.

Nach diesem Vorwort hielt Paul die Erwartung für genügend erhöht und schickte sich an, den Wunderkasten zu öffnen. Ich war begierig, die schönen Blätter nun mit den Freunden zusammen zu sehen; es erhöht den Gewinn, Dinge, die wir bewundern, zugleich mit den Augen von Freunden und somit direkt und im Spiegel zu sehen.
Paul hatte sich wirklich die Mühe gemacht, seine besten Blätter in eine Reihenfolge zu legen. Wiedergaben von Franzosen des vorigen Jahrhunderts kamen zuerst. Indem er den Kasten auf dem Schoße behielt, nahm er ein Blatt nach dem anderen heraus, sah es mit strengem Blick an, um es dann, mit schenkender Geste, Haffner hinüberzureichen. Es waren ausgezeichnete Werke von Cézanne, Renoir, Seurat und Matisse, Glänzendes von Degas und Toulouse-Lautrec, viel von Derain, Unvergeßliches von Georges Braque. Eine Serie farbiger Drucke nach Vincent van Gogh erregte unser Entzükken; Haffner, der Paris liebte, war beglückt von einem Bild, auf dem man eine hüglige Gasse am Montmartre mit hölzernen Laternenpfählen und einem Aussichtsturm sah; Sehnsucht nach Paris konnte Einen dabei schwermütig machen. Von Utrillo war eine Landschaft da, die aus tausend Schönheiten bestand: eine Kirche, blaugrüne Wiesen, Mauern, unendliche Zäune, tausendmal einzeln Schönes in Treue gemalt.
Haffner sah alles aufmerksam an. Bei einem Braque, der einen Laib Brot zeigte auf einem hölzernen Tisch und eine weiße Serviette, sagte er: »Eine bestimmte Kunstgesinnung gibt es eben doch nur in Paris. Bei uns herrscht ein dummes Bedürfnis nach Menge. Wir sind leider dafür verdorben, ein Leben zu opfern für ein einziges Bild. Drüben kann man mit einer einzigen Komposition oder mit einem halben Dutzend von Bildern für immer berühmt werden. Das gibts bei uns nicht.«
Dann waren wunderbare Zeichnungen da von Alfred

Kubin. Der Zauber lag nicht nur im einzelnen Blatt, sondern floß, Frucht eines langen, tätigen Lebens, jedem Blatt aus dem gesamten Werke herzu: nun half ein Stück dem andern, und die gesammelte Kraft kam jedem besonders zugut. Das Rätselhafte, das im Gewohnten liegt, wurde in diesen Blättern erweckt. Wir sahen ein Blatt an, in welchem ein Hengst vor einer ungeheuren Schlange scheute und stieg. Alles sonst war alltäglich: der Bauernhof und der Schuppen und Gänse und Katze und Hund, auch das Stück alte Stadtmauer mit dem hölzernen Wehrgang darauf: alles Heimat. Aber die Schlange, wie kam sie in unser Leben, wie kam sie hierher?

Ein Liebespaar schritt auf einem Aquarell von August Macke durch einen Park: welch ein Duft, welch ein Verschweigen. Welche Kraft, das Leuchten der Liebe zu malen. Es war eigentlich nichts als eine leuchtende Wolke, die an Stelle der beiden Liebenden ging.

Paul seinerseits pries besonders, was er von Otto Müller besaß, von dem er Breslauer Geschichten erzählte. Auch von Carl Hofer besaß er eine ziemliche Menge, sogar farbige Drucke. Da war eine Landschaft aus dem Tessin, nichts als eine Hauswand in vielfach gebrochenem Weiß und stumpfnachtblauen Fensterläden daran; vorn ein schmaler Streifen des Sees. Es war mit Farben gemalt, die wie altgemacht waren. Die auf den Dingen liegende Zeit war mit ihnen gemalt und eine Art Trauer entstand mitten im Licht. In anderen Bildern des Meisters sammelte diese Trauer sich an und brach in Erschrockenheit aus: das waren die Bilder, die Masken zeigten, immer wieder Maskierte, so daß man den Eindruck gewann, als sei die ganze Mitwelt verlarvt.

Dazwischen kamen auch schwächere Sachen. Paul entschuldigte es. »Im ganzen mag es Bedeutenderes geben«, sagte er, »das ich nicht habe. Aber das macht mir nichts aus. Bei moderner Kunst muß es so sein, daß Hervorragendes neben Mittlerem ist und sogar Belangloses dazwischen, alles vermengt. Es sind Verhältnisse, die sich mit dem Lebendigen notwendig ergeben. In einem Atelier ist es auch so. In den Museen freilich ist nur das Beste: aber es ist wie präpariert. Dort ist es tot.«

»Da ist etwas daran«, erwiderte Haffner, indem er ein Blatt beiseite legte und sich besann, »und du erinnerst mich an etwas. Einmal, in Paris, geriet ich im Louvre ins sogenannte Depot. Ein Freund von mir, ein Kunstgelehrter – nein, diese Gelehrten .. – wollte ein Buch über einen Maler schreiben, den niemand mehr kennt, und ließ sich deshalb aus dem nicht ausgestellten Vorrat des Louvre Verschiedenes zeigen. Ich hatte nichts Besseres vor und begleitete ihn. Aber ich bereute es, mir wurde bald ganz ängstlich zu Mut. Diese tausend und abertausend und nocheinmal tausend unberühmten, aufgehobenen Bilder! Wie sie da standen in hochachtbarem Schattendasein! Da waren Regale, in ihnen aufrechte Fächer, jedes Bild besaß so ein Fach – wie es im Altersheim ist, lauter ganz gleiche Stuben. Aber ohne Licht, ohne Anblick: was ist da ein Bild? Der Beamte, der mit uns war, hatte eine hübsche Geduld. Sie zogen immer neue Bilder heraus, weiß Gott, was sie suchten. Ich stand dabei und ich litt in die Seele dieser Bilder hinein. Ich sah: der Glanz der berühmten, die sich an den seidenen Wänden drüben gefielen und im Atem der bewundernden Münder ergötzten, war mit dem Elend der abgestellten erkauft. Dabei waren die Rollen sicher oftmals vordem vertauscht; manches Bild, das einst hoch gerühmt war, war jetzt zu gar nichts mehr nutz. Es ist ja auch unter den Kunstwerken ein ziemliches Kommen und Gehen, ein gehöriges Stoßen und Drängen.

Was mich aber bedrückte, waren nicht die unbedeutenden Bilder, sondern gerade die einigermaßen gelungenen. Diese endlosen, tüchtigen Werkstattarbeiten! Diese uferlos rechtschaffenen Schulen! Diese tausend Bilder, in denen nichts als Wackeres war! Etwas vom Strich der großen Meister war durchaus zu sehen, aber wo war ihr Feuer? Ich wurde ganz traurig. Da gab es Namen, ich habe sie nie in meinem Leben vorher und nachher gehört. Die Beiden warfen sich Kennworte zu wie die Bälle. Ich war bestürzt, wie wenig ich wußte. Dabei hatte ich immer geglaubt, ich wisse einigermaßen Bescheid. Ich war entsetzt, auf wie wenig Meisterwerken der Ruhm der großen Epochen beruht, und sah, mit welch einem Unmaß Vergessen er sich honoriert. Dieses Gefühl habe ich seitdem tausendmal wiedergehabt. Natürlich: in der Sonne des großen Genies fühlt sich jeder wie eingeladen und über seine Verhältnisse prachtvoll erhoben. Der bedeutende Mann, dessen Buch er liest, spricht eigens zu ihm: das soll ihn nicht stolz machen? Die glänzenden Bilder über dem schönen Parkett sind nur für ihn da. Die Jahrhunderte strengen sich an, um ihm, ausgerechnet ihm, etwas zu bieten. Und es gibt vom Besten genug; er hat nur für das Allerbeste Aufmerksamkeit und sieht über das andere hinweg. Nun, er soll, wie ich, einmal die Elendsviertel der Magazine besuchen! Er wird geheilt sein. Auf einmal ist er den Meisterwerken nicht mehr so nah, wie er erst dachte. Die Vertraulichkeit ist mit einem Schlag gründlich dahin. Es wird ihm gehen wie mir: das Mittelmaß, das in Mengen auftritt, wirft ihn aus allen Höhen herab. Noch nach Wochen hatte ich mich nicht wieder erholt.«

Paul war von der hübschen Geschichte entzückt. »Also gut!« rief er, aufs beste gelaunt. »Also zeigen wir unserem Meister nur, was von Meistern da ist! Wir werden es doch nicht auf uns nehmen, ihn melancholisch zu machen!«

Er überblätterte viel und holte aus dem Kasten eine Serie von Dix. Ich wußte, es war eine Liebe von ihm.
Gleich obenauf lag ein Bild, das er ausnehmend schätzte und das sich auch bei dem Publikum, das ihn besuchte, geräuschvoller Beliebtheit erfreute. Es zeigte drei Weiber, gemalt mit einer fast andächtigen Menschenverachtung. Den Pinsel kann Liebe regieren und zuweilen auch Haß. Dies war nur genau.
Paul, ganz in Eifer, wartete weiterhin auf. Da war das Porträt einer altgewordenen Dirne. Es war ein ungeheurer, sich im Dreieck aufbauender Berg von Wülsten und hängendem Fett, in widerwärtigem Putz; die Augen waren sinnlos und klein wie die eines Schweins. Aber in den bleigrauen Niederungen um diese Augen herum: dergleichen war bei keinem Schweine zu sehen. Es war wie der zurückbleibende Rand einer eingetrockneten Pfütze.
Paul zeigte das quälende Krüppelbild und den furchtbaren Schützengraben. Das großartige Bildnis des Dichters Däubler war da mit den korinthischen Säulen, die so aufgestellt sind wie bei den Fotografen in früherer Zeit die Weinlauben und die Gebirge. Und das Bildnis eines Dichters Ivar von Lücken war da, offenbar ein bedeutendes Werk. Der Dichter, den kaum jemand kennt, stand in seiner Dachstube vor dem Kreuz seines schrägen, endlosen Fensters wie vor einem Märtyrerkreuz, ein wirklicher Dichter vielleicht und doch auch wieder nicht, denn da war dieser Mäusemund und diese kleinlichen, hängenden Backen. Und doch wieder: davor, auf dem einsamen Stuhl, eine Rose, die in einer Bierflasche stand, mit so viel Schönheit gemalt, daß ein Glanz auf alles andere fiel.
Schließlich war unser Tisch bedeckt mit diesen Bildern, den Aktenstücken einer trostlosen Welt. Paul allein war vergnügt. Es war seine Lust, diese Bilder um sich zu

haben, indem er zugleich das Unbehagen genoß, das dabei über andere Betrachter, wie jetzt über Haffner, kam. So war es ihm recht; stark mußte es sein, kaum noch zu ertragen. Bis ganz dorthin mußte es gehen, wo es zu Ende war und ein Ausweg hätte sein müssen. Aber es war keiner da.

»Das ist ja nichts, das ist gar nichts«, rief er unter unbändigem Lachen, »wenn man diese Bilder nur so in den schwarzweißen Aufnahmen sieht. Man muß sie in Wirklichkeit sehen! Die meisten sind groß, das Format schon bestürzt, und die Farben! die Farben! Ich spüre sie direkt unter dem Magen, diese unwahrscheinlichen Farben! Es ist verkehrt, diese Bilder in den Museen zu sehen: in den Bahnhöfen müßten sie hängen! in den Gasthäusern, Finanzämtern und Regierungsgebäuden! – Einmal«, erzählte er, »war ich in seinem Atelier. Ich mußte weit in die sächsische Vorstadt hinaus, die Straße nahm überhaupt kein Ende. Es war nachmittags und die Fabriken wurden geschlossen; ein Strom von Menschen kam in entgegengesetzter Richtung wie ich. Ich drängte mich durch sie hindurch. Schließlich stand ich vor einem Haus, das höher als seine Umgebung war, eine Art Bürohaus, neuzeitlich im Stil, aber schon wieder schäbig geworden. Ich stieg ziemlich hoch, in den Stockwerken waren Vertretungen und allerlei andere Geschäfte. Er öffnete selber, ich hatte ihm vorher geschrieben. Er sah ganz bürgerlich aus. Wir gingen durch einen Vorraum hindurch: auf einmal erschlug mich ein Bild, das sich in unmäßiger Größe vor mir erhob. Es war Antonius, unser Wüstennachbar, von Ungeheuern umgeben. Der Heilige kroch am unteren Rande des Bildes zu Kreuz, das an einem Baum aufgehängt war. Ein Weib ritt ihn dabei, wie eben der Teufel einen Heiligen reitet. Dies Weib war rosa. Aber was für ein Rosa! Ich kann etwas vertragen, aber mir wurde fast schlecht. Ich saß vor dem

Bild und schaute es an, er saß neben mir, es fiel ihm nicht ein, etwas zu sagen. Mir fiel auch nichts ein. Ich glaube, wir saßen zehn Minuten und schwiegen.«

Er lachte und war in Erinnerung an das krasse Erlebnis über die Maßen vergnügt.

»Geh, zeig noch was Anderes zum Schluß!« sagte nun Haffner, der das Erlebnis offenbar nicht so urkomisch fand. Paul, immer noch lachend, suchte vom Grund seiner Schachtel einen Stoß Blätter hervor, in denen ich zu meiner Freude die Bilder Paul Klees erkannte.

Wir sahen Blatt für Blatt an. Für Haffner war es ganz neu, er hatte noch kaum etwas von diesem Meister gesehen. Ich hatte Sorge, wie er es aufnehmen werde; wir sind so töricht, es uns betrüben zu lassen, wenn zwei Bereiche, denen unsere Zuneigung gehört, sich untereinander nicht lieben.

Aber Sorge war nicht am Platz. Haffner hatte kaum Mühe, den holdverwachsenen Weg zu diesen Gebilden zu finden. Er lachte zuerst wie belustigt, dann zog es ihn an, dann wurde er ernst; es ließ ihn sichtlich nicht los.

»Das sind aber besondere Sachen!« rief er nun. »Verstehe ich sie? oder versteh ich sie nicht? Ich sehe sie, aber ich höre sie auch. Musik ist im Spiel – oder nicht? Das weiß ich sicher: wie dieser es macht, so muß man es machen: von den Gegenständen absehen, sich weit vom Gegebenen entfernen, um sich dann kopfüber ins Herz der Dinge zu stürzen.«

Paul war erfreut, daß etwas von seinen Sachen einschlug.

Haffner fuhr fort: »Freilich, immer wird in der Kunst das Neue gewollt und künstlich erscheinen. Aber nach einer Weile sehen Alle die Dinge mit den Augen des Künstlers, der sie dieses Sehen gelehrt hat. Die Dichter, die Künstler sind es: sie formen die Welt. Die Wenigen leistens und die Vielen brauchen es auf: so ist es immer gewesen. Alle von Gott geschaffenen Dinge noch einmal mit Menschenkräften zu schaffen: schön verrückt, aber alles läuft darauf hinaus. Es kann nicht auf Vorrat, leider, es muß immer aufs neue geschehen. Alles in Gottes Namen vom Menschen noch einmal gemacht: ohne das lebte die Seele in Eiseskälte feindlichen Raums. Nur die Künstler vermögen Atemluft für die Seele zu schaffen, die Welt lebt von ihnen, und sei es auch aus der tausendsten Hand. Wer nichts sagt, als daß der Wind flüstert und die Minuten verrinnen, daß der Baum ächzt, die Feder einrastet und das Dunkel ihm droht, der lebt schon in Formen, die einmal, vor Urzeiten, ein Dichter erfand. Formen erst zu empfangen – widerstrebend, wie manche Tiere empfangen – und dann, wenn die Seele sie austrug, sie den Dingen wiederum überzuwerfen: es ist kein anderer Weg.«

Paul glänzte. Er meinte, es habe sich voraussehen lassen, daß Haffner an diesen Bildern viel finde; ihre Verehrer seien, seinen Beobachtungen nach, alle ein bißchen untereinander verwandt und wie Mitglieder einer geheimen Loge verbunden: einer Loge von solchen, die ihre Träume ins Wachsein zu retten versuchten.

»Meinst du?« erwiderte Haffner. »Meinst du, darauf käme es an? Kann schon sein. Vielleicht wäre viel geholfen, wenn man erreichte, sich seiner Träume gut zu erinnern. Bürgerschaft im Reich der Träume erwerben. Aber man muß es richtig verstehn: es gibt Träume, die äußerste Wachheit sind, viel wacher als Waches, klar wie Kristall. So scheint mirs mit diesen hellblickenden Bildchen zu sein.«

Mehr und mehr komme ihm vor, fuhr er fort, indem er ein Blatt, das zwei Türme zeigte, aber in lauter gekammerte Helligkeiten zerlegt, in der Hand hielt, – als sei es das Urverlangen der Kunst, dem Wirklichen so viel

Unwirklichkeit beizumengen, als es zu seinem Heile bedürfe. Denn danach sehne es sich, das sei seine Lust. Unser altes Wünschen gehe dahin, den gebundenen Dingen aus ihrem Gefängnis zu helfen: wenn ihre Schale zerbrochen sei, sei der Weg, den wir mit ihnen gemeinsam gehen könnten, erst frei. Tiefes Glück, unter Dingen zu leben, die man, eins nach dem andern, durch so einen Schlag mit dem Zauberstab aus der Verwünschung erlöse! Das eigentlich sei es, was er ganz allgemein dem hiesigen Zustand verdanke: ein Gefühl dieser Art, das er wohl früher schon immer empfunden, hier aber werde es stärker und wachse über alles andere hinaus–: eine Gewohnheit, durch die Dinge zu blicken, als seien sie Schein. Das Wirkliche sei hier, wo außergewöhnlich wenig Wirkliches sei, gewissermaßen entthront. Je mehr die Ketten des Wirklichen an einem hingen, man stehe nun leidend im Daseinskampf oder siegend, desto schwerer falle es wohl, das Wesenlose des sich Ereignenden zu erkennen. Man vermenge sich alsdann zu sehr mit ihm. Hier in der Wüste, in dieser Unwirklichkeit, sei es leicht, sich zu lösen. Leicht sei einzusehen: die Ereignisse seien, wie Valéry sage, nur der Schaum auf den Wellen der Dinge. Ob man eigentlich mit Menschen umgehen könne, die das, was er meine, nicht hätten? Er jedenfalls wünsche sehr, etwas von der Essenz dieser Tage seinem Leben für immer zusetzen zu können.

Paul hörte aus allem nur ein Lob auf die Gegend heraus. Das war ein Stichwort, auf welches er sich immer erzürnte. »Sie werden doch, hoffe ich sehr, nicht für diesen Erdteil und dieses Leben hier eintreten wollen?« rief er streng und röter als sonst. »Für dieses Klima? diese furchtbare Hitze? die kein vernünftiger Mensch aushalten kann? dieses Dasein im Nichts? diese Farblosigkeit? dieses ewige Grau?«

Da sei er sonderbar, entgegnete Haffner. Er sei sein Leben lang immer ganz gerne gewesen, wo es die andern, wenn man sie hörte, nicht aushalten konnten. So sei es schon in der Schule gewesen, im Krieg habe er auch nichts anderes getan, als was er sein Leben lang tue, und nun sei er ganz gern in der Wüste. Er müsse es leider behaupten.

Das war zuviel für Paul, der Afrika haßte. »Aber«, rief er empört, »man erlebt doch hier nichts! und also ist es kein Leben!«

Auch das, meinte Haffner, tue ihm leid, bestreiten zu müssen. Je längere Zeit er in dieser seltsamen Lage verbringe, desto mehr wundere er sich, wie das abfalle: etwas erleben zu müssen. Immer schon habe er einen merkwürdigen, vielleicht spinnigen Glauben gehabt: als ob es nicht gut sei, mehr zu erleben, als zu behalten und zu wiederholen möglich sein werde. Er kenne eine Angst, zu vergessen: als ob das Vergessen von Leben etwas Schuldhaftes sei, fast wie Töten, und dann zur Strafe noch einmal erlebt werden müsse. Es könne sein, man bekomme es dann vom Schicksal einfach nocheinmal auf. Zu Zeiten also, jeder kenne das ja, wo man so viel erlebe, daß man auf das Erlebte nur so obendrauf wieder Neues erlebe, habe er sich tief unbehaglich gefühlt. Es liege wahrscheinlich eine Vorstellung zu Grund, daß zugetragener Stoff verpflichte, etwas Edleres aus ihm zu machen, es sei fast gleichgültig, was: wenigstens feineren Stoff, irgend etwas Bewirktes, um so besser natürlich, je weniger stofflich es sei. So gehe die Menge der Erlebnisse, deren man bedürfe, denn ständig zurück; schließlich komme man ganz von selber darauf, daß sehr wenig genüge: ein Traum, ein Duft: schon das zu erinnern und auszudrücken sei schwer.

Paul dachte nicht so. »Wenn man nichts erlebt«, rief er, »so ist es kein Leben, wenn man nichts tut, ist man tot!

Ohne Ereignis im Leeren zu leben, ist ein Leben wie nach dem eigenen Tod!«

Ja, so dächten sie Alle, antwortete Haffner vergnügt, das wisse er schon. Viel Schicksal wolle man haben, recht viel. Schicksalsüchtig, das seien sie Alle und wollten es sein, und stolz seien sie auch noch darauf. Und in diesem Durst, in diesem Weltverlangen, werde alles verwechselt und alles vermengt: Ereignisse voller Klarheit und solche voll Trübe, und Taten, die nichts weiter seien als Schlechtgetanes, noch einmal noch schlechter getan, Verpfuschtes noch einmal verpfuscht. Und darauf tue man sich noch etwas zugut. Denn man habe es immer gehört: tätig sein solle der Mensch. Was aber solle, um aller Heiligen willen, mit den unendlichen Massen ohne Besinnung getaner Taten geschehen? Das wisse niemand, und so lägen sie in ungeordneten Bergen herum, und noch neue ungeordnete Berge von ungeordneten Taten häuften sich drauf und beklemmten den Atem der Welt. Und dann wundere man sich, daß alles in einen Zustand der Angst und der Unruhe gerate. Einer spiele seine Unruhe gegen die Anderen aus; zum Schluß sei es ein Wirbel, der Millionen erfasse.

»Sie reden da einer Lebensabkehr das Wort!« erwiderte Paul, denn er sah sein Glaubensbekenntnis zum Aktivismus verhöhnt, »einer Weltentsagung und Flucht. Was mich betrifft, ich habe freilich für die Askese nie etwas übrig gehabt.«

Haffner nahm eine Miene an, als ob er es aufgeben müsse, verstanden zu werden. Wer sage denn das, entgegnete er. Es sei doch leicht einzusehen, daß Askese kaum etwas anderes sei als ihr Gegenteil, die Unterwerfung unter die Genüsse der Welt. In beiden Fällen erkenne man die Hoheit des Irdischen an und richte sein Leben so ein, gleichviel, ob als Herr des Dinglichen oder sein Knecht. Der Herr sei ja bekanntlich immer auch

Knecht seines Knechts und der Knecht der Herr seines Herrn. Es käme jedoch darauf an, sich auf dem mittleren Pfad aus diesem zweifelhaften Spiele zu halten. Das sei ein gutes Beispiel dafür, daß man es niemals mit dem Extremen erreiche. Nur die Mischungen führten zum Ziel, das Leben sei nichts als eine Goldmacherei. Man müsse verstehen, der Wirklichkeit eine Dosis Schein zuzusetzen: das sei es, was sie erlöse. Wie es diese Bilderchen offenbar täten, da habe mans ja. Da gingen die Menschen immerfort ins Theater, ins gute, ins schlechte, und es treibe sie auch zur Musik und jeder anderen Kunst. Denn sie fühlten es wohl, daß sie es notwendig hätten; keine Seele halte es allzulang in der Wirklichkeit aus, dann müsse sie wieder eintauchen in die Gewässer des Scheins. Also gingen sie zum Beispiel ins Theater hinein. Das aber wüßten sie nicht, daß es noch wichtiger wäre, gut aus dem Theater zu kommen. Kämen sie besser heraus, so wären sie nicht gleich wieder die Alten und ihr Leben wäre länger von der Essenz des Scheines durchtränkt, von der Überzeugung, daß im Theatrum mundi so viel und so wenig Wirklichkeit sei wie in jedem andern Theater. Den Heilstoff vergäßen sie, sich aus der Vorstellung zu holen.

Wie oft, lieber Freund Haffner, habe ich aus dem Norden, wo die Wirklichkeit eine so fordernde Sprache spricht, deiner Worte gedacht! Wenngleich hier Millionen hausen wie Paul, die dich niemals verstehn. Um wieviel besser wären sie daran, gelänge es ihnen, etwas von jenem Stoff in ihr Leben zu mengen. In dies tüchtige Leben, das seine Sklaven zu immer neuen Erfolgsjagden peitscht und sie dann wieder in Abgründe stößt, in denen das Elend mit Wolfszähnen nach ihnen schnappt.

Du freilich durftest so sprechen. Du wohntest als einer

der Auserwählten in der beruhigten Tiefe des Meers, die sich immer gleichbleibt, während die heftigsten Stürme Wellenberge erzeugen, von denen ein wenig unter der Oberfläche gar nichts mehr ist. Du wußtest: aus jenen Tiefen steigt alle Stille empor, aus ihrer kristallenen Schwere; sie ists, die lautlos die Stürme besiegt. In ihr münden sie alle. Sie ists, die stille, erleuchtete Glätte, dieser erzene Schimmer des Meers, in dem sich das Stürmen erschöpft. Das Erlöschen der Stürme ist immer das Ende, an dem dieses Leuchten erwacht.

XXIV

Plötzlicher Abenteuerglanz auf den Dingen, süß bestürzender Zug von Fremdheit im gewohnten Lebensgesicht – wer kennt es nicht: es ist fast, wonach wir am heißesten dürsten.

Sommermonate lang kein Gewölk, kein Morgennebel, kein Abendrot, nichts. Eines Oktoberabends aber war es zum ersten Mal da: ein Wolkenstück stand vor der untergehenden Sonne. Es war, als ob der Himmel sich etwas ausgedacht habe im monatelangen Pausieren. Alles lief aus den Zelten, die Sandgassen waren auf einmal voll Volk, alle standen und staunten auf das Theater aus Licht und aus Dunst.

Die Sonne, goldvomierend, stand über dem Bronzefluß der narbigen Wüste. Dicht über dem Ball hing eine einzige Wolke; monatelang war da nie eine Wolke gewesen. Sie sah wie eine Geldkatze aus, wie ein Beutel voll Gold: nach unten prall und nach oben zerlappt. Und streifiges Licht über den ganzen Himmel hinauf! Unten, der Ball, schwamm in stäubendem Gold: überall stäubendes Gold. An beiden Seiten der Wolke aber schossen die Strahlen vorbei in auseinanderstrebenden Strömen über den hohen Himmel hinauf. Zwischen ihnen ein Fächer von Blau: atmend, gestillt. Und jetzt, die oberen Schäume der Wolke: ein silbrig leuchtender Saum. Eine Spitze, die der Schöpfer der Welt sich durch die Hand gleiten ließ, indem er sie prüfte und schön fand.

So ging es nun fort. Anfangs war nur alle Wochen einmal so etwas zu sehen, dann im Januar, Februar Tag für Tag: kosmische Morgentheater. Abendspiele über den ganzen Himmel hinweg. Unerschöpfliches hatte der

Himmel sich während des Sommers ersonnen, nun gab er es preis. Fliederartigen Flaum. Dann wieder hyazinthene, wollige Bäusche, Tausende, vom Horizont bis über die Scheitellinie hinweg. Oder zehntausend Schäfchen, grauwatten, und alle einerseits rosa beschienen. Goldregengelbes Atlasraffen. Oder verwehte, stahlblaue Fahnen. Oder ein blutiges Rosa wie tausend aufgerissene Münder von Schlangen. Oder horizontale Bänke von Wolken in zornigem Rot mit hängenden Perlenschnüren daran von Licht, opalene Tropfen.
Kein Morgen, wo nicht gloriose, aufgefaltete Fächer, mundane Streifen von Feuchte und Licht, beim Aufgang der Sonne erschienen.
Der ägyptische Winter begann.

Die Atmosphäre, die Haffner umgab, war von Musik penetriert. Proben, Noten, Gespräche über Musik und über Programme, – und Geschichten, immer sensationelle Geschichten. Dabei war er ein lautloser Mensch, leicht störbar und leicht zu ermüden. Energien kamen von ihm, ohne daß es aussah, als hätte er sie. In dem Jahr, das vergangen war, hatte er sich mit stiller Geduld das Orchester geschult. Die Konzerte, die er da und dort gab, waren so gut wie Symphonie-Konzerte daheim; sie unterschieden sich nur dadurch, daß sie im Sande stattfanden, ohne mittönenden Raum. Sie waren unter den Sternen. Und sie waren auf ein Gebiet dieser Erde versetzt, das beispiellos ohne Gestalt war und vom menschlichen Geiste verlassen: in die Wüste, mitten ins Unfruchtbare, ins Tote hinein.
Unwahrscheinlichkeiten so heftiger Art können viel Überzeugendes haben: wir sind vom Traum her an sie gewöhnt. Niemand, anscheinend, sah etwas Besonderes darin, daß diese Konzerte stattfanden. Wären sie weniger vorteflich gewesen, man hätte sie, kurioserweise,

stärker bestaunt. Vollkommene Kunst aber hat immer das Selbstverständliche an sich; es ist ihr Adelsbeweis. Es ist das Abzeichen ihrer Herkunft aus der oberen Welt; ihre Vollkommenheit deckt sich mit dem, was in uns schläft: wir hatten es immer geahnt.
Doch waren die Schwierigkeiten, die sich vor solchen Konzerten ergaben, enorm.
Da geschah es plötzlich, daß die Zweite Flöte aufhörte, sich zu rasieren und mit blauschwarzem Barte zu einem Konzert vor fremden Gästen erschien. Es war eine Demonstration. Denn es gab weder Rasierklingen noch Geld, um welche zu kaufen, und es war in der Tat ein Problem, wie man es darstellen sollte. Da nun die Flöte den stärksten Bartwuchs, der ihr je vorgekommen war, hatte, so hielt sie es für das richtige Mittel, die absurde Situation anklagend vor die Augen der wohlrasierten Menschheit zu führen. Es war an Haffner, dies Problem im Guten zu lösen, was gemeinhin nicht Dirigentenpflicht ist. Indessen hatte die Trompete etwas von der Entlassung Schwerkranker in die Heimat gehört und sich zu einem alten Schädelbruche entschlossen. Ja, sie wies Röntgenaufnahmen vor, von deren geborstenen Verhältnissen freilich zweifelhaft war, ob sie sich mit dem Trompeterhaupt deckten. War es ein gangbarer Weg? Alle erwogen es, niemand konnte es wissen. Wenn die Trompete Erfolg haben sollte, war der Zug der Leiden nicht abzusehen. Aber sicher war die Trompete für das Orchester dahin, da sie mit so zerbrechlichem Haupt unmöglich weiter mitwirken konnte und lazarettpflichtig war. Es war an Haffner, der Trompete Vernunft einzublasen.
Oboen gelten für reizbar, jähzornig, grillig, bisweilen geradezu für etwas verrückt. Da kann man sich denken, wie eine Oboe in der Wüste sein mußte. An Haffner war es, die bei jedem Anlaß drohenden oboistischen Explosionen zu dämpfen.

Am Kontrabaß stand ein zuverlässiger, dumpfer, beamtenartiger Typ. Man hielt große Stücke auf ihn, er war ruhig, gleichmäßig und immer zur Stelle. Aber gerade in ihn fuhr der Wahnsinnsteufel der Wüste sehr arg. Eines Tages begann er auf der Probe ganz laut vor sich hinzusprechen, während er seine tiefen Töne erzeugte. Man lachte, es war ein neuer Effekt: und gerade von ihm. Nur, daß er dann allmählich begann, das auch in Aufführungen zu tun; er sprach mit Vorliebe in Pausen hinein. Es begab sich auch, daß er mitten in einem Konzert den dickbäuchigen Baß in die Ecke stellte und die Bühne verließ. Während des Abgangs maulte er laut, kehrte nach einem Weilchen zurück, kam noch zurecht, stellte sich an seinen Platz und kontrabassierte: aber die Hände hielten weder Bogen noch Baß, er markierte nur mit den Händen, voll Hingabe und Ernst. Man erheiterte sich, er schien nicht zu wissen warum und warf buschige Blicke. Schließlich war klar: es war nicht mehr richtig mit ihm.

Das waren so Sachen. Und dabei waren das nur die Schwierigkeiten am Rand. Vor allem waren keine Noten vorhanden. Wenn es viel war, fand sich von einem Stück, das man aufführen wollte, eine kleine Eulenburg-Partitur; meist aber war nur ein Klavierauszug da. In diesem Fall mußte der Dirigent erst einmal in seinem winddurchlüfteten Zelt aus der Erinnerung instrumentieren; ein mühevolles Geschäft.

Und die Instrumente selbst erst. Lieber Himmel, jedes einzelne war ein Problem. Bitten, Gänge, Briefe, Gesuche; vielleicht war es überhaupt nur deswegen zu machen, weil Haffner die Gabe besaß, das verrückte Treiben nicht ernst, sondern für einen erheiternden Spuk von Klopfgeistern zu nehmen. Viele – die passionierten Mitspieler eben – sind nicht empfänglich für den Humor, den das Welttheater fortwährend gebiert.

Niemand, zum Beispiel, erheiterte sich, wenn die Künstler zu einem Konzert wie die Raubtiere aus dem Käfig gelassen wurden, niemand fand etwas dabei, daß sie nachher, wenn sie aufgespielt hatten, wieder eingesperrt wurden.

Die wunderbare Maschinerie, die unsere Musik erzeugt, setzt sich aus einzelnen Teilen zusammen, an denen viel Handwerkliches ist. Das hat nur die Musik, gerade die immateriellste der Künste, sich zu ihrem Heile bewahrt, und nur das Orchester. Ehmals hatten es alle; im Lauf der Zeit kam es den meisten Künsten abhanden. Die Dichter, die früher auf Bestellungen schrieben, selbst Shakespeare, Molière und Calderon, hatten ihre Termine. Prolog bis Samstag: wird fertig. Neues Stück in drei Wochen: gut, wird gemacht. Musiker, spiel Er eins auf: zu dienen. Ein Porträt, bitte recht ähnlich: schön, wird zur Zufriedenheit sein. Jetzt haben sie alle ihre Einsamkeit, ihr Genie, ihre Inspiration, ihr Leiden, ihre Schwermut, ihre Neurosen und ihren unbändigen Stolz. Im Orchester aber ists noch wie zu Haydns und Mozarts goldenen Tagen. Niemand denkt, er sei ein Genie. Ein Hornsolo, saubere Arbeit, wird pünktlich geliefert. Der Kontrabaß, ohne Genie, ist eben da. Ein Flötenpart, ein Klarinettenlauf, der Einsatz eines Fagotts ist zur Stelle, so gut wie es unter Umständen lieferbar ist. Alles hat noch seine zünftige Art. Nicht einmal Namen haben die meisten, selbst nicht in den berühmten Orchestern, sie heißen nach ihrem Platz: das zweite Pult, die Oboe, das Horn.

Jeden Dienstag war nun großes Konzert. Die Instrumente unter dem Arm, zogen die Musiker zum Theater hinauf über den Sand durch die ägyptische Nacht. Die Lichterketten der Umzäunungen hatten den Anschein ferner Straßen und Plätze. Es wurde nach der Tageshitze schnell kühl, oft tauig und feucht, aber es roch nicht nach Erde oder Laub oder Wiesen und Heu: davon nichts.

Wenn man während des Konzerts in der Kulisse stand: nun, da saßen sie ja in Reihen, all die vortefflichen Künstler, und die Flut des elektrischen Lichts gab ihnen einen sonntagsblank überwirklichen Schein.

Da saß der Konzertmeister, der in sich gekehrte Mensch, der ein so ausgezeichneter Musiker war und dabei so scheu, daß er sich nicht zu einer Verbeugung vermochte; als er nach einem Violinkonzert doch einmal vortreten mußte, kratzte er sich vor allen Leuten am Kopf. Da war sein Pultnachbar anders, der litt nicht an Scheu. Er war nicht vom symphonischen Fach, vielmehr ein verwegener Spieler, voller Gefühl. Doch seine Liebe zur symphonischen Kunst schien unverloren zu sein. Keine schöne Stelle der Geigen, wo er nicht, während des Spiels, ganz erquickt vom Notenblatt zum Himmel aufgeblickt hätte, wobei er den breiten Mund öffnete und wiederum schloß; es war unmöglich, nicht an einen Frosch zu denken, der eine Fliege mit Wohlbehagen genießt.

Ich stand zwei Schritt von der Pauke entfernt. Das Instrument war im eigenen Lager verfertigt, kupfergetrieben aus einem Stück und mit Lammfell bespannt, stimmbar, völlig konzertgerecht, aller Stolz. Auch der Mann, der hinter ihr stand, war aller Stolz: ein Münchener, ein Meister seines warmherzigen, überzeugenden Instruments. Er war immer bei Laune; auch jetzt machte er Faxen gegen mich her. Gewissermaßen ohne daß seine Pauke es wußte, war er auch ein Meister des flinken Geschäfts. Er vertrieb Feuerzeuge, die man irgendwo an einer Drehbank verstohlen herstellte, brachte sie draußen unter die Leute und lebte von diesem Handel nicht schlecht. Er hätte es fertig gebracht, zwischen zwei Paukenschlägen so ein Ding zu verkaufen.

Da saßen sie alle und gaben ihr Bestes. Die Flöte war bis auf einen blauschwarzen Schimmer rasiert, die Oboe benutzte die Pausen, um sich über einen Vorfall des Tages zu giften. Die Trompete, im Tiefsten gesund, war noch da. Der Zweite Konzertmeister labte sich eben, denn es war eine stillere Stelle, so blickte er während des Bogenstriches zum Himmel empor, aufs tiefste erquickt, der Mund tat sich auf, eine verschluckte Fliege nachschmeckend. Die Pauke sann über ein flinkes Geschäft und der Kontrabaß schwieg.
Ich trat auf eine Stufe hinauf und konnte im gewaltigen Bühnenausschnitt vor dem Schwarzblau der Nacht, dem fahlweißen Sand und den brennenden Sternen die Gestalt des Dirigenten erblicken.
Welches Glück, zum Meister eines großen Orchesters geboren zu sein! Es gibt viele Meister: er aber ist il maestro schlechthin. Die Kunst, die sonst in die Einsamkeit flieht: in ihm ist sie zu öffentlichem Schauspiel erhoben. Das Fieber, er muß es vor aller Augen und Ohren erzeugen. Er wirkt nach zwei Seiten zugleich. Wenn er seine Musiker aufruft, hinreißt, entzündet, ordnet, steigert und lenkt und sich als der Inhaber des Arkanums, als Meister der Mischung erweist, dann heißt es, vor tausend Zeugen das Momentanste vollbringen.
Es überrascht nicht, daß er es mit den Gesten der Zauberer tut.

XXV

›... die Göttin Zeit, meine Freundin aus dem Kerker...‹
Hofmannsthal: Der Turm

Lief da eines Morgens im Sand vor dem Zelt ein niedliches Spürchen: wie lange hatte ich so eine lebendig-liebliche Hieroglyphe nicht mehr gesehen. Leicht gewellt wie ein Haar zog es sich hin, wie die Spur eines Seelchens, Trittchen an Tritt.
Was hieß denn das? Sollte die Freundschaft schon zurückgekehrt sein, die Bachstelzen? War es so spät schon im Jahr? Dachten sie denn in Deutschland schon an den Winter?
Da sah ichs: ums Zelteck im Morgenschimmer kam eine gehüpft und besah alles, so wie man am Morgen nach einer Ankunft die Dinge besieht. Diese X-Beinchen! Aber schlank war sie, schmal, und die anderen auch! Hatten sie in Deutschland nicht einmal mehr für die Bachstelzen genügend zu essen? Nun, wir würden sie schon in Ordnung bekommen.
Es schien, daß sie sich freuten, wieder in Ägypten zu sein. Einen Lärm machten sie bei aufgehender Sonne, wie im Frühling. Meine Freundin besonders freute sich sichtlich, die silbergrauen Zelte wiederzusehen; sie lief die ganze Schräge des Dachs in schnelltrippelndem Sturmschritt hinan, flog vom First wieder herab, lief noch einmal mit stürmenden Schrittchen den pyramidalen Stoffberg hinauf, und dann noch einmal. Jeden Morgen bei Sonnenaufgang übte sie das. Jedesmal vernahm ich unten im Zelt den kratzenden, trippelnden Laut.

Ich hatte mir vor dem ersten Winter Sorgen gemacht; man hatte von kalten Sandstürmen und vielem Frieren in den Zelten erzählt. Es war dann gar nicht so schlimm. Der Sandsturm, der Chamsin, kam höchstens acht- oder zehnmal im Jahr und immer nur für zwei oder drei Tage. Schön war es dann freilich nicht. Man konnte auf zwanzig Schritt nichts mehr erkennen und sah nichts mehr vom Himmel; ein milchiger, grauweißer Schein war überall, wie Nebel: aber trocken, ein erstickender Staub. Der Sturm trieb den Sand in alle Fugen hinein. Man kroch am besten den ganzen Tag unter die Decken; man war ja doch unfähig, etwas Gescheites zu tun. Der Sturm schloß einen Reif um Schläfen und Kopf, man war flattrig und wie auf die Folter gespannt. Wenn es zu Ende war und sich der Sandstaub verlor, mußte man so etwas wie ein neues Leben beginnen. Dann war am besten, alles, was man besaß, aus dem Zelte zu schaffen. Man mußte aus Kleidern und Decken den Sand herausbeuteln, alles Waschbare waschen und sich selber dazu.
Aber das war den Winter über nur ein paar Mal. Für gewöhnlich hatte es goldene Morgen. Kalt war es nur in den Stunden der Nacht; gegen Mittag erwärmte es sich jedesmal schnell, so daß man am Waschplatz baden konnte und überhaupt sich sonnen, was im Sommer unmöglich war.
Jetzt war das Licht nicht mehr die plötzliche, brutale Helle der Sommer. Jetzt war es ein fruchtfleischorangenes Licht, immer, Morgen für Morgen, dasselbe. Es war ein ganz siderisches Licht. Nur dieses Licht war da in der Welt und man selbst mitten darin: welches Glück. Die Wüste war ein beheiztes und schön beleuchtetes Caldarium Gottes.

Kaum daß ich mich erinnern kann, irgendwann gestillter gelebt zu haben als in jenen Tagen. Die Abge-

schiedenheit, die Ekkehart als den Grund des richtigen Lebens preist, schien endlich gewonnen zu sein. Ich hätte den Prospero-Vers, den ich in Indipohdi gefunden hatte: ›Dem Leben fern bin ich dem Leben näher ...‹ über all diese Tage hinschreiben können. Ich sah, daß die Wüste die eigentlich kontemplative Landschaft ist.
Wie einem oft eine unsichtbar gütige Hand Menschen, Bücher und Gespräche zuschiebt, just wenn man sie braucht, wie im Zusammensetzspiel einen vermißten, alles ringsum ergänzenden Stein, so fand sich ein Wort von Hofmannsthal zu jenem dazu: ›Man muß‹ – hieß es – ›über das Gefühl der Gegenwart hinwegkommen wie in der Musik über das Hören der Instrumente.‹ Und dann kam ein Brief, in welchem ein dritter Satz stand; es war, als hätten sich alle drei an so entrücktem Orte zusammenbestellt. Er stammte von Sven Hedin, dem Erforscher der Wüsten. Jemand schrieb mir, er habe ihn sagen hören: ›Jedermann braucht etwas Wüste.‹

Not ist ebenso tötend, wie es Erfolg und die unselige Jagd danach ist: diese Jagd, die die Seelen ganzer Völker verschlingt. Ein mittlerer Zustand ist es, aus welchem am meisten erwächst. Es war lächerlich, wie wenig ein jeder von uns besaß, fast nichts; es war mit zwei Händen zu tragen. Aber wir gingen mit der Heiterkeit derer durchs Leben, die fast nichts mehr besitzen. Keine Sorgen. Dafür aber Zeit.
Ein paar Bücher freilich tun so einem Zustand so not wie ein paar Freunde. Mir kam dabei oft eine Bemerkung Jean Pauls in den Sinn, der versichert, ihn nehme nicht wunder, daß man sich in Salons und in Gesellschaften über die Maßen langweile. Als Leser, der man doch sei, sei man tagaus und tagein das Gespräch mit den erlauchten Geistern der Vorwelt und Mitwelt gewohnt

und verlerne es sehr, mit dem Platten vorlieb zu nehmen.
Langeweile empfand Keiner von uns. Es waren fast nur Solche da, die sich zu langweilen beginnen, wo die Mehrzahl der Menschen sich amüsiert: bei einer tödlich langweiligen Art von Musik und Theater, Büchern und Spiel. Einsamkeit ist ein Fluidum, in das eingetaucht die Einen verkümmern, während sich Andere entfalten; alle offenbaren so ihre Art. Laßt alle ein Jahr in der Einsamkeit leben und es wird keine Mühe machen, sie auseinanderzukennen und zu sehen, aus welchem Stoff sie sind.
Zeit, Leben floß hin, man sah es verrinnen. Wir standen am Ufer und sahen den Strom. Denn es war Ufer; das Leben zog draußen vorüber. Sonst war man im Fließenden drin, man bewegte sich fort mit dem Strom, bemerkte sein Strömen und bemerkte es nicht: Täuschung, die der Blick auf ziehende Wolken erzeugt. Wir aber waren dem Lebensflusse entstiegen. Blicke auf ihn waren wie auf Fremdes geworden.
Auch ich machte mir an diesen kühlen, durchsonnten Morgen, die wie gelöschte Tafeln waren, zu tun. Ich schrieb Dinge auf, die zurücklagen, mir widerfahren in einer davor liegenden Zeit, in der ich in Griechenland war.
Dies Wieder-Erleben vergangenen Lebens erfüllte mich sehr. An den beruhigten Spiegel ereignislos gleitender Tage stieg Fernes aus fast vergessenen Tiefen herauf, summiert, eine Essenz, aus den reifsten Momenten der erlebten Dinge gezogen. Es war eine große Repetition. Ich erinnerte mich. Köstliches Wort.
Wenn das Schreiben überhaupt einen Sinn hat, dann ist es der, daß man sich dabei selber ergründet; man findet sich am ehesten auf der Suche nach einem noch so bescheidenen Werk. Man ist stärker in dem, was man macht, als in dem, was man ist.

Jeder Aufenthaltsort, mag er noch so gleichgültig sein, wird einem lieber, wenn man etwas an ihm hervorgebracht hat; der Mensch hat mehr Pflanzenhaftes in sich, als wir Wort haben wollen. Wohl sehnen wir uns nach Wechsel und anderen Orten, aber wissen wir, ob dies nicht Pflanzen auch tun? Pflanzenhaft ist unser Glaube, die guten Geister eines Platzes für uns gewonnen zu haben, wenn wir aus seinem Erdreich etwas zu ziehen vermochten. Man hat sich eine Zeltecke, eine Holzbank, das Viereck eines Holztisches erkämpft, man könnte nach einiger Zeit vielleicht etwas Besseres haben: aber man fürchtet, gnädig Gestimmtes bei diesem Tausch zu verlieren. Ein Instrument besitzt die Musik noch, die es erzeugte. Was es spendete, ist noch in ihm, was es hergab, gewann es zu früherer Kraft noch dazu. Freilich, das Wunder dauert nur an, solang man immer neue Hergaben erzwingt. Die Meistergeige verliert, wenn man sie lange Zeit nicht mehr spielt. Es gibt keinen toten Besitz.
So also schrieb ich. Jede Erzählung von etwas Erlebtem verklärt, auch wenn sie nicht im banalen Sinne verschönt, nur durch die wiedererschaffende Kraft, die auch eine Schöpferkraft ist. Eben da schien ein Geheimnis zu liegen. Vielleicht war es möglich, das Wirkliche aufzulösen, indem man es überführte in eine Gestalt, die man ihm selber verlieh? Kam es darauf an, das Leben noch einmal zu leben, indem man den Faden, den abgespulten, wieder aufwickelte zu einem Knäuel?
Vielleicht war Überwindung darin.

So genoß ich Morgen für goldenen Morgen.
Große Chance des Lebens, daß man die Morgen hat. Daß Zeit Erneuerung schenkt. Daß Wiedergeburt sich nicht nur im Großen gewährt, auch so in kleiner Münze als tägliche Huld. Immer werden die Tafeln wieder gelöscht: Wohltat über alle Wohltaten hinaus. Befleckung

wird immer wieder getilgt, immer sind Morgen jung, kühlstark und frisch. Immer findet sich Kraft wieder an, stellt Verlorenes sich wieder her. Neubeginn, zu dem man Gewonnenes hinretten kann, während Verfehltes die Tiefe verschlingt: im Grund besteht alles Weiterschreiten darin.

Ich erhielt einen Brief aus Deutschland, worin es hieß, ich berichte zu wenig. Aber was sollte man aus diesem viereckigen Stück Wüste berichten? Unser Leben war zeitlos, ereignislos, wie die Wüste es ist. Gott Lob, daß es so war.

Ein Skorpion kam in der Nacht zur Mauer herein auf meine Lagerstatt zu: das war etwas Neues. Sehr hurtig kam er daher. Wir saßen bei der kleinen Öllampe, die mein neues, kostbares Eigentum war, und sprachen; da sah ich sein Eilen über meine Schulter hinweg, wenige Handbreit von meinem Gesichte entfernt. Wir ermordeten ihn. Pünktlich bei Sonnenaufgang war das Ameisenvolk da, das in der Zeltecke hauste. Beispiellos organisiert montierten sie das waffenstarrende Ungeheuer so ab, wie man ein großes Flugzeug abbaut, ein Glied nach dem andern. Sie zertrennten es an den Gelenken und schleppten es fort. Gegen Mittag war die Sache bereinigt, der Verwesung blieb nichts mehr zu tun.

Das waren die Neuigkeiten unserer Tage. Oder was sonst? Ja, das Chamäleon, das der zoologische Kustos aus Bonn seit Wochen schon hegte, war leider entkommen. Es hieß, in die Bäckerei hinüber solle es sein. So sind die Geschöpfe der Welt. Hier konnte es ein wissenschaftlicher Gegenstand sein, aber nein, dort wohnten die Reichen. Wer es gut hat, wills besser haben; so fängts immer an. Hier hatte es seinen Busch, der so wunderlich nachgemacht aussah; Büsche fielen hierzuland nicht in den Sachverstand der Natur. Aber würde es jemals

im Leben wieder so einen Busch zum Wohnen bekommen? Nie. Einen Busch in der Wüste. Und jedermann fing ihm eine Fliege und eine Libelle, setzte sie ihm vor die Nase und sah dann, wie es die Augen wälzte, jedes für sich, wie ein Esel die Ohren, eines nach rückwärts und eines nach vorn, wie Kugeln im Kugelgelenk. Und wie es dann die Zunge auf Leibeslänge vorschnellte und sie spiralig schnell wieder einzog: man sah nur das Zucken, und daß die Libelle verschwand in den grünbraunen Leib des spannenlangen Sauriers hinein.
Das waren die Neuigkeiten bei uns. Was noch? Wirklich nichts. Höchstens: eines Morgens verflog sich ein fremdes Stelzchen in mein dämmerndes Zelt. Der Tag begann eben eine graulila Helle zu haben, ich lag schon wach und sah gegen den Himmel hinauf. Da flog es von links zur offenen Giebelwand ein und herunter, setzte sich auf den blankgescheuerten Tisch, wippte dreimal, piepste und flog wieder hinaus.
Sie waren jetzt vollzählig da, die Bachstelzen. Jeder konnte sich einbilden, daß es die seines Heimatorts waren. Das Gebiet hierherum schien ihnen im Zugvögelplan angewiesen zu sein. Kein besonderer Vorzug. Für uns schon nicht: aber für Bachstelzen erst? Gott wußte, daß hier nichts weniger war als Bäche. Nun mußten sie im Trockenen stelzen und wippen. Solang wir da waren, mochte es gehen; es gab welche, die fertigten aus Dosenblech Wannen, um ihnen aus dem Trockenen zu helfen. Wovon aber wollten sie leben, wenn einmal keine Gefangenen mehr waren, die sie mit Brotkrümeln nährten?
Aber sie waren ja hellsichtig und mit weiseren Sinnen begabt als wir. Während wir hofften, nach Hause zu kommen, verließen sie sich darauf, daß von diesen komischen Menschen schon immer irgendwer irgendwen einsperren wird, der dann die Bachstelzen mit Wannen versieht und ihnen Brotkrumen streut.

Die Vorstellung, daß es immer höhere Kreise der Läuterung gebe, welche die Seele vielmals geboren durchläuft, und daß nichts wichtiger sei, als sich zu einem höheren Grad der Klarheit empor zu dienen: es mag wenig geben, was den Schmerz über die Unordnung der Welt so aufzulösen vermöchte wie dies. In diesem Bilde der Welt kreist alles in sich. Alles ist Folge von Früherem, wie es Ursache von Künftigem ist, alles ist in sich selber Vergeltung und Lohn. Jedes Leben gleicht einem Wasserspiegel, der Dahinterliegendes köpflings malt: so malt jedes Leben ein früheres Leben. Habe ich einstmals betrogen, so muß ich jetzt Betrogener sein, bin ich einst auf dem Wagen dumpfer Triebe gefahren, so geh ich jetzt im Joch des trüben Gefährts. Alles bemißt sich am Streben nach lauterer Höhe. Habe ich mich einst um Güte, Einsicht und Wahrheit bemüht und meine Gaben entwickelt, werd ich mit reicheren Gütern wiedergeboren; habe ich mich aus der Herrschaft der plumpen Wirklichkeiten gelöst, werden sie einst weniger Macht über mich haben. So sagt die Lehre.
Jeder hat in seinem Leben eine kleine Zahl von Menschen kennengelernt, die sich offenbar in einem höheren Grad der Ablösung befanden. Es war leicht, in ihrer Nähe die Auszeichnung zu spüren, schwerer, zu sagen, worin sie bestand. Waren es die Selbstlosesten, die man kannte? Das mußte nicht sein. Die Tätigsten? Kaum. Waren sie besonders begabt? Wohl, da Verfeinerung solcher Art nicht anders als Begabung genannt werden kann: doch ist Genie, gleich welcher Art, durchaus nicht, wovon hier gesprochen wird. Was die Maler mit jener

süßen Erfindung der Kunst, mit den Nimben, sich immer anders auszudrücken bemühten – mit goldenen Scheiben, Goldsäumen und Strahlen, die von den Häuptern wegzucken, kostbaren Goldschmiedereien aus Licht –: etwas Ähnliches ist es doch wohl.
Ist es zuviel gesagt, daß man unter Künstlern öfter als sonst so Ausgezeichnete trifft? Empedokles rechnete in den obersten Kreis auch die Ärzte. Sicher ist, daß der Beruf mitspricht dabei; das jahrtausendalte Herkommen der Ausübungen kann mit Gewichten beschweren oder Stufen erbauen. Mag also sein, daß die Künstler ganz gut daran sind. Ihr Tun zwingt sie, sich von Zwekken zu lösen. Die Welt übersetzt sich ihnen in Schein. Zu Schein und Schauspiel erhöht geben sie Welt verwandelt zurück.

Um jene Zeit war ich wegen eines alten Fiebers eine Weile im Hauptlazarett, zu dem man eine Stunde lang fuhr durch die Wüste, die fast keine Wüste mehr war. Links und rechts von dem Teerband waren, spukhaft, zusammenhanglos, bald die Umrisse einer Verkaufsbude oder ein bretternes Kino mit alten Reklamen, dann wieder halbzerfallene Betonwürfel, Überreste verlassener Zeltlager, im grellen, heißen Sande zu sehen.
Ich war ungefähr zehn Tage dort, als man sich eines späten Abends erzählte, Haffner, der Dirigent, sei soeben als Kranker gekommen. Da fuhr auch schon der Wagen, mit großen roten Kreuzen bemalt, durch die Gassen des weitläufigen Zeltdorfs hindurch und hielt ganz weit hinten. Ich ging hin, fand und begrüßte den Freund. Er lag ganz allein am Ende des sehr langen Zelts; es war nur im vorderen Teil mit Kranken belegt. Er hatte Fieber, dessen Ursache ungeklärt war. Zugleich war er ziemlich erschöpft, hatte schon zwei oder drei Tage nichts mehr gegessen und zeigte auch jetzt keine Neigung dazu.

Nach Art empfindlicher Menschen war er, wenn er krank war, gleich ganz und mit Hingabe krank.
Es war derzeit tagsüber noch heiß, abends und nachts aber kühl. Haffner zog während der ganzen Zeit den Mantel nicht aus und lag samt diesem Kleidungsstücke im Bett. Dazu trug er ein Käppchen, eine Baskenmütze, wie man sie in Frankreich gern trägt, aber schäbig und alt; an den Rändern, wo sie in doppelter Falte lag, war die innere Schicht schon verbraucht und löste sich auf. Er sah darin rabbihaft aus, oder war Buddhistisch-Mönchisches da? – jedenfalls war das Stück, das mehr aus Abnutzung als aus Stoff bestand, reliquiärer Natur.
So lag er im Bett und sprach fast mit niemand in seinem Zelt, nur mit dem Sanitäter, dessen geduldige Hilfe er ausgiebig nutzte. Mit den übrigen Kranken hatte er keinen Verkehr. Man kannte wohl seinen Namen und seine Person, aber nachdem Versuche, ihn in ein Gespräch zu verwickeln, immer wieder mißlungen waren, ließ man ihn in freiwilliger Einsamkeit liegen.

Diese Zeltgenossen, die von einem fremden, ranghöheren Lager herkamen, waren freilich nicht für Haffners Gesellschaft gemacht: eher zu seiner Ungesellschaft, als Gespensterschar, die ihn umtanzte. Um manche Menschen fügt sich alles zum Bilde. Oder war es etwa kein Bild? Das schmale, unterdeckartige, nur durch die Eingänge erhellte Zelt war von Kranken belegt, die viel sprachen und sich dabei ziemlich erhitzten. Wie befremdlich aber, wenn man nach öfterem Hinhören Gewißheit bekam: ihr Thema war nichts als der Krieg. Der Krieg war damals schon fast drei Jahre vorbei, und jeder versuchte, den Alp in sich zu begraben. Gelang es nicht, so sprach man wie von einem Verhängnis davon: sie aber wie von einem fesselnden Spiel. Sie schilderten Panzerangriffe und beschrieben die Gegend mit Worten, in

denen die Landschaft nicht Landschaft, sondern Übungsfeld war. Sie bedauerten, daß man eine Höhe nicht von Osten, sondern von Westen genommen hatte und einen bestimmten Angriff nicht zwei Stunden eher vortrug, und tauschten Meinungen über einen Typ von Landungs- und Räumungsbooten aus, von dem sie sich offenbar immer noch gute Wirkung versprachen. Von ihrem Wortvorrat – er war äußerst gering – war mir seit drei Jahren nichts mehr zu Ohren gekommen. In der Heimat hatte ihresgleichen längst andere Sorgen und lief ungewohnt nach dem täglichen Brot; für sie aber schien das Vergangene gegenwärtig zu sein. Ihre Uhr war stehengeblieben in der Stunde, da sie zuletzt eine Rolle spielten und noch – welches Glück! – Macht über andere Menschen besaßen. Der Wüstensand hatte sie gut konserviert, wie es mit Antiquitäten ja seine Gepflogenheit ist.
Nun, es war nichts als eine Variante dessen, was auf diesem Planeten als Mitwelt auftritt: dünke keine andere sich besser zu sein. Vom Bettrand Haffners gesehen, war es fast gleich, in welcher Verkleidung das Platte auftrat; fast war es beruhigend, es überall auf seinem Platze zu finden.
Es blieb natürlich nicht aus bei so wichtigem Fragen, daß sich die Gemüter erhitzten und die Stimmen ins Aufgeregte erhoben. Das Penetrante gehört ja zum Erscheinungsbilde dazu. Doch schien mir Haffner, der schweigsam oder halblaut sprechende Mann, der über den sporenklirrenden Reden die Geduld nicht verlor, stärker vorhanden zu sein als die geräuschvolle Schar. Sie waren, so lebendig sie schienen, wie Schemen und boten das Bild von Verstorbenen dar: wie etwas umgeht, das bei Lebzeiten zu unwesentlich war, um verwesen zu können. Das treibt sich umher wie kernlose Schalen im Wind, wie Kehricht, Hülsen, Unnützes, das zu unsauberen Haufen verweht und das keinen Tod finden kann:

denn der Tod nimmt es nicht an, sogar er schickts immer wieder zurück.
Sie lebten nicht, sie waren nur geschmückte Reklamen und bunte Attrappen. Was sie sprachen, war blechern Gestanztes, war fertige, billige Ware. Sie spielten Karten und waren dabei voreinander servil; sie redeten sich – bei diesem vulgären, gleichmachenden Spiel! – an wie Personen von Stand, die Abgründe trennen. Selbst junge Jahre, die doch keine Hoffnung mehr hatten, einmal nach oben zu kommen und auch beim Kartenspiel so geehrt zu sein: sogar die taten mit.
Ein Gespensterschiff. Und? Was Neues? Nichts, keineswegs. Man kann sich über die verschiedenen Masken, die sich die menschliche Plattheit ersinnt, nicht immer von neuem entsetzen.
Haffner, im Bett, machte zuweilen eine triumphierende Geste wie ein Marionetten-Direktor, dem eine brillante Szene gelang.
Mir schienen die Aufgeregten wie der graumatt verschwimmende Hintergrund einer Fotografie; Haffner war unter ihnen die einzig zum Ausdruck gekommene Figur. Aber so ist eben die Welt. Das Wirkliche ist das Unwirklichste, was es gibt. Sein Anspruch auf Wirklichkeit, der eine freche Anmaßung ist, muß versinken, wenn das Wahre die Szene betritt.

Haffners Erkrankung war, wie sich ergab, nicht weiter schlimm. Der Grund des Fiebers, das abklang, war nicht zu ermitteln, bestimmte Schmerzen zeigten sich nicht und im Blut wurden keine Malaria-Erreger gefunden, so daß es bei der vagen Feststellung eines fieberhaften Infektes verblieb.
Indessen, was besagt bei einer solchen Natur der objektive Befund? Viel und nicht viel. Die erfahrenen Ärzte wußten den Faktor wohl in ihre Rechnung zu setzen.

Der leitende Arzt der Zeltstadt kam selbst, wenngleich er als Chirurg nicht eigentlich zuständig war. Der angesehene, in Afrika weißhaarig gewordene Operateur sprach am Bett des Künstlers eine sanftere Sprache, als er, nach Chirurgenart etwas robust, es bei Patienten sonst tat. Auch der behandelnde Internist hatte diesen schonenden Ton. Man war zu Haffner wie zu einem eingebildeten Kranken, dessen Einbildung man mit Fleiß übersieht. Nun, dafür war es auch Haffner, der hier in Mantel und Käppchen lag, im Abstand mehrerer Betten, ohne aufzurücken, wie es die Vorschrift befahl. Die Ärzte, von jeher Freunde der Kunst, wußten Unterschiede zu machen.
So war Haffner also krank und gesund; man kann sagen, daß es auch umgekehrt war. Denn als eine Röntgenaufnahme der Lunge hergestellt wurde, zeigten sich Dinge, die die Ärzte für nicht unbedenklich erklärten. Haffner jedoch lehnte ab, sich weiter untersuchen zu lassen. Als er hörte, es könne eine längere Behandlung daraus werden – wofür die Umstände ja nicht ungünstig waren –, wollte er nichts weiter wissen. Dies Leiden war für ihn einfach nicht da, während er für das, was gar nicht recht da war, weitere Behandlung erbat und sie auch, sichtlich genesend, empfing.
Viele Stunden saß ich auf seinem Bettrand und unterhielt mich mit ihm. Das Krankenbett, wenn es kein schweres ist, schafft einen Zustand der leichten, gelösten Mitteilsamkeit und der Sammlung zugleich. Dazu kam, daß, gemessen an unserm sonst kärglichen Leben, im Hospital eine gewisse Behaglichkeit herrschte, die man genoß. Auch kam der Einschlag des Phantastischen, den das Lazarettwesen in dieser Einöde hatte, hinzu: da standen Betten mit nicht mehr gewohntem Weißzeug mitten im Sand, und abends waren die langen Zelte mit Lichterketten erhellt (eine Lichtmaschine lieferte Strom);

aber gleich daneben Dunkel, Verlorenheit, Nacht, Sterne und Sand. Man sah die Ärzte in weißen Kitteln und hörte von schwierigen Operationen; die neuesten Medikamente waren zur Hand. Und doch war man in heiße Einöden verbannt und umgeben von totenstarrer Natur.

Haffner schloß sich in unsern Gesprächen mehr auf als sonst. Früher, meinte er, würde er es bestimmt nicht ertragen haben, mit so vielen gleichgültigen oder zuwideren Menschen im selben Raume zu leben. Da hätte er sicher gedacht, so etwas bringe ihn um. Jetzt mache es ihm nicht mehr viel aus. Aber die Welt habe von ihm nichts gewonnen dabei: er schicke sich nicht in die Welt, er habe sie nur besser abzuziehen gelernt, wie man von einer Einnahme die Unkosten abziehe; er sehe nur auf den Rest. Die höchst seltsame Lebenslage, in der wir uns seit drei Jahren befänden, habe ihm etwas nicht Vorauszusehendes gewährt: die Gewöhnung, die Welt als etwas Erscheinungshaftes zu sehen, dessen Glaubwürdigkeit zweifelhaft sei. Alles komme ihm nicht mehr so wirklich wie früher vor, nur wie ein Schattenspiel, oft komisch, oft schaurig grotesk; oft genug meine er, es könne nur der Angsttraum eines Weltdämons sein, den wir alle gezwungen mitträumten.

Das Gefühl, daß alles nur theaterhaft sei und so ablaufe wie die Darsteller es vorher unter sich ausgemacht hätten, habe überraschender Weise etwas Befreiendes. Der Vergleich mit dem Schauspieler stimme nur halb; man sei ja kein Zuschauer, sondern selbst Spieler und durch die Gage verpflichtet, die Rolle so ernsthaft zu spielen, als gehe es um wirkliches Leben und nicht um ein Spiel. Das sei es eben, was Fanatiker wie mein Freund Paul nicht verstünden. Sie redeten da von Weltabkehr und von Flucht und hätten womöglich die Phrase zur Hand, daß man in Zeiten der Bedrängnis solchen Gedanken am wenigsten Raum geben dürfe. Man müsse erwidern, die Bedrängnis sei wahrscheinlich jetzt nicht so groß, wären diese Menschen nicht vorher vom Tätigkeitsfieber besessen gewesen. Sie seien es ja, die sich und den anderen unaufhörlich einzureden versuchten, es müsse für irgendeine Sache oder eine Allgemeinheit, die man sich einbilde, eine Nation oder einen Stand oder gar eine Partei, oder die Menschheit dieses und jenes ›erreicht‹ oder ›in die Tat umgesetzt‹ oder ›eine Errungenschaft‹ gemacht werden. Sie seien davon besessen, ›Geschichte zu machen‹. Hinterher seien sie überrascht, wenn die Geschichte sie quäle. Sie wollten das Neue um jeden Preis und seien erstaunt, wenn sie vor lauter Fortschritt sich auf einmal im Leeren befänden.

Was man eigentlich wolle? Sehe man ihn etwa untätig und faul? Er sei gar nicht für ein untätiges Leben, habe niemals ein solches Leben geführt und auch nie etwas dergleichen empfohlen. Er habe im Gegenteil die Beobachtung gemacht, daß große Taten nur auf dem Grund des ernsten Spieles erwüchsen. So sehr er sich die Heimkehr und Rückkehr ins vorige Leben wünsche, so sehr hoffe er doch, dies neuerworbene Gefühl als durchtönenden Orgelpunkt seines Lebens nie mehr zu verlieren.

Es sei gut, in der Weise tätig zu sein, wie man eine Rolle übernehme und versuche, sie möglichst vollkommen zu spielen. Arzt müsse man sein, um ganz Arzt zu sein, eines Arztes geprägter, vollkommener Typ, Handwerker, um ganz Handwerker zu sein, und so fort. Die tiefe Lust, ein vollkommener Typus zu sein, trage den Gewinn – einen echten Spielgewinn freilich – in sich. Man müsse ausgebildete Formen, wie sie in Menge dalägen, schon von vielen vorhergegangenen Leben benutzt, ganz und gar ausfüllen, wie ein guter Wein das ihm zugewiesene, schön geformte Glas gern ausrunde und es mit unsagbarer Genugtuung fülle. So von der Form geprägt zu sein, habe großen Gewinn. Das lohne die Mühe, nicht der Erfolg. Man könne tätig sein für den Erfolg und tätig sein für das Gelingen; aber man wisse ja: nur der schlechte Schauspieler spiele für den Erfolg. Wer versuche, den Erfolg eines Schritts in der wirklichen Welt zu errechnen, sei freilich erbarmenswert daran. Unsere Aufgabe, uns durch dies Leben zu finden, gleiche nun einmal der verrückten Zumutung, jemanden in den Maschinenraum eines Fahrzeugs zu stellen, ihm die Hebel und Drehräder nicht zu erklären und ihm dennoch zu sagen: fahr los! Jeder Handgriff müsse Dinge bewirken, die sich nicht absehen ließen. So erzeugten wir durch Entschlüsse unaufhörlich das eigene Geschick: welches aber, wüßten wir nicht. Das Klügste könne morgen das Falscheste sein, mit Berechnung kämen wir gar nicht vom Fleck. Die Unmoral, die in dieser Zumutung liege, sei ein Hinweis: man müsse versuchen, so sehr wie möglich aus diesem blinden Spiel der Ursachen und Folgen herauszugelangen, aus diesem tückischen, unwürdigen Spiel. Entschlüsse von außen zu fassen, sei immer verfehlt. Wir müßten uns schon etwas vornehmen, was außerhalb dieses Irrgartens liege. Erreichten wir unser Ziel dann nicht, so seien wir wenigstens nicht im Prinzipe gescheitert; in dieser Sphäre drohe die Gefahr eines verfehlten Lebens nicht mehr.

Einem Künstler, meinte er, müsse das selbstverständlich erscheinen; die Künstler hätten ja von Natur aus für die Wirklichkeit das rechte Gefühl. Man sage freilich, sie seien wirklichkeitsfremd, aber nichts sei verkehrter als das. Wie könnten sie schlecht mit der Wirklichkeit stehen, da sich die Wirklichkeit doch von ihnen ernähre? Denn sie vermehrten sie ja: Kunstwerke seien doch existentere Dinge als Flugzeuge und Kriegsschiffe. Da sie Verwirklicher von Unwirklichem seien, vermehre sich der Vorrat des Erschaffenen ja durch sie in der Welt; es gebe aber für menschliches Tun kein besseres Maß. So müsse ihre Welt auch wirklicher sein als die vergötzte Welt derer, die Realisten genannt werden wollten; man sehe daran, wie entartet die Auffassung vom Wirklichen sei. Denn jene seien die echten Betrogenen: Hörige, Sklaven und blind. Nur mit dem Banalen stünden die Künstler schlecht, das möge wohl sein, aber die Dinge seien ja gar nicht banal. Banal seien die Dinge nur, wenn sie ungeliebt seien; wer sie aber liebe, den liebten sie jedenfalls wieder.

Er schwieg. In die Pause, die dadurch entstand, scholl das Geschrei des Verrückten.

Nämlich, es war ein Verrückter im Lazarett, ein Patient, dessen bis dahin latente Schizophrenie durch die Hitze oder das Sich-selbst-Überlassensein zum Ausbruch gekommen war. Die Weisung, wohin er zu bringen sei, stand noch aus und so war er einstweilen hier stationiert.

Ich erinnerte mich, daß ich in den Tagen nach meiner Ankunft im Lazarett dies ferne Geschrei nicht als etwas Abgetrenntes empfand; ich unterschied es unbegreiflicherweise nicht und hörte es, ohne zu fragen, was es eigentlich sei. Wenn wir in eine ganz veränderte Lage geraten, zu der unsere Erinnerung kaum Analogien besitzt, gehört ein Sonderbares zu allem andern Sonderbaren dazu, wenn beides auch ganz verschiedene Ursachen hat.

Der also Erkrankte besaß ein einzelnes, würfelförmiges Zelt, das so weit wie möglich von den anderen Zelten abgerückt war und auf dem freien Wüstenterrain gerade noch innerhalb der allgemeinen Einzäunung stand.

Aber dem Kranken schien es ein Leichtes zu sein, die Entfernung zu überschreien. Es war erstaunlich, wie laut er den ganzen Sommer lang schrie: bei der Hitze ein gewaltiger Kräfteverbrauch, dem sein Körper sich auf Befehl des Dämons, der ihn bewohnte, fast den ganzen Tag unterwarf. Von fern rief es die Vorstellung von Mord und Totschlag hervor. Wenn man ihn aber besuchte, sah man bald, daß in seiner Aufführung nichts Bösartiges war. Er hielt nur ungeheuere Reden, die sich an eingebildete Tausende wandten: ein Geschäft, das seinem wahnsinnigen Munde besser anstand als dem, dessen offenbare, lächerlich wohlgelungene Nachahmung es war. Übrigens fiel es jetzt auf einmal niemandem ein, diese heroischen Phrasen, die allen nur zu wohl bekannt waren, für etwas anderes zu nehmen als Narrengeschwätz.

Der harmlose Kopist war indessen nicht schwer zu behandeln. Er blieb die ganze Zeit über in seinem Bett und machte dem Sanitäter, der zu seiner Pflege bestellt war, weder Mühe noch Sorgen, aß auch während der unruhigen Phasen gar nichts: nur eben, er schrie. Halb aufgerichtet im Bett schrie er den Tausenden, die er zu seinen Füßen erblickte, fieberhaft aufwiegelnde, fanatisierende Volksreden zu.

Als mich der ihn behandelnde Arzt einmal zu einer Visite mitnahm, vermeinte der Irre nach einem kurzen, mich kaum erreichenden Blick einen Flensburger Arzt in mir zu erkennen. Er begann mich zu preisen, dankte mir nach so vielen Jahren gerührt, hob, zum anwesenden Arzte gewandt, meine damalige Hilfsbereitschaft hervor und indem er ohne Übergang wieder in die gellende, in der Nähe kaum zu ertragende Stimmlage fiel, stellte er mich seinen Tausenden als einen Ausbund ärztlicher Weisheit dar, was mich mit einem gewissen, nicht zu unterdrückenden Stolze erfüllte.

Der Arzt hatte ihn schon mehrmals vergeblich gefragt, wie er sich fühle. Erneut angerufen, wie er geschlafen habe und wie es ihm gehe, antwortete er, wie gelangweilt vom ewigen Fragen, mit gesenkter, aber vom

Brüllen heiserer Stimme – ähnlich einem Schauspieler, der auf der Probe außerhalb seiner Rolle zu den Mitspielern spricht –: »Prima, prima, Herr Doktor«, wobei er die ersten Worte wie ein einziges sprach: »primaprima – alles im Schwung – alles tadellos – alles in bester Ordnung, Herr Doktor!« Und auf die Fragen, die der Arzt nur meinetwegen weiterhin stellte: ob er einen Wunsch habe? ob ihm irgendwas fehle? – sagte er im Ton dessen, der genötigt ist, zum hundertsten Mal immer wieder dasselbe zu sagen, ganz gedehnt: »Nein, gar nichts – nichts zu klagen – bin sehr zufrieden, Herr Doktor, das wissen Se doch– al-les in Ordnung, – al-les im Schwung, – al-les primaprima.«

Dabei sah er den Arzt und mich abwechselnd an mit Blicken, die, so unvergeßlich sie sind, sich wohl der Beschreibung entziehen: die Wut war noch darin, die er zur Bändigung seiner Volksmengen aufwandte, zugleich aber auch etwas unterschlägig Ertapptes, das hundehaft war.

Das also war der Fall dieses Verrückten. Sein katastrophales Geschrei, von dem man in der Ferne nur zusammengeknäuelte Laute vernahm, untermalte in jenen Tagen, was man las, dachte und sprach. Wenn ich an Haffners Lagerstatt saß und es trat in unserm Gespräch ein Stillschweigen ein, so füllte es der unselige Mann, der gottverlassen im Wüstensand saß, mit seinen fernher gellenden Torheiten aus.

Ich erzählte Haffner davon und er hörte aufmerksam zu. Dann sagte er: »Ich höre das Schreien schon lange und weiß nicht, warum ich nicht danach frage. Unglücklicher Hiob! Schiffsmechaniker ist er? Es ist ja auch eine echte Maßnahme der Zeit, einen Schiffsmechaniker in die platte Wüste zu setzen. Hätte er bei sich daheim bleiben können, bei seiner Arbeit, seinen Kindern und seiner Frau, so wäre er möglicherweise Zeit seines Lebens vernünftig geblieben. So sitzt er in seinem Bett in der Wüste und redet, redet – aber mit wem? Er ist der Gefangene in der zweiten Potenz: in der Gefangenschaft noch einmal schrecklich gefangen. Man ist dem Gleichnishaften, das einen umgibt, viel zu wenig geöffnet.«

Da hatte Haffner sicherlich recht. Doch mir fiel es plötzlich aufs Herz, daß ja auch er in seinem Bett saß und sprach, einem Bett, das auch im Wüstensand stand und nicht weniger abgetrennt war: denn von den andern im Zelt, die in dem Augenblick stritten, ob es nicht besser gewesen wäre, die Front bei Carrara früher zurückzuverlegen und sie dadurch zu verkürzen, war er ja auch um tausend Meilen entfernt. Und wie jener sprach halb aufgerichtet auch er: aber leis.

Er fuhr fort: »Was soll nun werden mit ihm? Sie werden ihn in eine Anstalt nach Kairo tun. Wahrscheinlich wird es eine arabische sein. Und was soll er dort? Gesund werden vielleicht? Möglich, er hat ein längeres Leben als wir; das kann sehr wohl sein. Furchtbarer Gedanke. Und er fühlt sich wohl. So ist es. Einem Wahnsinnigen zuzusehen ist qualvoll: nicht das Wahnsinnigsein. Könnten wir unser eigenes Leben von außen erblicken wie seins: wer weiß, ob es sich nicht ähnlich darstellen würde. Vielleicht würden wir auch von uns sagen: welch entsetzliches Los, in so einem Kerker zu leben. Und wir fühlen uns darin ganz wohl, primaprima bisweilen und hängen daran. Wer weiß, wie das lächerlich ist.« »Wenn man uns vor die Wahl stellen würde«, sagte ich, »ein langes Leben zu führen, wie er, oder ein kurzes bei Sinnen, so würde jeder unbedenklich das klare, kürzere wählen. So weit immerhin wissen wir das Klare zu schätzen. Vielleicht aber sind wir, solange wir leben, von Trugbildern umstellt? Es gibt viele, die dies Gefühl niemals verläßt.«

»Man muß damit rechnen«, stimmte Haffner mir zu. »Es wird gut sein, alles, was uns umgibt, so zu sehen, als ob es von einer größeren Klarheit aus keinen höheren Rang habe als die Wahnsinnskulissen, mit denen sich dieser Irre umgibt. Wenn wir von diesem Gefühl ganz durchtränkt sind, bleiben wir wenigstens vor dem Schicksal bewahrt, nach Art dieses Unglücklichen in der Gefangenschaft dieser Welt noch einmal – und besiegelt gefangen zu sein. Wenn wir begreifen, daß Schein nicht weniger als Wirklichkeit ist, sondern mehr, so bleibt uns im Kerker immerhin eine Art Tür: das Bewußtsein, daß alles ein Gang durch eine Traumlandschaft ist, eine Wanderung, die uns nur zeitweilig von einer Heimat der Klarheit entfernt, die wir nie gänzlich vergaßen: so wie in manchen Träumen eine Erinnerung ist, daß wir sie nur träumen.«

Das berührte sich mit Gedanken, mit denen auch mich das vergangene Jahr vertraut gemacht hatte. In den orangenen Frühen, in denen ich mich in die Erinnerung griechischer Wandertage vertiefte, war ich ja von dem Gedanken erfüllt, daß in der Wiederholung von einmal Gelebtem und seiner Überführung in verdichteten Schein etwas Befreiendes liege. Als sei Überwindung darin. Weil Schein nicht weniger als das Wirkliche sei, sondern mehr. Mir schien es ein Weg – sicher gab es auch andere Wege –, um die Dinge aus ihren Fesseln zu lösen, indem man sie anrief mit ihrem Namen und Wort. Vielleicht, wenn alles Traum war, war es möglich, ihm zu begegnen mit Traum? indem man den Traum überträumte, so wie man dasselbe mit selbem heilt? vielleicht lag Aufhebung darin?

Da fiel mir auf, daß auch dies Wiedererleben sein Zerrbild in jenem Irren besaß. Nicht nur, daß er die Gestalt Haffners nachäffte, dessen unheimlicher Doppelgänger er schien: er entstellte auch das Bemühen, Abgelebtes noch

einmal aufleben zu lassen. Wenn ich es pries und den Sinn jener Tage darin erblickte, daß ich mich zu erinnern versuchte, so zwang ihn ein Dämon, unfreiwillig zu tun, was ich freiwillig tat: ihn zwang er, Vergangenes, dessen einzig Gutes es war, daß es aufgehört hatte, gegenwärtig zu sein, noch einmal wiederzugeben, wertlos und roh wie es war. So wie der Körper etwas erbricht, das ihm nicht zu sich zu verwandeln gelingt, so schien sein Geist das Vergangene erbrechen zu müssen.
So verriet diese jammervolle Spiegelgestalt – dieser Blinde als Blindenleiter, dieser Irre als Führer der Irren –, daß von allem Geglückten ein Zerrbild da ist, welches meistens nicht dadurch entsteht, daß man vom Rechten das Gegenteil nimmt: es ist vielmehr immer ganz in der Nähe. Das Gute wird in seiner Ordnung nur ein wenig verrückt – und schon ist Teuflisches da. Das Schlimmste ist nicht das Verkehrte, sondern das nur ein wenig Verrückte. Ist das Arkanum der rechten Mischung verfehlt, das erratene Maß: das ist es, was Heil in Unheil verkehrt und das Gesunde ins Kranke.

Da fiel mir etwas Wichtiges ein. Ich ging in mein Zelt und holte meinen kleinen gelben Koffer hervor: er war schon so viele Jahre mit mir unterwegs, nun war er mir als einziges Besitztum verblieben. Unter einigen nützlichen Sachen barg er eine Anzahl gläubig-abergläubig behüteter Dinge, wie sie wohl jeder besitzt; mir schienen so magische Habseligkeiten kleine Wurzeln zu sein, die man ins vernunftlose Geröll alles Möglichen treibt, um sich vor Abtrift in den Unsinn zu schützen.
Nun hatte freilich die Zeit aus dem Koffer die nützlichen Dinge geschmolzen und die zauberkräftigen blieben allein: die Taubenfeder und der Schmetterlingsflügel aus der Zeusgrotte am Ida, der Asphodelos aus Arkadien, der Ölzweig aus dem olympischen Hain, ein wenig delfische

Erde und eine Tonscherbe aus mykenischer Zeit, die mir einst ein Kind in Mykenai geschenkt: das alles aber suchte ich im Augenblick nicht. Ich suchte eine porzellanene Münze aus dem erdbraunen Stoff, den man nach seinem Erfinder Böttger benennt, aus der Meißener Manufaktur; die berühmten Schwerter waren zu sehen. Die Münze zeigte das Bildnis des Dichters des Großen Traums. Ich nahm sie heraus und brachte sie Haffner, der sie sorgsam ansah.

Dann bat ich ihn, auf die andere Seite zu schauen. Er wandte sie um und, indem er sie gegen das Licht hielt, das durch den Zelteingang fiel, las er den Spruch, den ich – wie lange schon! – kannte: aber was man so kennen heißt, denn man kann eine Wahrheit nicht kennen, man kann nur einfahren in sie; da glaubt man wohl, ganz auf der Sohle angekommen zu sein, dann aber geht es noch tausend Meter hinab, so wie es hier war, wo man das Wort von Cervantes las: ›Nimm Kraft aus deiner Schwäche.‹

»Nun also!« rief Haffner mit einem Blick, der auch durch die grünspanverklebte Brille nicht sein Glänzen verlor, »das hab ich ja eben gesagt!«

Katalog

Suhrkamp Verlag GmbH
Torstraße 44, 10119 Berlin
info@suhrkamp.de
www.suhrkamp.de